作者简介：

杨早，北京大学文学博士，中国社会科学院文学所研究员，中国社会科学院大学教授，"名著三缺一"联合创始人。著有《传媒时代的文学重生》《拾读汪曾祺》《民国了》《元周记》《野史记》《说史记》《城史记》《早读过了》等，主编《话题》系列（2005—2014年）、《沈从文集》《汪曾祺集》等。

五道庙与沙滩

舆论启蒙下的北京
1904—1918

杨早 著

北京联合出版公司
Beijing United Publishing Co.,Ltd.

图书在版编目（CIP）数据

五道庙与沙滩：舆论启蒙下的北京：1904–1918 / 杨早著. -- 北京：北京联合出版公司, 2025. 3.
ISBN 978-7-5596-8197-3

Ⅰ. K261.107

中国国家版本馆CIP数据核字第202547HC27号

本书中文简体版权归属于银杏树下（北京）图书有限责任公司

五道庙与沙滩：舆论启蒙下的北京（1904—1918）

著　者：杨　早
出 品 人：赵红仕
选题策划：后浪出版公司
出版统筹：吴兴元
责任编辑：牛炜征
特约编辑：林立扬
营销推广：ONEBOOK
封面设计：王柿原

北京联合出版公司出版
（北京市西城区德外大街 83 号楼 9 层　100088）
后浪出版咨询（北京）有限责任公司发行
河北中科印刷科技发展有限公司　新华书店经销
字数234千字　787 毫米 × 1092 毫米　1/32　11.75 印张
2025 年 3 月第 1 版　2025 年 3 月第 1 次印刷
ISBN 978-7-5596-8197-3
定价：88.00 元

后浪出版咨询（北京）有限责任公司　版权所有，侵权必究
投诉信箱：editor@hinabook.com　fawu@hinabook.com
未经书面许可，不得以任何方式转载、复制、翻印本书部分或全部内容
本书若有印、装质量问题，请与本公司联系调换，电话010-64072833

目 录

序 章　五道庙与沙滩：清末民初北京的舆论版图　001

第一章　北京：舆论环境催生新文化　015
　　　　作为"舆论环境"的北京　016
　　　　北京舆论环境在清末民初的变化　022
　　　　新文化的"登场"　028
　　　　基本思路与研究布局　036

第二章　"眼光向下"：《京话日报》与启蒙运动　043
　　　　"一个公众的言论机关"　050
　　　　"以报纸推进社会运动"　063
　　　　"叫人人知道爱国"　079
　　　　京沪白话报比较：启蒙的不同路向　091

第三章　日本报纸在北京：《顺天时报》的启示　109

　　《顺天时报》的崛起　113

　　个案分析：报道方式与版面编排　129

　　启示："介乎高级报纸与大众报纸之间"　149

第四章　民初知识分子的身份转型与集团重组　167

　　政党报纸："所争在两派势力之消长"　170

　　身份转型："超然各党之间，主持一团舆论"　189

　　集团重组：新文化运动的源流　207

第五章　校园内外：新文化的登场　221

　　从启蒙到自启蒙　226

　　舆论参与和空间拓广　243

　　"崇新"与"重少"：文化的权势转移　257

第六章　"五四"前夕：新旧论争与多方博弈　279

　　"保存机关"的苦心　282

　　"新旧论争"的意义转换　296

　　舆论心态：政治抗争与文化立场　315

结　语　333

余　论　第三个"五四":"新文化"怎样流播?　341

主要参考书目　355

后　记　368

序章 五道庙与沙滩

清末民初北京的舆论版图

一

1941年12月26日，已经沦陷的香港，宵禁中的黑夜格外漫长。两位滞留在港的朋友无事可做，只能在黑暗中长谈，等待黎明。其中一位是知名报人、《光明报》经理萨空了，当时他正在读英国报纸发展史，于是顺便谈到了中国"最早的报纸"，在萨空了的记忆中，那应该是他小时候最喜欢的《启蒙画报》："这个画报灌输了许多科学常识给我，像瓦特因为水沸发明蒸汽机、世界人种的分类、五大洲的形状，我都是由该画报而知道的……《启蒙画报》，在北方是一个中国画报史中值得大书特书的画报。"

令人惊异的是，他对话的朋友，知名民主人士梁漱溟告诉他，《启蒙画报》的创办人彭翼仲是自己的姻伯与启蒙老师。小时候，梁漱溟几乎目睹了每一期《启蒙画报》与《京话日报》的印刷！萨空了大为惊叹，他感慨说："彭翼仲是我在很小的时候，便留有强烈印象的一个新闻界前辈。为了办报指摘当道，曾充军新疆。可是赦还之后，依然在报上再接再厉地言所欲言，在文体上讲，用通俗文字，在报纸上述说大道理，他也是开山大师，可是这个名字已渐在中国社会中被遗忘了！"（萨空了《香港沦陷日记》）

萨空了的感慨正好描绘了一条路线图：《启蒙画报》"灌输了许多科学常识"——彭翼仲"办报指摘当道""用通俗文字，在报纸上述说大道理"——他的名字"渐渐在中国社会被遗忘"。这正是清末民初北京启蒙运动与舆论版图的变化轨迹。

北京的报业，清末时期基本集中于琉璃厂，尤其是五道庙一带。1904年，彭翼仲愤慨于"人民无教育，不明所以爱国之道"，从儿童教育入手，渐及民众启蒙，先后创办《启蒙画报》《京话日报》《中华报》。此时的北京，称得上现代报纸的，无非是日资的《顺天时报》（1901年创办），德资的《北京报》（1904年创办），前者馆址在北新华街，后者馆址在琉璃厂，彭翼仲创办的三种报纸（包括他自办的"蒙养学堂"），馆址在五道庙路西。再加上此前由黄中慧创办于1901年、停刊于1902年的《京话报》，馆址设在琉璃厂工艺厂。这几种报纸里，又以《京话日报》影响最大，"流布北方各省，大为风气先导。东及奉、黑，西及陕、甘，凡言维新爱国者莫不响应传播，而都下商家百姓于《京话日报》则尤人手一纸，家有其书，虽妇孺无不知有彭先生"（《桂林梁先生遗书》）。如果以《京话日报》报馆为起点，向西北则有早年位于安徽会馆的《强学报》馆旧址，向西南则有位于魏染胡同的《京报》馆，以及创办《公言报》《社会日报》的林白水住地（棉花头条，同时也是《社会日报》馆址）。《顺天时报》馆址虽然在城内的北新华街，但它是"进了和平门，望着靠东边第一家"，离靠着南新华街的琉璃厂与五道庙并不算远。因此，绘制清末民初北京的舆论版图，当以琉璃厂五道庙为中心。

二

琉璃厂五道庙会成为清末民初北京舆论版图中心，与彼时北京的文化格局大有关系。乾隆年间编纂《四库全书》是琉璃厂成为北京文化中心的主因。这项大工程导致全国的图书都涌进北京，涌向琉璃厂。当时四库全书馆将琉璃厂书店当成图书馆来使用："每日清晨诸臣入院，设大厨供茶饭。午后归寓，各以所校阅某书应考某典，详列书目，至琉璃厂书肆访之。是时江浙书贾，奔辏辇下。"（翁方纲《复初斋诗集》自注）

另外一个因素，是琉璃厂五道庙紧邻韩家潭，也就是著名的八大胡同。前门之外有多座戏园，周边又星罗棋布着500多座会馆。书店、妓院、会馆与戏园，构成了我们今日称之为"宣南士子文化"的主体，也就是清末民初北京的公共空间。近代报纸一旦形成，自然以此为发源地。张恨水《春明外史》描写的报人生活，就是这种空间内部不同部分（报馆、会馆、酒楼、妓院）相互呼应的写照。

《京话日报》领衔的清末北京启蒙运动，也继承了这一公共空间既有的形式与路径，如茶馆发展出的阅报处与讲报所，由戏园演出衍生的启蒙演讲，包括由彭翼仲与他出身妓院的妾室段耘蓝共同倡议发起的济良所，都与宣南公共空间的构成与特点息息相关。像本是教书先生的醉郭，庚子事变后痛心国事，自发在街上宣讲圣谕。《京话日报》创办后，他又开始义务讲报。彭翼仲索性雇他当了《京话日报》的讲报员。醉郭无儿无女，去世后葬在陶然亭，很多北京市民怀念他，将他视为北京中下层社会的城市英雄。

而梅兰芳1914年创作演出的《孽海波澜》，依据济良所新闻改编，不但呼应新闻时事，紧贴市民生活，而且请到了彭翼仲等当事人到场，据说连剧中被拐卖的某妓女都潜往观剧。这出戏在北京上演的盛况，可以看作清末北京启蒙运动的余韵，也可以视为宣南公共空间的又一次资源整合。

从城市管理的角度，《京话日报》发起的启蒙运动，面对的正是庚子之后，袁世凯从天津带到北京的现代警察制度。无论是协巡营帮统杨钦三接受彭翼仲的建议，设立济良所救助被拐妓女（《彭翼仲五十年历史》），还是外城巡警厅听从《京话日报》的倡议，奖励上演《女子爱国》的义顺和班一面银牌（《京话日报》629号），甚至彭翼仲在家门口被尽忠职守的巡警拦住不让通行（《京话日报》718号），都反映了清末新政之后，城市管理者与舆论界之间的新型关系。虽然彭翼仲在1906年因为种种原因被发配新疆，《京话日报》就此关停，但大批北京市民送别彭翼仲，以及民国后彭翼仲返京时受到的礼遇，都证明了清末启蒙运动在北京市民社会留下的深深印记，也见证了这一时期北京独特的舆论环境：启蒙者关注中下层社会，提倡反帝爱国，同时号召国人学习西方现代化优长，编读之间亲密来往，市民利用报纸平台发声，"把办报与搞社会运动结合起来而相互推进"（梁漱溟《记彭翼仲先生》）。

三

当彭翼仲 1913 年从发配地新疆回到北京，试图重办《京话日报》时，他发现北京的舆论版图已经截然不同。版图中心仍在宣南，但领头的报纸已经变成《群强报》，以刊登戏单供给大众娱乐为特色。1904 年如蔡元培、林白水等主办的上海《警钟日报》赞叹京师"担夫走卒居然有坐阶石读报者"，到 1913 年已不是新鲜事，只是报业的下沉是以去政治化、娱乐化为代价的。复刊后的《京话日报》不复往日风采，而紧接而来的是北洋政府对全国报业的全面打压与控制，史称"癸丑报灾"。至 1913 年底，全国出版的报纸仅剩 139 家，比 1912 年减少了 300 多家，北京 100 多家报纸仅剩下 20 多家。《京话日报》毫不意外被勒令停刊，复刊只是昙花一现。

1916 年袁世凯去世后，《京话日报》再度复刊，一直办到 1922 年停刊（1918 年主笔梁济、吴梓箴相继自杀后，由梁漱溟兄弟接办）。这段时间的《京话日报》，在北京的舆论市场已经无法占据多大的份额。此时《群强报》《民福报》《民治日报》一类小报占据了中下层社会的眼光，而上层社会的文化格局，较前又有很大的不同。

当清末《京话日报》风靡京师之时，彭翼仲等人着眼发动中下层社会启蒙，但并不意味着《京话日报》的影响力仅限于中下层社会。在《启蒙画报》《京话日报》崛起之前，京师舆论界是一片真空，满族亲贵与大臣们也没有高端的媒体与之对接。而且"京话"为居于诸民之首的旗人口头语，其地位远非南方那种与文言相区隔的"白话"可比。彭翼仲以京话创办的几种报纸，都受到满族统治者的关注，《启蒙画报》封面写上"进呈两宫御览"，西太后还曾遣内侍到《京话日报》报馆传谕说每天要看这份报纸。在《京话日报》交往的人物中，不乏"散秩大臣兼前引大臣公爵珠尔杭阿"这样的贵胄。

进入民国之后，情形大变。南北议和成功后，大批来自南方的新式知识分子涌入首都。短短几年内，南方知识分子遍布京华，从大学校园到报纸杂志，从出版到教育，几乎全是南方人的天下。而本地知识分子，以及他们背后的市民社会，则几乎处在被忽略、被遮蔽的状态。这方面的最好的例证，莫过于清末北京启蒙运动的领袖之一梁济，民国后完全无法与南方知识分子沟通，他两次求见梁启超，均被婉拒（《桂林梁先生遗书》）。

在1917年《新青年》移京之前，北京的舆论版图中心仍在宣南。主要媒体除了"日本人学了中国人口气"，但也"间有很确，为中国人自己不肯说的话"的《顺天时报》，尚有老报人林白水于1916年8月创办的《公言报》，同时创办的还有梁启超、蓝公武等"研究系"主持的《晨报》（馆址在菜市口胡同，李大钊为第一任主编）。

1916—1919年的北京舆论界，可谓有报业以来的低谷期。戈公振在《中国报学史》中指出，北京为政治中心，"舆论颠倒，道德堕落，因利津贴而办报者有之，因谋差缺而为记者有之,怪状尤百出"。更有甚者,只是为出报而出报,"用他报之文字,换自己之报名,仅印一二百张,送给关系人阅看而已"(管翼贤《北京报纸小史》)。多数报纸的规模也小得可怜,全体职员不过"编辑、仆役各一人,既无机器以印刷,又无访员之报告"(熊少豪《五十来年北方报纸之事略》)。当时北京报界流行用语,称剪子、糨糊、红墨水为"报之素",又叫"新闻胆"。

四

1917年,陈独秀受北京大学新任校长蔡元培之邀,出任北大文科学长,并将《新青年》编辑部移到北京(印刷发行仍由上海群益书社承担),由此形成"一校一刊"的结合。1918年3月《新青年》四卷三号刊出启事:"所有撰译,悉由编辑部同人公同担任,不另购稿。"这意味着北京舆论界出现了前所未有的同人杂志。1918年12月,《每周评论》创刊,与《新青年》承担不同的时效与功能。几乎是同时,北大部分学生主办的《新潮》创刊,《新潮》将受众下调至"有一定教育程度的中小学生",与《新青年》《每周评论》构成立体的传媒矩阵。这三家刊物的编辑部地址均在沙滩一带,再加上外围受新文化影响的《国民》、反对新文化的《国故》(均由北大学生创办),《京报》创始人邵飘萍也应邀加入北大,担任新闻学研究会讲师,如此一来,以沙滩为中心的舆论新阵营成形,并与琉璃厂五道庙为中心的旧舆论阵营形成某种对峙的态势,标志着北京公共空间权力的分化与转移。

这种分化与转移不仅仅体现于空间与形式,更大的嬗替在于舆论环境的裂变。戊戌变法之后,京师大学堂虽未废除,但命悬一线,民国元年因经费短绌,几乎被政府下令停办,所以对北京舆论环境没有任何影响。反过来,民元之后,南方知识分子进京上学、任教、为官,与清末外官介入舆论的方式也截然不同。新华门、东交民巷、中央公园、沙滩、吉祥戏院之外的世界,很少出现在知识阶级的眼中和笔下。

顾颉刚于1925年"发现"了北京市郊的妙峰山香会后,不禁感慨道:"我们所知道的国民的生活只有两种:一种是作官的,一种是作师的,此外满不知道(至多只有加上两种为了娱乐而连带知道的优伶和娼妓的生活)。"(《妙峰山》)张恨水更是以新闻记者的敏感,描绘了民初北京的"两个世界":"东西长安街,是北京最广阔、又最美丽的所在","头两天,下了一阵大雨,半空中的浮尘,都洗了一个干净"。而走到德胜门外的贫民窟,则是另一番景象:地上是成堆的马粪,护城河里扑鼻而来的奇异臭味,苍蝇乱飞的小茶铺,露天的茅厕外污水横流。"这一种脏象,简直不堪寓目。"这让本为"寻觅芳踪"而来的主人公周秀峰忍不住恶心,大吐一场,直到被人发现送回内城(《天上人间》);富家少爷樊家树第一次去天桥,也震惊于臭气熏人的大宽沟,沟里是黑泥浆和蓝黑色的水,摊上卖酱驴肉和羊肠子,"将一小张污烂报纸托着给人"(《啼笑因缘》)。后来卞之琳用"垃圾堆上放风筝"来形容北京,也是看到了北京城市的两面性。这种两面性就是我提出的"浮城"的概念:在"北京"之上叠加"首都"。人在首都,关心的是政治风云,天下大事,文化建设,上层角力;而住在北京的市民,虽然对国家大事不乏好奇,但关心的仍是切身的体验。老舍作为旗人,住在相对"高贵"的北城,他笔下的祥子和虎妞,也住在西安门内大街与北长街,但祥子和虎妞的生活与南城贫民差相仿佛,1928年后的北平褪去首都的光环,某种意义上才重回完整的市民生活。即使因大学和文化机构众多被称为"文化城",北平的城市舆论精英化程度也远不如首都时期。

五

《京话日报》开创的北京舆论环境可以说是空前绝后的。它是中国近代少有的自下而上地影响城市生态的传媒模式。此前康有为、梁启超等人从《万国公报》到"奉旨办报",都是自上而下的传播,南方的启蒙报纸如《中国白话报》《安徽俗话报》《宁波白话报》等,也都是启蒙精英自上而下地改换语言的将就之举。民元之后,北京由南方知识分子创办的报纸,不管是《亚细亚报》《公言报》还是《晨报》《京报》,接续的乃是晚清自上而下的传播模式,《新青年》《每周评论》起而与之颉颃的,也是这样一种模式,要点是对上层社会、文化精英的影响。

而以《京话日报》为代表的自下而上的北方传统，重点是与中下层社会的沟通与互动。启蒙者的主张并不新鲜，大都是康梁等辈的余绪（彭翼仲清末曾加入强学会），但这一传统对市民的针对性是最强的。《京话日报》的启蒙成功首先在于唤醒与激励庚子巨变之后本就焦躁难安又朦胧难言的国族意识，"教会了国人爱国"，传播知识与文明犹在其次。《京话日报》与《新青年》同样是利用报刊推进社会文化运动，但《京话日报》的启蒙形式如贴报栏、阅报处、讲报所、戏曲改良、济良所，都是对北京的市民生活的改造。《新青年》《每周评论》无论是反孔、王敬轩的双簧戏，还是关于《荆生》的大讨论，包括以《公言报》为平台的林纾、蔡元培的往复书信，都与市民生活无涉，而着眼于政治与文化的高层博弈。彭翼仲远戍新疆之后，《京话日报》传统断绝，继起的《群强报》等小报，托赖《京话日报》创设培养的白话传统与市民接受度，风行一时，但内容与启蒙并无关涉。1918年《京话日报》元老梁济愤而自沉，与这种上下漠然、了无沟通的舆论环境不无关系（见《桂林梁先生遗书》）。

狭义的五四运动，即1919年5月4日爆发的政治、社会运动，可以算是两种舆论传统的捏合。尽管胡适将之目为"一场不幸的政治干扰"（《胡适口述自传》），但也不得不承认，借助这场政治社会运动的伟力，一年之中，新增的白话报超过400种，"从前日报的附张往往记载戏子妓女的新闻，现在多改登白话的论文译著小说新诗了……时势所趋，就使那些政客军人办的报也不能不寻几个学生来包办一个白话的附张了"（《五十年来中国之文学》）。在五四运动中，学生们组织的平民讲演团，以及后来出现的爱国十人团，走向街头，向市民宣讲国家大事与各种新知。长辛店的工人夜校、北大发起的民谣调查与"到民间去"的民俗运动，无不体现了《京话日报》提倡的"眼光向下"。而《群强报》《民福报》《民治日报》等小报，也开始关注五四运动的叙事与意义，两种舆论传统在五四运动这一焦点议题上有所交叉汇合。虽然并不代表北京的"两重世界"可以连成一片，但至少让整座城市的文化生态有了变化。毕竟是在"垃圾堆上放风筝"，而非垃圾堆只是放风筝的背景板。

梁济之子梁漱溟，也可算是两种媒体传统融会的一个象征。他从小就读于彭翼仲创设的蒙养学堂，完全没有受过四书五经的传统教育，中学毕业后在京津同盟会机关报《民国报》担任外勤记者兼编辑，1916年末接受蔡元培之邀，到北京大学讲授佛教哲学。梁漱溟从五道庙，走到了沙滩。

1918年父亲梁济自沉，也是因为梁漱溟的缘故，《新青年》展开了关于"自杀"的讨论。五四运动后，梁漱溟独持己见，发表《论学生事件》，认为不能以"国民公意"或正义性，掩盖火烧赵家楼事件背后的法律责任。1922年将主持的《京话日报》收结之后，梁漱溟一面宣讲自己的儒学心得，一面投身村治研究与乡村建设运动。1940年，他成为中国民主同盟的创始人之一。他这一生综其要，想尝试的，也是"眼光向下""自下而上"地改造中国社会。

在1941年困顿香港的那些长夜里，梁漱溟想到、谈及《京话日报》与彭翼仲，从晚清到民国的报业与社会，其感想为何？他后来说："彭先生当年的事业和他致力的社会运动，原都有我先父一分赞助力量在内，而到后来我之所以投身社会政治运动，自然亦是受他们两老的启发和感召。"（《记彭翼仲先生》）"在中国革命问题上，我总认为中国革命运动是爱国维新运动之一种转变发展，不认为是社会内部阶级矛盾的爆发；我总认为是先知先觉仁人志士领导中国革命的，不承认是什么阶级领导；所有那些见解亦都源于此。"（《回顾家世与生平并试作检讨》）由此可见，早已关张的《京话日报》所持理念与践行主张，仍在中国近代历史中不绝如缕。

第一章 北京

舆论环境催生新文化

作为"舆论环境"的北京

新闻理论家沃尔特·李普曼（Walter Lippmann）曾经指出："对舆论进行分析的起点，应当是认识活动舞台、舞台形象和人对那个活动舞台上自行产生的形象所做的反应之间的三角关系。"[1] 公众舆论总是附丽于公共生活的，谈论北京的舆论环境，首先应当认识这座都城的公共生活。

自永乐十八年十一月（1421年1月）成祖迁都北平，改北平为北京，至1928年国民政府迁都南京，复改北京为北平，这座城市在五百余年间一直是中国的首都。清代前期满汉分居内外城，界限分明，城市公共生活的特征尚不明显。清末民初，满汉杂处已成常态，加之大量来自外地的官吏、教员、学生、文人遍布九城，形成了近代北京独有的公共空间。

这座城市的最大特性，是居住者的阶层区分极为显明。政府官吏、学校师生、报馆文人，几乎组成了另外一个城市。完全可以想象，多数来自外地的知识阶层与北京民众的日常生活是怎样的隔膜，北京作为首都又是怎样将举国的目光吸附在政府更迭、要人行踪和大学风潮上。在新华门、东交民巷、中央公园、沙滩、吉祥戏院之外的另一重世界，很少出现在知识阶级的眼中和笔下。北京与上海不同，北京从未成为上海那样国际化的

---

1 李普曼著、阎克文等译：《公众舆论》（上海：上海人民出版社，2002），第14页。

商埠，工商业者和城市平民的生活也从未成为媒体关注的焦点。过长的政治历史严重地遮蔽和剥离了北京作为都市的存在，它的主要身份是高度政治化和符号化的"首都"。[1]因此，主要由外来知识分子构成的北京中上层社会的群体认同，与其说是针对具体的城市"北京"，倒不如说是指向"首都"这个巨大的符号。

因此，同样由外来知识分子操持的北京舆论界，有着相当浓厚的精英主义色彩。除了清末启蒙运动中的特殊情形，五四运动前的北京，还没有任何一家报纸能像欧美和日本的报业那样，从"政党报纸"发展成为"大众报纸"。当其时，英国第一份大众报纸《每日邮报》的日发行量超过100万份，日本的《大阪朝日新闻》《大阪每日新闻》的日发行量也超过30万份。而北京大大小小的报纸近百家，日发行量却多则千份上下，少则一两百张，发行量超过万份的报纸仅《顺天时报》一家而已。这些报纸中，佼佼者也只能作为中上层社会的读物，下焉者难免成为钻营牟利的工具。

难怪历来的报刊史著，多认为这一时期北京舆论界在政府强权压制和政党利益驱使下，乏善可陈："在整个北洋军阀统治时期，新闻自由实际上已经不复存在，一度十分开放和活跃

---

[1] 施坚雅（G. William Skinner）的研究表明，19世纪晚期北京的中心地位不是来自人口众多和工商业发达，它仅仅是一个行政权力集中的首都："北京的人口比人们对华北这个大都市预计的多不了多少；如果它构成全国一体化城市体系之巅的话，那它还不到原来该有的总人口数的三分之一。"参阅施坚雅：《十九世纪中国的地区城市化》，施坚雅主编、叶光庭等译：《中华帝国晚期的城市》（北京：中华书局，2000）。

的社会公共领域大幅紧缩。内地报馆，虽前仆后继，时有增益，然而或者仰仗军阀所给之津贴，或者为报业禁令所震慑，其言论要么是偏于一隅，要么是模棱两可，了无生气。民意何在？舆情何所系之？这些在报纸上是看不到的。"[1]在新闻史家眼中，北洋政府统治时期的中国（尤其是首都北京），几乎没有像样的大众报纸存在，更谈不上所谓的"公众舆论"。[2]

讨论北京有没有所谓"公众舆论"，必须先对相关概念做出界定。当我们定义和描述"舆论""公众舆论""舆论环境"时，不仅需要明确这些语词的普适意义，还必须将上述概念放置在历史语境中进行考察，才能为讨论"清末民初北京的舆论环境"提供一个合理的背景和可靠的前提。

对于"舆论"，较为权威的释义是："通常指公众意见或多数人的共同意见，社会集合意识和社会知觉的外化……舆论的本质是通过志愿的思想交融凝聚成的集合意识和整体知觉。"该释义又称："人们通常所说的社会舆论，指的正是民意。"[3]从广义上说，"舆论"或"公众舆论"，指的都是"社会所有人意见的总和"，它是一种客观、自在的状态。"舆论环境"则不

---

1 王雄：《新闻舆论研究》（北京：新华出版社，2002），第347页。
2 参看方汉奇：《中国近代报刊史》（太原：山西人民出版社，1981）；方汉奇主编：《中国新闻事业通史》（第2卷）（北京：中国人民大学出版社，1996）；梁家禄等：《中国新闻业史》（南宁：广西人民出版社，1984）；黄河编著：《北京报刊史话》（北京：文化艺术出版社，1992）。
3 刘建明主编：《宣传舆论学大辞典》（北京：经济日报出版社，1992），第343页。

同，从字面上理解，"舆论环境"是各种舆论手段和舆论互动构成的社会场域，它呈现为有着历史性和主体性的"文化场"[1]。舆论环境的历史性，表现为信息传播的速度和影响，深受传播手段的制约。如20世纪初，中国各地信息传递已普遍使用电报，但北京与津沪之间的报纸运送存在一两天的时间差，限制了津沪两地报纸报道和影响北京社会的即时性。舆论环境的主体性，表现为不同的主体接收到不同的舆论信息，从中选择出与自己相关的信息，并对之做出反馈。另外，主体发送的舆论信息也有着影响的远近、深浅之别。

19世纪的欧洲舆论学家提出对"公众舆论"的现代定义："公众舆论指的是当民众属于同一社会群体时，他们对于某一问题的态度。"哈贝马斯（Jürgen Habermas）指出，这个定义的关键在于将民众划分为不同的"群体"，同时将公众舆论的定义从"个人意见的总合"修正为"群体中的主导性意见"。[2]有论者将"舆论"区分为相互独立又相互关联的"自发的公众舆论"与"自为的新闻舆论"，而将"新闻舆论"定义为"通过或经由媒体表达的社会意见"。[3]这实际上区分了狭义的"公

---

[1] 此处借鉴布尔迪厄"文学场"的概念，以说明舆论环境的场域属性及其携带的"文化资本"。参见布迪厄著、刘晖译：《艺术的法则：文学场的生成和结构》（北京：中央编译出版社，2001）。

[2] 参阅哈贝马斯著、曹卫东等译：《公共领域的结构转型》（上海：学林出版社，1999），第288—289页。

[3] 王雄：《新闻舆论研究》，第14页。

众舆论"和广义的"公众舆论"。一旦某种"社会意见"在媒体上发表,并被指认为"公众舆论",它就有可能反过来对公众产生巨大的影响力,为公众提供"对一个匿名的共同体不寻常的信心"。[1] 公众舆论之所以成为公众舆论,不在于不可见的"公众"会自动形成某种清晰的观点,而在于某种观点被信息机构和社会群体共同认定为主导性意见,从而完成整个社会对"公众舆论"的想象。公众舆论的形成,实质是不同的观点使用各种舆论手段竞争取得社会多数人认同的过程。

尽管民初的北京舆论界有着浓厚的精英色彩,但这个以同人刊物、机关报纸(少数带有大众报纸性质)组成的舆论环境,仍然是自足的系统。在一个上、中、下不同阶层共同构成的都市社会中,"下层民众参与"的缺席,自然会导致"个人意见的总合"出现部分缺失,但如将"公众舆论"看作"经由媒体表达的社会意见",那么这个悬浮在市民日常生活之上的中上层社会里,仍然存在广义上的"公众舆论"。[2]

而且,相对于清末民初中国的其他城市,北京在舆论环境的扩展和多元化方面,有自己的优势。首先,庚子事变之后,配合宪政风潮兴起与国族危机意识高涨,中国北方以北京为中心,展开了一场声势浩大的下层社会启蒙运动,相当成功地培

---

[1] 参阅本尼迪克特·安德森著、吴叡人译:《想象的共同体》(上海:上海人民出版社,2003),第35页。

[2] 考虑到当时习用"公众舆论"一词,本书不再另采新词,而是有限制地使用"公众舆论",尤其在需要与"精英言论"相区隔的场合。

养了北京民众对报纸、演说等现代舆论手段的接受;其次,民元后的北京各报纸以政党、教会等为依傍,各为其主,众声喧哗,形成了相互冲突、竞争的舆论态势。到"五四"前夕,北京的报刊呈现出以下特点:(一)各党各派、各种利益集团均拥有自己的言论机构,令多元化的言论空间成为可能;(二)主流报纸的企业化程度较高,受政治势力控制程度相对减弱;(三)清末白话启蒙传统的延续,使报刊对北京民众的亲和力高于其他地区,连最"先进"的上海报界都为之惊叹。[1]以地域而论,选择北京而非更为"进步""开放"的上海,除了新文化运动的中心随《新青年》北移,北京的舆论环境包含着更多的阶层话语与对立元素,从而扩大了公共话语的包容性,也是一个重要的理由。

本书以报纸和杂志为中心展开讨论,也是考虑到清末民初北京舆论环境的实际状况。虽然20世纪初的舆论手段包括报刊、书籍、布告、演说、流言等众多形态,但在诸多媒介之中,报刊发挥的力量无疑是最大的。按照麦克卢汉(Marshall McLuhan)的媒介理论,同属于"印刷文字",报纸较之书籍,有更强的包容性,因为报纸是"群体的自白形式"(group confessional form),它提供了群体参与的机会。[2] 选择报刊媒

---

1 《警钟日报》1904年11月17日。
2 参阅麦克卢汉著、何道宽译:《理解媒介》(北京:商务印书馆,2000),第256页。

介来讨论舆论环境的建构,看重的是它作为"大众传播工具"的群体参与性和言论多元化。

北京舆论环境在清末民初的变化

从庚子事变,到五四运动前夕,北京舆论环境经历了三次重大的转变:第一次是彭翼仲、杭辛斋为首的启蒙知识分子创办《启蒙画报》《京话日报》《中华报》,并结合阅报所、讲报处、改良戏曲等一系列启蒙手段,初步形成以下层社会启蒙为特色的北京舆论环境;第二次是由清朝入民国之际,大批新式知识分子[1]北上入京,随之涌现大量新生的舆论机构,这一变动意味着北京热衷于下层启蒙的舆论传统被精英议政的舆论形式取代,清末启蒙运动致力的上下层沟通重新被弃置,北京回到阶层界限分明的生活状态,舆论界的拟想读者也从普通民众上调至工商业者和学生群体;第三次是新文化兴起初期,北京舆论界在支持/反对这一运动的论争中分裂与重组,大致形成道德与文化方面持保守态度的旧派舆论与支持、提倡新文化新思潮的新派舆论两大阵营,但即使同一阵营中,具体报刊的政治立场与文化立场仍然可能存在不同的取向。

讨论舆论环境的变化,不应仅仅关注报刊的生灭异动,纳

---

[1] 在本书中,"新式知识分子""知识精英""高级知识分子""启蒙知识分子"等概念都指向同一群体,即清末民初受过西学浸染、有资格(革命经历、报业经验或留学背景)参与上层社会政治和文化进程的知识阶层。

入考察范围的对象,还应包括知识精英、公众舆论、政治背景、民众心态、地缘环境等。

新式知识分子在这一时期,开始了群体性的自我反省与身份转型。清末的启蒙知识分子尚未完全摆脱"士"这一传统的科层定位,只有"士"这种相对模糊的定位,才会兼具官僚的执政功能与舆论的监督权力(如监察御史的"风闻奏事"),而现代舆论机构标榜的独立性,很难内生于"士"这种传统阶层。康有为、梁启超等人在官僚和报人之间的身份转换完全不存在障碍,实际映射出"政府"与"民众"之间缺乏独立的知识阶层作为平衡力量。清末启蒙运动的参与者,大都抱有明确的政治目的:呼吁"立宪"或要求"革命"。民国后,以袁世凯为代表的政治威权的重建,造成了新式知识分子从政的压抑,反而迫使他们完成集体性转向。史华慈(Benjamin I. Schwartz)指出:民元以后政治斗争的失利,使"高级知识分子"无法通过政治手段来实现他们改造中国社会的理想,于是他们将注意力转向文化的建设,"认为只有改变意识才能推动社会"。因此,"1919年以前新文化运动的一个方面是在政治家和知识分子之间划了一条清晰的界线,这对将来有持久的影响",虽然仍有部分知识分子重新卷入政治生活,但就整体而言,知识分子形成了"一个独立阶层的自我意识"。[1] 尤其是其中不少深具

---

[1] 费正清主编、杨品泉等译:《剑桥中华民国史》(北京:中国社会科学出版社,1994),第471—473页。

社会影响力的知识分子由"政治家"向"舆论家"的转型，让知识分子群体获得了新的表达观点与参与政治的途径，并以文化立场而非政党背景为中心进行集团重组，从根本上改变了中国知识分子介入社会的方式。

作为独立阶层的知识分子，希望借助报刊等舆论工具，充当政府与公众之间的沟通中介，从而实现西方式的舆论现代化和社会现代化。他们设想中的舆论现代化进程，与哈贝马斯在《公共领域的结构转型》一书中描述的英法"公众舆论"的形成史有着惊人的相似点，如从"代表型公共领域"经由"文学公共领域"向"政治公共领域"转型，其实质即由知识阶层代表市民挑战国家权威，借此与国家权威"构成了一种平衡势力"，知识阶层通过集会和报刊等形式组织一个独立于政府权力之外的舆论场，并试图养成以公众舆论为媒介的"政治公共领域"。从本书相关章节可以看到，在梁启超、章士钊等"舆论家"的想象中，政府、知识者与民众的关系应该类似哈贝马斯对"公共领域结构转型"之前的描述：

> 政府当局向"这些"公众发布公告，一般是针对所有臣民的；但是，依靠这样一条途径，它们通常并不能到达"普通人"那里，最多只能到达"有教养的阶层"。随着现代国家机器的形成，出现了一个新的阶层，即市民阶级，他们在"公众"范围内占据核心地位。他们主要由政府官员组成，此外还有医生、牧师、军官和教授、"学者"等——

他们处于最顶层,通过教师和撰稿人而和"民众"发生联系。[1]

这种带有古典意味的舆论图景之所以没有在中国完全实现,一方面是由于政治环境的恶劣,北洋政府对舆论的摧残与压制,另一方面也与报刊商业化的世界潮流有关。戈公振对民初报界的评价是:"民国以来之报纸,舍一部分之杂志外,其精神远逊于清末。盖有为之记者,非进而为官,即退而为产业所化。"[2]"为官"和"为产业所化"都不符合新式知识分子对"英美式自由主义"舆论的想象,但"为产业所化"是现代报业发展的必然趋势。戈公振也承认,民初报业发展较之晚清,最大的优势在于民众已养成阅报的习惯。由于受众的变化,中国报纸也开始了由"高级报纸"向"大众报纸"的转型,即报纸的企业化现象渐趋严重,这种趋势使各大报纸可以在很大程度上规避政治压力,为离经叛道的思想提供言论空间。考量报纸的独立地位与传播效果,当然以企业化报纸为胜。张季鸾在回顾中国报业历程时指出,报纸的商业性质"其本身限制了言论自由,但因经济雄厚之故,对于报人职业的独立,却增加了保障",故而才能成为社会上"一种大的力量"。[3]

---

[1] 哈贝马斯著、曹卫东等译:《公共领域的结构转型》,第21页。
[2] 戈公振:《中国报学史》(北京:中国新闻出版社,1985),第161页。
[3] 张季鸾:《抗战与报人》,《季鸾文存》下册(天津:大公报馆,1946),第151页。

曾虚白的《中国新闻史》认为,"报纸要走上企业化,必须基于以下的几个条件":"在本身方面,要:资本雄厚,网罗专才。在客观方面,要:所在地商业兴盛,交通发达,人口多,教育水准高,有言论自由。"[1]具备这些条件的报纸,主要集中在京、沪、津三地,导致舆论资源向这三个城市集中。而作为首都的北京,必然吸引最多的媒体注意力,民元以后,上海的《申报》《新闻报》《时报》纷纷在北京设特派通讯员,天津《益世报》甚至在北京开设分馆,出版北京《益世报》,说明北京的舆论环境不仅仅反映和影响北京一地的舆论动态。[2]

随着自我反省的深入,知识分子看待民众的眼光也发生了变化。从晚清运用白话报纸、白话小说的下层社会启蒙运动,到"五四"前夕白话文运动的大受关注,并非启蒙形式的简单重复,而是涉及知识分子启蒙理念的重新建构。胡适对此的解释是:

> 二十多年以来,有提倡白话报的,有提倡白话书的,有提倡官话字母的……这些人可以说是"有意的主张白话",但不可以说是"有意的主张白话文学"。他们的最大缺点是把社会分成两部分:一边是"他们",一边是"我们"。一边

---

[1] 曾虚白主编:《中国新闻史》(台北:三民书局,1977),第335页。
[2] 据陶菊隐回忆:"当时各大报根据地区的重要性和稿件质量的不同,将全国各地通讯员划分为若干等级:首都北京为第一等,驻京记者的地位几与馆内主编相埒,天津次之,广州、汉口又次之。"陶菊隐:《记者生活三十年》(北京:中华书局,1984),第27页。

是应该用白话的"他们",一边是应该做古文古诗的"我们"。我们不妨仍旧吃肉,但他们下等社会不配吃肉,只好抛块骨头给他们吃去罢。这种态度是不行的。

　　1916年以来的文学革命运动,方才是有意的主张白话文学。这个运动有两个要点与那些白话报或字母的运动绝不相同。第一,这个运动没有"他们""我们"的区别……第二,这个运动老老实实的攻击古文的权威,认他做"死文学"。[1]

　　新文化运动不仅试图将知识用通俗的方式传递给下层民众,而且提出"重估一切价值",颠覆既有的知识体系,它不但是一场面对民众的启蒙运动,也是一场知识分子的自启蒙运动。由此不难理解为何新文化运动激起守旧派极大的反感,因为它直接威胁上层社会的"士大夫文化"的存在。

　　通常被称为"学生社会"的边缘知识群体,在新文化运动的推广中占据了重要的位置。周策纵认为,两个因素导致学生群体成为社会运动的主力——一是清末科举的废除,使这一群体丧失了经由传统合法途径成为社会决策者的可能,只能通过让自己成为群众领导者来实现其自身价值:"活在一个没有真正立法机构和选举制度的国家里,青年学生们看见渐

---

[1] 胡适:《五十年来中国之文学》,《申报》五十周年纪念刊《最近之五十年》,1923年2月。

进的改良被阻碍,民意被抑制。这种情形使他们愤怒,也使他们认为他们通过非正统式的政治行动进行的反抗和抗议是正当合理的;因为旧制度显得如此无望,新世界和现代思潮对青年的吸引力更增强了";另一方面,学生群体与政治决策者的代际差异,使两者的教育和观念呈现出如此的不同,导致学生与政府、学校的观点几乎无法沟通,而且,大多数对政府决策绝望的公众舆论也不反对学生干政,甚至代行"国会"的职能。[1]

考察新文化的传播,北京的地缘环境和社会状况同样是无法忽略的因素。虽然新文化的策源地在上海,但它的发展壮大却是在北京完成的。北京作为首都的政治背景,全国最高学府北京大学提供的人才资源及社会关注度,以及北京媒体对新文化运动的支持与批判,都直接影响北京舆论环境的变化。而舆论环境的变化,反过来会推动和制约新文化运动的发展。

新文化的"登场"

在关于五四运动的历史叙述中,对"新文化运动"与"五四运动"之间的关系,有着不同的说法:有人认为五四运

---

[1] 周策纵著、陈永明等译:《五四运动史》(成都:四川人民出版社,2019),第102—103页。另见陈平原:《余论:设议院与开学堂》,陈平原、夏晓虹主编:《触摸历史:五四人物与现代中国》(广州:广州出版社,1999)。

动与新文化运动是两回事，彼此并无多大关联；[1]另一派如胡适就坚持所谓五四运动实际上就是新文化运动，只是"一个新思潮、新文化的运动"。[2]大多数知识分子对"五四运动"持更广义的理解，即这一名词同时包括学生运动和新文化运动。[3]周策纵的《五四运动史》认为，"五四时代"可以以"五四事件"划分为前后两个阶段，"在第一个阶段里，一些新兴的知识分子集中精力，以他们的思想来感召学生和青年；在第二个阶段里，学生们便成为主力，发动了对中国某些传统和守旧主义的全面攻击。于是活动范围已超出了纯粹的思想界"。[4]

讨论五四运动的思想成因，新文化运动自然不可不谈，而新文化运动本身，又是晚清以降各种思潮互相冲击、碰撞的结果。[5]

---

1 如周予同：《过去了的"五四"》，《中学生》1930年第5期。事实上，还有更极端的说法，如"五四事件"当事人曹汝霖则认为5月4日的事件是一场政治阴谋，曹赞许北大有人将之"改称为文艺运动"的做法，而抱怨国定教科书将二者混为一谈。见曹汝霖：《曹汝霖一生之回忆》（台北：传记文学出版社，1980），第158页。

2 唐德刚译注：《胡适口述自传》（上海：华东师范大学出版社，1993），第172页。

3 周策纵引李长之的话指出："'五四运动'当然不只指1919年5月4号这一天的运动，乃是指中国接触了西洋文化所孕育的一段文化历程，'五四'不过是这个历程中的一个指标。"周策纵著、陈永明等译：《五四运动史》，第4页。

4 周策纵著、陈永明等译：《五四运动史》，第6页。

5 需要指出的是，"新文化"这个概念当时与"新思潮"等名词一起流行于报刊文章，而"新文化运动"一词则是在参与者后来的追忆中被命名及描述成形的。本书相关章节主要讨论当时的舆论环境对"新文化"的接受，这里讨论的"新文化运动"则基于后设视域中的历史概念。

史华慈在《剑桥中华民国史》中指出,"不言而喻,1919年和20年代初的伟大思想高潮是许多因素配合起来造成的……这个中国思想转变时期的背景,已有几个必要的发展阶段",这些阶段包括蔡元培对北京大学的改造和对新文化发起者的延揽、《新青年》号召的白话文的日渐流行、爱国民众对国家命运的日益关注。他还强调,"20世纪中国思想史的研究者现在都很明白,始终支配本世纪上半叶(及其后)的某些论题在19世纪末20世纪初就已提出"。[1] 经过数十年的研究与讨论,学界基本上形成了一种共识:新文化运动从思想界即知识精英内部的讨论,经由公众舆论及学生群体的传播与力行,影响社会公众,从而形成一场浩大的社会运动。而新文化运动得以发生、传播、推行的思想平台与社会环境,是晚清一代知识分子与五四一代知识分子共同营造的结果。[2]

从早已存在于知识界的"新文化运动",到由北京学潮延伸至全国各地的"五四爱国运动",就知识精英思想文化建设的初衷而言,是一种传播,同时也是一种转换。这种传播和转换的功能,

---

[1] 费正清主编、杨品泉等译:《剑桥中华民国史》,第456—459页。

[2] 其他不同的学术观点,可以参看"五四与现代中国"丛书(太原:山西人民出版社,1989),该丛书包括《五四:文化的阐释与评价——西方学者论五四》《启蒙的价值与局限:台港学者论五四》及多本海外学者讨论五四运动的专著。另如周阳山主编:《五四与中国》(台北:时报文化出版公司,1979)、汪荣祖编:《五四研究论文集》(台北:联经出版公司,1979)、林毓生等著:《五四:多元的反思》(香港:三联书店,1989)与刘桂生、张步洲编:《台港及海外五四研究论著撷要》(北京:教育科学出版社,1989)也收入海内外论文多篇。

当然不仅仅在于使一场文化运动政治化,其性质也并非"救亡压倒启蒙"简单的二元对立。两者的关系,的确包含了文化与政治的传统纠葛,也反映出知识分子解决社会问题的歧见异途,在更广泛的意义上,它还传递了政府、知识者与民众三者之间复杂而微妙的社会位置与互动态势。本书关注的焦点在于:在这种传播和转换的过程中,知识精英的言论和思想是如何通过报刊这种媒介,作用于知识分子内部及周边的舆论环境,从而影响政府和社会,而报刊媒介又是如何在传播过程中改变和转换这些言论与思想,将之整合到社会的公共话语中。本书的视点主要锁定于"知识精英与舆论环境的互动",并试图将之描述为一种新异的思潮如何通过媒体中介逐步呈现在公众面前,并赢得他们的关注和同情。

对于新文化的提倡者来说,认识并适应周遭的舆论环境,是"新文化运动"拓展自身空间的必然过程。而与舆论界打交道,对于新文化群体中的多数人而言,并不陌生。陈独秀、胡适在清末启蒙运动中已有主编《国民日日报》《安徽俗话报》《竞业旬报》的经历,李大钊自就读北洋法政学堂起,就参与《言治》《民彝》《宪法公言》等刊物的编辑和撰稿,《新青年》其他撰稿人如高一涵、蓝公武,也多有过报刊方面的从业体验。因此,新文化群体同人从一开始就对新文化的传播扩展至舆论界的途径怀有预设和想象,如陈独秀对汪孟邹说,"让我办十年杂志,全国思想都全改观"[1];李大钊对"大新闻社长霍列

---

[1] 唐宝林、林茂生:《陈独秀年谱》(上海:上海人民出版社,1988),第65页。

士"事迹的向往:"其组织虽云一新闻社,而宛具政府之雏形。论其势力,且逾政府而上之"[1]。在美留学时即"以舆论家自任"的胡适,对此的表述尤为详细。

胡适所说的"舆论家"对应英文中的"Journalist of Publicist",意即"新闻记者或政论作者"。他理想中的"舆论家"应当具有以下特点:

(一)须能文,须有能抒意又能动人之笔力。

(二)须深知吾国史事时势。

(三)须深知世界史事时势。至少须知何处可以得此种知识,须能用参考书。

(四)须具远识。

(五)须具公心,不以私见夺真理。

(六)须具决心毅力,不为利害所移。[2]

胡适后来分析陈独秀何以成为新文化运动的领袖,指出陈独秀有三点背景:"一、他有充分的文学训练,对于旧文学很有根底","二、他受法国文化的影响很大,他的英文法文都可以看书","三、陈先生是一位革命家……他那时所主张的不

---

[1] 守常:《奋斗之青年》,《晨钟报》1916年9月3日。

[2] 胡适留学日记(1915年1月27日),曹伯言编:《胡适日记全编》第2卷(合肥:安徽教育出版社,2001),第14页。

仅是政治革命，而是道德艺术一切文化的革命"。[1] 可以看出，陈独秀是符合胡适留美时对"舆论家"的想象的，因此胡适归国后选择加入《新青年》团体，与陈独秀并肩作战。

尽管陈独秀和胡适等人对晚清启蒙运动进行反思时，强调不能再区分"我们""他们"，但是他们所持的舆论观，基本上是自康梁以来形成的精英舆论传统。毛泽东曾经批评"新文化运动"脱离工农群众："这个文化运动，当时还没有可能普及到工农群众中去。它提出了'平民文学'口号，但是当时的所谓'平民'，实际上还只能限于城市小资产阶级和资产阶级的知识分子，即所谓市民阶级的知识分子。"[2] 新文化的传播没有深入下层社会，主要取决于新文化群体同人采取的舆论策略。正如前文述及，民初知识分子试图依照英美公众舆论的发展方式，在政府与公众之外，建构一个"文学公共领域"，作为社会的平衡力量。比较《京话日报》群体与《新青年》同人的启蒙方式，我们会发现，新文化的传播并不热衷于利用传统的启蒙形式，也没有太强的接触下层社会的欲望。胡适在1930年代谈论《独立评论》的设想时，描绘了他心目中"舆论家"的实现途径：其一，"我们有职业而不靠政治吃饭的朋友应该组织一个小团体，研究政治，讨论政治，作为公开的批评政治或提倡政治革新的准备"；其二，

---

1 胡适：《陈独秀与文学革命》，陈东晓编：《陈独秀评论》（北平：东亚书局，1933）。
2 毛泽东：《新民主主义论》，《毛泽东选集》第2卷（北京：人民出版社，1966），第699页。

"发起一个刊物,来说说一般人不肯说或不敢说的老实话"。[1]新文化同人自行设计的"登场",不外乎如此。至于"王敬轩双簧信"新旧思潮的论战,倒是吸引社会关注的题中应有之义,即钱玄同所谓"得此辈多咒骂一声,便是价值增加一分也"。[2]

　　五四运动的兴起,打断了新文化运动按部就班的舆论路线,突然将注目文化建设的新文化运动,与以"爱国""反帝"为诉求的街头社会运动打成一片,反而将新文化运动放置在尴尬的、不由自主的境地。胡适的学生罗家伦反思五四运动时称:"'五四'以后,形势大变,只听得这处也谈新思潮,那处也谈新思潮,这处也看见新出版品,那处也看见新出版品",然而他很快就发现了"也有未可乐观之处":"(一)是觉得根基太薄弱,成熟过早;(二)是觉得大家真正了解的少,而多半借新思潮当作太上老君急急如律令的符咒。任这种情形延长下去,实在有种绝大的危险;出版品虽多,是没有用的。"[3]胡适等人虽然意识到五四爱国运动帮助了新文化传播推广,但他们仍然将这场政治运动看作"一场不幸的政治干扰",[4]原因在于新文化运动并没有做好向下层社会深入的准备,同时五四运动也反过来加剧了政治势力对新文化的压制。

1　胡适:《丁文江的传记》(合肥:安徽教育出版社,1999),第65、143页。

2　钱玄同:《致陈独秀》,《新青年》2卷6号,1917年2月1日。

3　罗家伦:《一年来我们学生运动底成功失败和将来应取的方针》,《新潮》2卷4号,1920年6月。

4　唐德刚译注:《胡适口述自传》,第172页。

五四运动打破了新文化群体同人对于舆论的想象与认同，从而为他们的分道扬镳埋下了伏笔。陈独秀的被捕和离京，《新青年》随之迁回上海，是研究者公认的新文化运动的转折点。陈独秀明显更喜欢五四运动带来的狂热政治气氛，他拒绝胡适将《新青年》移回北京的提议，理由是"近来大学空气不太好"，实际上是对五四运动后北京舆论环境的重行收缩与压抑表示不满。而胡适要求的"不谈政治"和周氏兄弟提出的"只要学术思想艺文的气息浓厚起来"，可以解读为希望《新青年》的姿态回到五四运动前的起点，即从"研究问题、输入学理"入手，从事思想文化运动，而非直接讨论政治。[1] 胡适并非不愿意讨论政治，而是无意成为社会运动的领导者而直接与政府对抗，仍然坚持"作为平衡势力"的舆论想象。在《新思潮的意义》一文中，胡适坦承这种姿态调整含有收缩新文化运动的涉及范围，避免遭受过多政治压力的用意：

> 研究具体的社会问题或政治问题，一方面做那破坏事业，一方面做对症下药的工夫，不但不容易，并且很遭犯忌讳，很容易惹祸，故不如做介绍学说的事业，借"学理研究"的美名，既可以避"过激派"的罪名，又还可以种下一点革命的种子。[2]

---

[1] 参看《关于〈新青年〉问题的几封信》，张静庐辑注：《中国现代出版史料甲编》（北京：中华书局，1954）。
[2] 胡适：《新思潮的意义》，《新青年》7卷1号，1919年12月1日。

胡适和傅斯年、罗家伦曾提议"把北大迁到上海租界上去，不受政府控制"，[1] 也是出于对五四运动后北京政治压制与舆论激进共同干扰新文化运动的不满，与蔡元培在五四运动前撤去陈独秀的文科学长一职，以"保存机关"的苦心是一致的。同样是迁往上海，陈独秀的南下与胡适等人的动议，有着全然不同的意义。

基本思路与研究布局

本书除了梳理清末民初北京的舆论环境，重点在于凸显舆论环境与新文化运动之间的关系。研究时段大致从晚清北京下层社会启蒙运动开始的1904年前后，直至1919年五四运动前夕的新旧思潮论战。

本书讨论的是一个跨领域的史学命题，使用的学术资源与以往的思想史、报刊史、文学史、文化史均有所关联，写作思路是以历史描述的方式将资料重新整合，从"新文化运动与北京舆论环境之间的互动"的角度，为这段历史提供一种新的阐释，试图弥补以往研究的某些盲点和空白。

就思想史层面而言，本书试图打破"从思想到思想"的研究窠臼，将新文化运动与其发生地的城市特性、舆论状况、

---

[1] 沈尹默：《我和北大》，《五四运动回忆录》（续）（北京：中国社会科学出版社，1979），第168页。

民众启蒙程度等方面联系起来考察。报刊史的梳理则将关注点从相对"先进"的上海报刊调整到清末民初的北京,不仅仅强调北洋政府摧残舆论,以及机关报纸的政争党见,同时也关注北京舆论从清末至民初自身发生的变化,它们对外国新闻理念的接纳和学习,从政党性报纸向商业性报纸转化的过程,以及它们如何调适政治性和公共性之间的矛盾。对于文学革命与新思潮,侧重于考察其核心内容在向外界传播时采用的话语策略与发生论争后自身姿态的调整,以及外部舆论对它们的挑战与回应。

原来的研究计划曾将对狭义的五四运动即街头政治、社会运动纳入考察范围,甚至希望比较京沪两地不同的舆论环境对五四运动发展进程的影响,进而讨论舆论参与对五四运动后中国文化格局的变化所起的作用。然而,在本书写作过程中,感到这部分工作涉及的史料和论著极为庞杂,各种政治因素与文化倾向也难以在有限的篇幅内加以厘清,遂决定放弃这一计划,而将研究重心专注于新文化运动的"登场",同时也有意剥离新文化传播与"爱国运动"之间的直接关联,正如周策纵指出的,五四运动分别受到政治方面的刺激(山东问题和巴黎和会)和文化方面的刺激(新思潮与白话文运动),本书着重考察和描述文化方面的动因。

在这种解释框架下,本书大致分三个部分展开:

第一部分包括第二章"'眼光向下':《京话日报》与启蒙运动"与第三章"日本报纸在北京:《顺天时报》的启示",重点梳理清末民初的北京舆论环境。北京称得上有"舆论环境"的出现，实自彭翼仲 1904 年创办的《京话日报》始。与上海等地的白话报纸，如《中国白话报》《安徽俗话报》不同，《京话日报》不仅仅是一张白话报纸，它调动白话报、阅报处、讲报所、戏曲改良等各类启蒙手段，构筑了一套启蒙新体系，改变了晚清改良维新一直高高在上的姿态，为启蒙运动开辟了一条"眼光向下"的推行管道，从而有效地改变了原本大大落后于南方的北京舆论风气。除了启蒙者本身的努力，北京特殊的人文与政治环境，也为这种启蒙新形态提供了适宜的土壤。由于政治压迫和国体丕变，北京的启蒙传统没有在民初得到延续，造成了中上层社会与下层民众的交流隔绝，直到五四运动，知识者走上街头，才让"眼光向下"的启蒙运动重现于北京社会。同时，清末启蒙运动未曾充分暴露的弊病，即对"爱国意识"的强调和对"知识启蒙"的忽略，也在五四运动中展现无遗。在意识到片面启蒙的问题后，五四知识分子开始自我调整，或全心投入政治运动以改变上层结构，或号召"走向民间"以深入民众，或退守校园重回文化建设的道路，鲁迅概括为"有的高升，有的退隐，有的前进"。[1]其实"五四"一代人所面对的，还是晚清那一代已经经历的老问题——这也是讨论北京舆论环境要向上追溯至清末的原因。

---

[1] 鲁迅：《〈自选集〉自序》，《鲁迅全集》第 4 卷（北京：人民文学出版社，1981），第 456 页。

第三章从世界舆论发展的潮流着眼，以《顺天时报》为个案，讨论由外国投资的媒体如何在舆论理念、新闻手段和版面设计等方面影响中国舆论发展的进程。《顺天时报》创立于清末，为日本外务省机关报。在袁世凯去世后的一段时期内，该报成为北京最畅销和影响最大的报纸。《顺天时报》的成就除了与日本势力在华的特殊地位有关，全盘照搬日本先进舆论经验、建立新闻报道优势也是非常重要的原因。另一方面，《顺天时报》努力使自己本土化，在文化上取得中国读者的认同，并在政治性与公共性之间寻求部分妥协，这让《顺天时报》在军阀统治下的"舆论真空"时期取得空前的报界地位。《顺天时报》的成功在相当大程度上影响了北京中文报纸的办报方式与新闻理念，推进了公众舆论的逐步发展。中国舆论界在与"西方"对话的背景下逐步成长，部分摆脱政党喉舌和牟利工具的地位，也是新文化能够在五四运动前后获得传播和转换的重要条件。

第二部分即第四章"民初知识分子的身份转型与集团重组"，讨论民元以后，新式知识分子从热衷投身政治、经营政党报纸，到自觉地疏离政治，追求舆论的独立性，试图在中国实现西方式的舆论图景。从梁启超、黄远庸到章士钊，都曾为建立相对独立于政党斗争的舆论机构付出了自己的努力，但由于深陷政治泥潭及经济上无法独立，这些努力大都付之东流。在北洋政府严厉禁锢言论的背景下，新式知识分子创办的报刊向企业化与精英化的两极发展，新式知识分子的身份认同也经历了政治家—舆论家—报人的转型,代表性人物为梁启超—黄远庸—邵飘萍,这种身份转型为北京舆论环境提供了政党论争之外的声音,为政治相对宽松时期的自由表达与平等论辩提供了面向公众的平台。而坚持以政论为主的《甲寅》,鉴于国内缺乏言论空间,立足海外,成为知识精英集结的一面旗帜。《甲寅》作者群不仅在人才养成方面,更从舆论资源上,为新文化运动的发端奠定了良好的基础。

第三部分包括第五章"校园内外:新文化的登场"与第六章"'五四'前夕:新旧论争与多方博弈"。第五章旨在描述新文化运动如何从知识精英内部的学理探讨,逐步延伸至公众舆论层面的表达和学生群体中的传播。通过《甲寅》《青年杂志》的调整与反思,陈独秀将清末的民众启蒙思路转变成为知识分子的自启蒙,这一努力得到胡适等人的响应和襄助,"一校"与"一刊"的结合,尤其以陈独秀为代表的激进革命派与以胡适为代表的留学生相结合,赋予了改版后的《新青年》刚柔相济的文化气质,最大限度地团结了从政治变革转向思想建设的知识精英。从李大钊主编《晨钟报》到新文化群体同人创办《每周评论》,新文化运动从借助他人的言论机关发展至拥有自己的舆论阵地,为新文化运动与公众舆论直接对话创造了条件。而新思潮在北京大学校园内的传播,吸引了学生群体中的佼佼者参与新文化运动,《新潮》以更为激进的文化姿态、更为贴近学生的思想立场,在全国边缘知识青年间激起了巨大的反响。借由深受新思潮影响的"学生社会"为中介,新思潮在全国范围内赢得了广泛的支持和影响，在这种通过学校和刊物传播的方式后面，隐伏着社会权势在"五四"前后的转移。

第六章考察新文化"登场"之际，与舆论环境的交流与互动。新文化运动以蔡元培领导下的北京大学为依傍，然而政治环境的严酷与文化氛围的保守，迫使蔡元培不得不在公开表述中做出与新思潮保持距离的姿态，然而来自政府和守旧派的压力，导致了陈独秀的去职，这一事件加深了新文化运动的政治化程度。但另一方面，受到守旧派和当权者联手压迫的弱者姿态，也让新文化阵营得到了大多数中立舆论的同情与支持，从而将"新旧论争"转换为争取言论自由的"官民抗争"。尽管舆论界主流观点并不完全认同新思潮的文化立场，但出于对政府压制言论的嫌恶，各地媒体都义不容辞地站在新思潮一边。思想层面的争论转化为政治层面的对抗，从表面上看，新文化阵营取得了舆论上的胜利，然而要真正转移社会的风气，这仅仅是一个艰难的开端。

第二章 「眼光向下」

《京话日报》与启蒙运动

1900年的庚子事变，对于清末思想界的冲击不容小视。在此之前，尽管戊戌变法失败的阴影笼罩着中国，一般知识者的目光仍然集中于朝廷的动向，虽然严复早在1895年即已提出"鼓民力""开民智""新民德"三个鲜明的口号。[1] 李孝悌在《清末的下层社会启蒙运动：1901—1911》一书中描述了1900年后中国思想界的变动：在此之前，下层社会的启蒙运动"还只停留在少数几个人的议论的阶段"，在此之后，情况则大不相同——

　　　　在短短五六年间，由于义和团和八国联军造成的前所未有的危局，使得"开民智"的主张一下子变成知识分子的新论域，"开民智"三个字也一下子变成清末十年间最流行的口头禅，其普遍的程度绝不下于五四时代的"德先生"与"赛先生"。一般"有识之士"或所谓的"志士"，深感于"无知愚民"几乎招致亡国的惨剧，纷纷筹谋对策，并且剑及履及，开办白话报；创立阅报社、宣讲所、演说会；发起戏曲改良运动；推广识字运动和普及教育，展开了一场史无前例的大规模民众启蒙运动。少数思想家的言论顷刻间转化成一场如火如荼的社会运动，也为中国现代史上的民粹运动写下动人的第一章。[2]

---

[1] 严复：《原强（修订）稿》，《严复集》第1册（北京：中华书局，1986），第15页。

[2] 李孝悌：《清末的下层社会启蒙运动：1901—1911》（石家庄：河北教育出版社，2001），第15、16页。

需要补充的是，这场"从理论到实践"的民众启蒙运动有着相当鲜明的地域性，其主要的推动力量和运动成果都集中于中国的北方。义和团运动与庚子事变，中国的北部地区被难最重，而南方富庶地区，由于李鸿章、张之洞、刘坤一等地方大员与西方各国签订的《东南互保条约》，所受冲击较小。这就是当时北方的思想文化远落后于南方，但北方知识分子与下层民众在这场下层社会启蒙运动中却表现出更大热情的原因。

清末的下层社会启蒙运动形式多种多样，但总体以白话报为中心。阅报所、讲报处、演说会、识字所，乃至戏曲改良，都往往依托白话报纸进行，白话报的编辑者和作者群，也同时成为各种活动的发起者和参与者。

迄今我们所知道的中国最早的白话报出现在上海，为申报馆附属的《民报》，自1876年3月30日起发行，每周三份，据云"此报专为民间所设，故字句俱如寻常说话"。这份报纸显然出于商业目的，售价很低，只是为了扩大《申报》集团的影响，"只消读过两年书的华人，便能阅读此报。而其定价仅取铜五文，当能深入《申报》所不能达到的阶层和店员劳工之类"。它的编排格式如"每一句的末尾都空着一格，人名和地名的旁边均以竖线号和点线号表明之"，已经开了后来白话报版式之先河。[1]

---

[1] 《六十年前的白话报》，上海通社编：《上海研究资料续集》（上海：中华书局，1936）。

晚清启蒙知识分子大力宣扬白话报这件利器，不仅是看中了白话易于深入民众，同时也利用报纸廉价易销的特性。中国第一份以启蒙为目的的白话报《演义白话报》出现在1897年，同样发行于上海。办报者对办报宗旨的阐释是"中国人要想发奋立志，不吃人亏，必须讲究外洋情形，天下大势，必须看报。要想看报，必须从白话起头，方才明明白白"，而"中西各种书本，价钱都是贵的，若然用白话做在报上，一天一张，便觉所费不多"。[1]

晚清南北社会风气差异极大，令时人几有隔世之感。[2]白话报和启蒙白话报都首揭于上海，这是顺理成章的事，但是上海的白话报在庚子事变之前，也只有《女学报》（1898）、《通俗报》（1899）、《觉民报》（1900）等寥寥数种，真正造成全国性的影响，却也是1903年末《宁波白话报》《中国白话报》创办以后的事了。

上海在1904年掀起了一个办白话报的高潮，除了《宁波白话报》《中国白话报》，还有《扬子江白话报》《初学白话报》《新白话报》《湖南白话报》《福建白话报》等发行。究其原因，大致与清廷宣布预备立宪，清末启蒙运动进入高潮期有关。但

---

[1] 《白话报小引》，《演义白话报》1号，引自蔡乐苏：《清末民初的一百七十余种白话报刊》，丁守和主编：《辛亥革命时期期刊介绍·第五集》（北京：人民出版社，1987），第495页。

[2] 孙宝瑄称："以北五省视青浦以南，风气差数迟五十年，以江北视吴越繁盛之区，风气差数又迟五十年。"《忘山庐日记》（上海：上海古籍出版社，1983），第352页。

是其兴也勃，其亡也忽，这些白话报大都很夭亡，1905年上海没有一家白话报创刊，到1906年末才有《竞业旬报》《预备立宪官话报》两种出现。[1]

北京出现报业，本因庚子事变促成。管翼贤《北京报纸小史》称："北京之有新闻纸，始自庚子年后，当兹八国联军攻破北京，两宫仓促西狩，迨和议告成，土地割让，主权丧失，国民为之震惊，志者为之愤慨，人人发奋求强，深识者咸以振兴教育、启发民智为转弱图强之根本。"[2]《京话日报》创办之前，北京曾经出现过黄中慧主编的《京话报》（又名《白话爱国报》）和文实权主编的《白话学报》，均创刊于1901年，分别是旬刊和周刊，而且都是旋生旋灭，没有造成什么影响。清末北京启蒙运动的主要领导者是彭翼仲和他所办的《京话日报》。[3]《京话日报》于1904年8月16日创刊，1906年9月28日被迫停刊，共753期，每期四版，第二年改为六版。这份报

---

1 方汉奇主编：《中国新闻事业编年史》（上）（福州：福建人民出版社，2000），第407页。

2 管翼贤《北京报纸小史》，杨光辉等编：《中国近代报刊发展概况》（北京：新华出版社，1986），第402页。

3 彭翼仲（1864—1921），名诒孙，号子嘉，原籍苏州，世代在京为官。他在清末做过通判之类的小官，丁母忧后弃官不为。八国联军侵占北京期间，彭生活无着，被迫以货贩劳力为生。1904年与友人共同创办《京话日报》《中华报》，1906年两报因"妄议朝政，容留匪人"被封，彭翼仲被判流放新疆十年，1913年赦还，重办《京话日报》，又因触怒袁世凯被封。袁世凯死后，《京话日报》复刊，一直到1922年停刊。后期《京话日报》主要由吴梓箴、梁漱溟等人主持。

纸几乎由彭翼仲一手创办，其助手先后有杭辛斋、吴梓箴、文皆嚞、春（一作秦）治先、刘炳堂（负责插画）等。另外，彭翼仲的儿女亲家梁济等人也给予这份报纸很大的帮助。[1]

虽然创办白话报的热潮起于上海，但是白话报纸真正深入下层民众并造成巨大影响，却是在京津两地。在北方的几种主要白话报中，相比于《大公报》的白话附刊《敝帚千金》和《顺天时报》的白话附张，全用白话的《京话日报》有着更大的影响力。前者受制于京津之间的运输问题，后者则因明显的"洋报"色彩而为北京民众所排斥，而《京话日报》出版后，"流布北方各省，大为风气先导。东及奉、黑，西及陕、甘，凡言维新爱国者莫不响应传播，而都下商家百姓于《京话日报》则尤人手一纸，家有其书，虽妇孺无不知有彭先生"，[2]成为北京第一家销售量超过一万份的报纸。《大公报》发行人英华称"北京报界享大名者，要推《京话日报》为第一"。[3]到1910年为止，北京出的十余种白话报，在篇幅、格式或编排上，

---

[1] 梁家与彭翼仲和《京话日报》的关系很深，彭翼仲的长女嫁与梁济的长子，梁济的几个子女包括梁漱溟都曾就读于彭翼仲开办的蒙养学堂，民国十年彭翼仲逝世后梁漱溟还曾接办复刊的《京话日报》。梁焕鼎、梁焕鼐：《桂林梁先生遗书》，《梁漱溟全集》第1卷（济南：山东人民出版社，1989），第576页。

[2] 梁焕鼎、梁焕鼐：《桂林梁先生遗书》，《梁漱溟全集》第1卷（济南：山东人民出版社，1989），第578页。

[3] 《北京视察识小录》，《大公报》，1907年11月26日。

全都模仿《京话日报》,"不敢稍有更张"。[1]

在《京话日报》引领的启蒙运动兴起之前,北方的舆论环境单薄得可怜。《京话日报》创办前,北京的综合性日报只有一家日本人办的《顺天时报》,南方报界的声音也很难传进帝都,"京城这样大的地方,除了官场学堂,看报的人很不多,买卖人等,更不知报是怎样个物件,只因文义深了些,所以寻常人不能入目,各省编的白话报,就是要打通这个关头,无奈寄到京城,艰难的了不得,于这北方多数的人,没有什么益处",[2]再加上戊戌政变后清政府严申报禁,上海的报纸纷纷迁入租界,内地的报纸更是"寥如晨星"。[3]

以《京话日报》为首的北京白话报纸,将晚清启蒙运动推到相对闭塞的北方地区,使当时北京社会风气大开,影响了民元前后的政治局势,[4]某些举措(如倡办国民捐)打破了清末新风气率自南方起的舆论格局。《京话日报》首创的一些启蒙形式,如贴报处、阅报社、演讲所和改良剧,同样也为后来的启蒙者借鉴,成为狂飙突进的新文化运动的主要启蒙手段。北京白话报在1905、1906年蓬勃发展,甚至取代上海成为启蒙白

---

1 《大公报》,1907年11月27日。
2 《告我国人》,《京话日报》134号,1904年12月27日。
3 戈公振:《中国报学史》,第139页。
4 管翼贤《北京报纸小史》称"北京民智之开,政治日进于新,是时之报纸厥功甚伟",杨光辉等编:《中国近代报刊发展概况》,第404页。

话报的中心。[1]而且北京白话报的寿命也普遍比上海白话报长得多。[2]

"一个公众的言论机关"

用白话开启民智的主张，维新派早在19世纪末就大力宣扬过。他们的着眼点正在于"今日人心之营构"："上之可以借阐圣教，下之可以杂述史事，近之可以激发国耻，远之可以旁及彝情，乃至宦途丑态，试场恶趣，鸦片顽癖，缠足虐形，皆可穷极异形，振厉末俗。"[3]中国最早以启蒙为目的的白话报出现在1897年，对白话效用的阐释是"中国人要想发奋立志，不吃人亏，必须讲究外洋情形，天下大势，必须看报。要想看报，必须从白话起头，方才明明白白"。[4]

《京话日报》创办时间虽晚于《宁波白话报》与《中国白

---

1 1905年北京创刊的白话报有《顺天时报》白话附张、《北京官话日报》《北京女报》《军事白话报》《北京官话报》《白话普通学报》《通俗白话报》《京话官报》《兵学白话报》。1906年新创的白话报有《京话广报》《宪法白话报》《正宗爱国报》《白话国民报》《白话公益日报》《京话实报》《京话公报》《中央白话报》等。

2 《宁波白话报》《中国白话报》均发行不足一年，分别出版14期、24期；而《京话日报》则发行两年余，共753期。

3 梁启超：《变法通议·论幼学》，《时务报》16至19册。

4 《白话报小引》，《演义白话报》1号，引自蔡乐苏：《清末民初的一百七十余种白话报刊》，《辛亥革命时期期刊介绍·第五集》（北京：人民出版社，1987），第495页。

话报》，¹但在学习并改良上海及各地的白话报的基础上，形成了在相对闭塞的北方进行启蒙运动的后发优势。

1904年的北京，报纸的影响力极其薄弱："在京寄卖的这几种，如上海的《中外日报》《新闻报》《申报》《时报》、天津《大公报》《日日新闻》报，和本京的《顺天时报》……各种报的销数，均平扯算，也过不了两千张。"彭翼仲将这种状况归结为两条原因："第一是各报的文理太深，字眼儿浅的人看不了，第二是卖的价钱太大，度日艰难的人买不起。"针对这两种原因，他提出《京话日报》的对策：（一）用白话做报；（二）每份报只收三个当十大钱。²

彭翼仲曾指出当时国内白话报的普遍弊端是："南边出的有《中国白话报》《芜湖白话报》《杭州白话报》《绍兴白话报》《成都通俗报》，都是极好的，但有一层，都是订本子的，不能天天看见，也还觉得不大方便。"³对此《京话日报》采用了灵活的销售策略："可按日零售，又恐篇幅零星，容易散失，特印成洋装书式，散之则每日一张，合之则一月一册，零沽整售，均听其便。"⁴这大

---

1 《宁波白话报》创刊于1903年11月23日，1904年6月改良，8月停刊。《中国白话报》创刊于1903年12月19日，1904年10月停刊。《京话日报》1904年8月16日始创刊。
2 《作京话日报的意思》，《京话日报》1号，1904年8月16日。
3 《看报比读书还强》，《京话日报》14号，1904年8月29日。
4 《请看京话报》，《大公报》，1904年8月14日。

概是从办《启蒙画报》得来的经验,[1]而又加以改进。彭翼仲自己对这些设计也颇为得意:"以上诸端,虽不敢自诩特色,亦苦心孤诣、惨淡经营之一端,或亦海内外同志诸君所深许也。"[2]

《京话日报》从编排到销售,都为它预想的中下层社会读者考虑得十分周到。将《京话日报》与《大公报》对照一下,就能看出前者的特色何在。《大公报》的栏目设置依次为:宫门邸抄、上谕恭录、论说、时事要闻、中外近事、译件。《京话日报》的栏目设置则尽力凸显"本土化"和"启蒙"的特点,头版是"演说",二版编"要紧新闻"(多是危及国家社会的大事和北京民众切身的新闻)和"本京新闻",三版刊登"各省新闻"和"各国新闻",有时也刊载小说或来函,而将当时各大报都极为重视的宫门抄和上谕,压缩后放到四版,四版下半部还逐日刊登"儿童解字"或"歌唱"。这种全新的版式充分适应了下层社会民众关心身边新闻和需要粗浅知识的心态,难怪一直为其后的白话报纸模仿袭用。

凭借亲身的底层体验和办蒙养学堂、《启蒙画报》的经验,彭翼仲了解告诉下层社会读者一些实际的利益,比劈头就讲空泛的大道理,更容易引起他们的兴趣。除了将报价"减之又减",并"赠阅三天",从第2号起,彭翼仲用了七期的"演

---

[1]《启蒙画报》初出版时为每日一张,后改为每月或半月出一册,张数仍与日数相等。

[2]《请看京话报》,《大公报》,1904年8月14日。

说"来为那些可能从来不知道报纸为何物的读者描绘了一幅读报后的美好图景：看报可以发财（"只是凭一个见识广大，消息灵通，就是发财的根基"）、看报可以去病（某小姐看了报才治好了她的瘤疾）、看报可以省钱（可以省下游历长见识的钱）、看报可以代游历，看报还可以教会读者最实用的信函写作，等等。[1] 他甚至用在中国普遍开设的鸦片烟馆做比喻，试图向下层社会读者说明报纸在西方人的生活中占有何等重要的地位（"仿佛中国的鸦片烟馆似的"），以此来证明报纸的价值。[2]

在另一篇演说中，彭翼仲向读者说明了报纸"通达隐情"的传播作用："凡有新开的生意，虽然广贴报单，也可叫人知道……铺户商民，常有迁移……凡有家藏的物件求售，或寻求难得的物件……此外如房屋地产，或租或赁，寻亲访友，或远或近……登告白能办的到。"彭翼仲如此精心而郑重地向民众介绍报纸的基本常识，是为了尽快地扩大影响，吸引读者，[3] 也反衬出北京舆论环境之糟糕："独北京地方，风气不开，商民铺户，不晓得看报，无论各种新闻，都把他叫做洋报，那告白的益处，更是莫名其妙。"[4]

---

[1] "只天天留心看去，包管一月之后，字眼儿都能明白，要写封白话信，自己也可以动笔了，比抄那文不对题的商贾尺牍，有用多了。"《看报比读书还强》，《京话日报》14号，1904年8月29日。

[2] 《看报的益处》，《京话日报》2号，1904年8月17日。

[3] 作者承认"这段演说，正是我们自己招买卖的话"，但同时又表明公心："京城报馆，已经有了几家，不拘谁家，都可去登。"

[4] 《说登告白的益处》，《京话日报》190号，1905年2月23日。

新闻的样式也充分体现了办报人的苦心。《京话日报》的新闻并不仅仅将中外各报上的时事"演成白话",还仔细地解释读者可能不懂的语词,以致有时一则新闻看起来更像是白话解词。如以下这则《恭宴西宾》:

> 体面的客人叫宾,西宾就是西洋贵客的意思,摆设酒席叫做宴,恭宴是格外恭敬的意思,这是讲恭宴西宾这四个字。有了宾必有主人,那主人到底是谁呢,是外务部那桐尚书,与联芳侍郎,请的是各国使馆的官员,席设金鱼胡同,那尚书的府里。[1]

《京话日报》身处"官话"的发源地北京,这给它使用白话与读者交流提供了莫大的便利。即使是下层社会民众,也能够依据自己的语言体验判断《京话日报》是否做到了"地道京腔"。《京话日报》曾有一篇"演说"的题目是《文言不喻俗》,[2] 便有读者来信请编者注意,因为这个题目本身就不是白话。彭翼仲专门为此撰写了一篇《语言合文字不同的病根》,承认自己旧习未净:

> 受文话的毒深了,一时很不容易改……我中国的言语不同,是第一件大不好的事,不是替字母义塾吹嘴,要叫言语

---

1 《京话日报》38号,1904年9月21日。
2 《京话日报》219号,1905年3月30日。

相同，非通行了新字母不成……唯独像我这类诗文入手的，仿佛染黑了的布一样，无论怎么洗，万万的是不能干净了，躲避了之乎者也，又遇见况且虽然，还要时常的露马脚，用点子陈谷子烂芝麻的成语……唯有《大公报》主人英敛之，和我们那位皑寙先生，瓜尔佳先生，演说的白话，是很干干净净的。[1]

彭翼仲举的三个人，都是旗人，可以看出他心目中理想的白话，是尽可能将北京人（尤其是旗人）的口语照搬到纸面上，采用这种语言不只是令报纸浅白易晓，而且可以让下层社会读者轻易跨越言文之间的障碍，"以浅显之笔达朴实之理"，也方便让识字的读者向不识字的人宣讲报纸的内容："就是不识字，叫人念一念，也听得明白。"读者李建中在给《京话日报》的来稿中历数白话的好处，除了"最省目力""小孩儿容易懂""与穷人方便"等我们耳熟能详的叙述，"除文人的骄傲"也是很重要的一条。在晚清启蒙运动中，似乎只有北京的民众提出了这种"词章归专门，白话归普通"的较为彻底的推行白话主张。[2] 白话的彻底性，使《京话日报》更容易融入平民百姓的日常生活，也为启蒙形式的扩大如阅报处、讲报所、剧场

---

1 《语言合文字不同的病根》，《京话日报》221号，1905年4月1日。
2 李建中：《劝有学务责任的人提倡白话》，《京话日报》496号，1906年1月3日。

演说等，提供了良好的基础。李孝悌在谈及《京话日报》使用"京话"与其激烈态度的关系时指出："虽然采用白话不一定就表示和人民认同，但因为使用了一般人的语言而进一步站在他们的立场说话，在情理上是完全说得通的。"[1]而且，正如霍布斯鲍姆（Eric Hobsbawm）指出的，启蒙者与接受者"说"同一种语言，有助于近代民族国家的建构："一群住在一起，讲着同样话语的人们，自然会认为彼此是属于同一民族，至于那些不会说我们的语言的人，自是所谓的'外人'。"[2]

《京话日报》为人称道的最大特色，是发动读者的广泛参与。在晚清白话报中，《京话日报》的读者来函和投稿特别多，"形成了报纸与读者间一种文字往来，精神交流"（《辛亥革命时期期刊介绍》）。《京话日报》一再强调刊登来函"不收刊资"，义务给文辞不通的下层社会读者来稿修改润饰（甚至将他们的口头意见"演成白话"），并声明"登报之后，有什么是非，都归本馆一面承担"[3]。它设有"来稿题名"专栏，每天公布准备刊用的稿件题目，以免投稿者悬念。后来来稿渐

---

[1] 李孝悌：《清末的下层社会启蒙运动：1901—1911》（石家庄：河北教育出版社，2001），第 25 页。

[2] 霍布斯鲍姆著、李金梅译：《民族与民族主义》（上海：上海人民出版社，2000），第 60 页。

[3] 《来稿诸君鉴》，《京话日报》229 号，1905 年 4 月 9 日。对于某些揭露性来稿，报馆还加以特别声明，如 340 号"来函"揭发"东单牌楼某胡同，请的女教习，品行不端，劝人千万别入此学"，编者即注明"此件来函本馆与投函人共担责任"。

多，不能备载，又改用把不准备用的稿件题目和作者姓名在报末公布的办法，"免负诸君热心"。[1] 对于"登报要收钱"的传言，编者总是急忙更正，以广告知。[2] 关于"报纸是否放纸加价"的议题，编者也将赞成与反对的来信公诸报端，以昭公允。[3]

有了这样的便利，读者来稿十分踊跃。已发表的读者来稿中，作者既有文化程度较高的中下层官吏、职员、蒙师、书办、学生，也有识字不多的小业主、小商贩、小店员、手工业工人、家奴、差役、士兵、家庭妇女、优伶、妓女等。下层社会读者可以通过这个"天下人说话的地方"表达自己的见解。许多来稿都是针对同一社群发言，如"教友劝教友"（209号）、"风流人请看"（妓女劝嫖客，217号）、"宗室劝宗室"（264号）、"蒙师劝蒙师"（281号）、"学生劝学生"（312号），启蒙的效果极佳，而且激发了许多读者的言说欲望。试看一份来稿述说的感受：

> 自出了这京话日报，把我害的成了话痨，天天一过了晌午，坐在家里，一语不发，呆呆的盼报，真比上了鸦片烟瘾

---

[1] 《京话日报》312号，1905年7月2日。

[2] "来稿过多，不能一一全登，有因此疑本馆要钱的，不知是激将呢，还是不大开化呀，请今后可别这样说，此稿末尾，有问刊资若干的话，急代登出，以表此心。"《京话日报》314号，1905年7月4日。

[3] "自从6月23日登成秀山信劝放纸加价后，收来信23封，不愿改的5封，改不改随意的2封，原报不改另出附张的3封，力劝放大增价12封。"《放纸加价》，《京话日报》342号，1905年8月8日。

还利害，报纸来了，赶紧看完，赶紧就对人去说。[1]

读者普遍的参与，也保证了报纸丰富来源的本地新闻，反过来又能扩大报纸对读者的吸引力，提高报纸的社会地位。[2]梁漱溟因此称《京话日报》为"一个公众的言论机关"。[3]清末启蒙知识分子多有将报纸称为"国民之喉舌"（梁启超）、"国有口矣"（谭嗣同）、"万民之喉舌"（吴恒炜）者，但是真正能够吸引下层社会民众参与对话的报纸，几乎没有，大多数还是启蒙知识分子的自说自话。《京话日报》能在晚清启蒙运动中独树一帜，以报纸推进社会运动的产生，很大程度上得益于与读者的互动。

《京话日报》对待民众的态度，也有一个微妙的转化过程。义和团的愚昧和野蛮，使彭翼仲认识到中国的贫弱与"民智不开"关系极大。他在《启蒙画报》里用了很大篇幅描述义和团

---

[1] 李建中：《迷信报纸》，《京话日报》445号，1905年11月13日。

[2] 下层社会读者看待报纸的眼光的转变，惜时人《中国汉奸》（340号，1905年7月29日）表达得比较清楚："自从创兴报纸以来，前些年，从没有人看得起，当官的骂报馆，斯文败类，寻常人看见了报，也就当作了惑众的谣言……自从去年，出了独一无二的华商的京话日报中华报，北京城的报务，慢慢的发达起来……在下的人，有了委屈，也敢在报纸上声说声说了。又搭着报律大公无私，无论是谁，有了委屈，只要对一个妥实铺保，就可以给登报。报馆里担了责任，绝不叫本人为难。……中国官场，最恨报馆访事，把访事的当作汉奸，现在出了这两种报，什么叫访事不访事，只要是看报的人，都可以通通信，都可以当汉奸。"

[3] 梁漱溟：《记彭翼仲先生》，《忆往谈旧录》（北京：中国文史出版社，1987），第70页。

事件和讨论"拳祸原因",结论是:

> 我们中国,开化最早,到了本朝,文教昌明,怎么敢说没有教化呢?无奈文义太深,下等愚民,不明天下大势,一肚子的封神演义,妖魔鬼怪,信口胡云……中国称文明之邦,前年出了些野蛮,文明的名儿,早就完了,要想争口气,夺回这个美名,非齐心齐力的开民智,别无他法。[1]

《京话日报》以"开民智"为维新第一要务,一方面说明办报人对当时民众觉醒程度的悲观,另一方面也表明了启蒙知识分子对民众力量的重视。彭翼仲等人并不认为义和团运动是一个偶然事件,主张必须全力防止它卷土重来:"若不及早严禁,并多设学堂,流通报纸,把民智开通,怕义和神团的势力,又一天大似一天,到那个时候,更无别法可想,要如庚子的结局,只怕不能够了。"[2] 不过,他们对中下层社会启蒙还是抱有信心:"那一班的人,不明白便罢,果真能够明白了,比起识文断字的来,可诚实的多拉,我中国就真有了指望了。"[3]

在反对美国华工禁约运动和国民捐运动中,民众热烈而广泛的参与,多少令《京话日报》的编辑者有些喜出望外。借助

---

[1] 《启蒙画报》,第五册附张,1903年7月。
[2] 《义和团又来了》,《京话日报》56号,1904年10月10日。
[3] 《要叫不识字的朋友明白》,《京话日报》263号,1905年5月13日。

发表一封外地读者来函，他们甚至曲折地第一次表达了对义和团运动的正面评价："闻西人有言，拳变为中国团体萌芽，语虽近怪，理亦有之。当联军入城，怯者奔走相告，国亡矣，国亡矣，孰知其大谬不然也。不第争美约，争路矿，国民捐，为前此所未有，即政府之对外，亦差强人意矣。"[1]

随着报纸进一步深入下层社会读者，编辑者发现启蒙运动的阻力似乎更多地来自既得利益阶层，不禁发出了这样的疑问："今年春天，先有二位撕报的宗室，本馆的门外，又有一位撕报的坊官，这回又出了撕报的旗员……那些练勇撕报，更不足奇了，怎的这些人，全不是平常百姓呢？"[2]《京话日报》常常搜集街闻巷议作为演说内容，在关于国民捐的叙事中，贵族和官吏往往扮演不光彩的角色。如文楷窳《以手代口》记录茶馆里的对话，发表反对国民捐言论的人大都是旗员或宗室，其典型形象是"上穿件石青毡子马褂，还是珍珠毛的风毛，左手提笼，右手架鸟"，开口便是："这就是上回洋报的主意，就有许多无头蒙跟着起哄，没贵没贱，全给户部银行送钱，不管他们谁是谁非，哥哥我可决不上当！"或拿大帽子吓人："你有这二两银子，为什么便宜鬼子呀？……这回什么国民捐，可是咱们都统的主意吗？本是洋报出的坏，就是为着洋人，你我不是

---

1 《演说凉血复热生来书》，《京话日报》464号，1905年12月2日。"凉血复热生"这个别号正是表达了启蒙知识分子对民众热情的欣喜之情。
2 《阅报的出了野蛮》，《京话日报》350号，1905年8月9日。

二毛子，真就给他们指使吗？"（559号）另外一篇《过耳传言》更是通过官吏家奴们之间的闲聊，对比了两个阶层的心态。一位二品的高官对家人请求上国民捐的劝告大发雷霆：

> 谁敢叫我报效国民捐？我可比不了他们，我不是说书唱戏的，我不是卖菜卖烟的，我也比不起堂名儿妓女们，人家都是忠心赤胆，懂得做好人，我就剩这点子家产，挣的是百姓的钱，叫我捐给皇上家，那可不能，我连今年妙峰山的愿心，都没舍得去还，倒叫我报效洋鬼子吗？

对此家奴的评论是："怎么不想想他自己呢？也做到二品大员，他们祖代传留，不止吃了国家一辈子啦，一个个高官厚禄，谁又对得过皇上家呀？……像他这样的良心，又比咱们跟主儿的，强的了多少呀？""哪知天理难容，远在儿孙，近在本身，终归有个循环果报呕！"（606号）这里《京话日报》充分发挥了"京话"如实传达口头语言的优势，描画上层社会令人作呕的嘴脸，也反映了报馆本身的民众立场。

然而，下层社会读者的意见得以发表，也并不意味着《京话日报》就构成了多元共生的话语空间。编辑者录用来稿的原则是"跟我们宗旨相合"[1]，再加上下层社会读者所受教育有限，来稿大都是就办报人宣讲的内容再加发挥，虽然感人，却难以

---

[1]《投函本报的请原谅》，《京话日报》194号，1905年3月5日。

发出不同的声音。[1] 即使出现与办报人的启蒙主张不甚相合的议论，编辑者也可以通过在文中夹注或文末按语的方式加以调整。如204号《又有一位满洲人说话》：

> 要打算请他喜欢也容易，拉拉胡琴，打打鼓，学两句叫天儿，再唱两声汪大头，那才起心眼里合式呢。（编者插言：汪大头跟叫天儿，这两个人，诸位不要看轻，作报的人，倒很佩服他们，他们能够震动无数的俗人，势力比政府还大，可惜没人提他们的醒儿，他们没有遇见好人。）（着重号为原文所有）

来稿原本是讽刺许多旗人不务正业，只知道听戏唱曲，但从编者的启蒙立场出发，却必须张扬戏曲的启蒙功效。编读之间，看似是平等的对话，但编辑者通过种种方式（包括在关键字句下加着重号）强化了自己的声音，使舆论的引导仍然保持原有的指向。而且，不少来稿干脆就是维新派知识分子借用下层社会读者的身份和口吻，宣传自己的启蒙主张，如262号的"演说"《文法害人》：

> 现在报纸也很多，为什么这种白话报，见的效验，这么快呢？也是仗着文法浅的好处罢。……外国人识字，人人明

---

[1] 下层社会读者来稿的标题下常常注有"改十分之五""改十分之四"等字样，在编辑的这些改动中，有无损伤来稿者的原意，也很难说。

理，就因为外国文就是话，话就是文，讲究文法的，算是专门学问，不必人人都会，一百人里头，有上三位两位，也就够了……所有宣布民间的事，文书、告示，全改成白话，办的是民事，不能不叫民知道。用文话的地方，另请高明，专去造办那词章科，正不必干预民事……识字的人也多了，念书的也不用自高了，买卖人也不自贱了，也不必重文轻武了……总而言之，误我们中国的，就是文人，误那班文人的，就是文法。

文章的署名是"下等社会的大傻子"，但是内容一看就是当时维新派知识分子的见解翻成白话。[1] 先进知识分子为下层社会民众"代言"，一直被认为是天经地义的事情，却很少有人看到这种"代言"背后，普通民众话语权的丧失。

"以报纸推进社会运动"

《京话日报》"初出版时，每张仅售三文，材料不丰，销路未广，无以餍阅者"，出版一年多，屡屡赔累。然而彭翼仲等坚持到第二、三年，报纸便日趋发达，其原因"主要还是由于

---

[1] 如裘廷梁称："愚天下之具，莫文言若；智天下之具，莫白话若。"（《论白话为维新之本》）陈荣衮更说："今夫文言之祸亡中国。"（《论报章宜改用浅说》）真正的下层社会读者，不会有这样的知识背景和切肤之感。

鼓吹几次运动，报纸乃随运动之扩大而发达"，梁漱溟对这一现象的总结是：

> 以办报发起和推进社会运动，又还转以社会运动发展报纸；把办报与搞社会运动结合起来而相互推进。这是彭先生不自觉地走上去的道路，其报纸后来所有之大发展，全得力于此。
>
> 再说明白些：社会运动当然是从其社会存在着问题而来的。有些先知、先觉把问题看出得早而切求其解决，就提出一条要走的路号召于大众，而报纸恰是做此号召的利器。身在问题中的众人响应了这种号召，便形成一种社会运动。报纸以运动招来读者，以读者推进运动。[1]

《京话日报》将"报纸与社会运动结合"的策略相当成功。经过揭露英国南非殖民当局虐待华工、批评德国士兵殴打中国苦力、反对美国华工禁约、提倡国民捐等几项大的运动，《京报日报》的影响方才真正深入下层社会之中。个中原因，除了它提出当时社会存在的问题——"救亡"，报纸的推行管道也是颇值得考察的重要一环。李孝悌指出："为了吸引更多潜在、有待开发的对象，二十世纪初的启蒙者，多方设法，务期用尽

---

1 梁漱溟：《记彭翼仲先生》，《忆往谈旧录》（北京：中国文史出版社，1987），第70页。

所有可能用得到的方式,把高远的理想落实到满目疮痍的广阔土地上。人民看不懂艰难晦玄的符号,他们可以换一套表现方式,用下里巴人的村言俚语写出他们的救世良言。再不懂,他们可以把书写的文字换成口说的语言。如果口说的也不能引人入胜,无法唤起民众的回应、共鸣,他们干脆就把人生、世事都幻化作舞台,粉墨装点地诉说出心中无限的衷曲。"[1] 晚清各地启蒙运动的方式、成就差异颇大,这段话虽然无法落实到所有的启蒙者身上,但用于描述《京话日报》的启蒙运动步骤,倒是若合符节。

大规模设立阅报处,始于北京。北京阅报处的滥觞是贴报,最早的贴报出现在1905年4月,由一位湘学堂的英文教习刘瀛东捐《京话日报》30份,沿街张贴。后来陆续有人捐报,贴报处遍及北京四城。但是这种方式不便于管理,张贴的报纸也容易被商家的广告覆盖。[2] 于是,阅报处应运而生。

早在1904年11月,《京话日报》就介绍过这种启蒙形式:"河南省念书的人,约会大家,筹出一笔款来,把中外各种报纸,拣好的买许多份,租一所房子,置买些桌椅,凡在河南省的人,不论是谁,如要看报,都可以随便去看",并称赞"这

---

1 李孝悌:《清末的下层社会启蒙运动:1901—1911》(石家庄:河北教育出版社,2001),第64页。
2 "买卖家刷报单的,不知什么事,当不当,正不正,常把报单贴在我们的报上,实在是不合公理",《沿街贴报》,《京话日报》248号,1905年4月28日。

是开通风气最好的法子"。[1] 不久，北京西城阅报处成立，得到大臣张百熙的嘉奖。为了吸引读者，这间阅报处不仅登报公告周知，还四处张贴传单，上写"请看报"三个大字，下面注明在哪里看。[2] 这种做法，很快有人仿效，南城、北城、东城以及崇文门外、东直门外也纷纷设立了阅报处所，到1906年6月时共有26所。[3] 北京市民对这种前所未有的启蒙形式，猜疑者很多，支持者却也不少。[4]

各阅报处开办后，《京话日报》都积极捐报，并且回应读者"捐报不赚钱"的疑问，公开表示："或说阅报处捐报，人人都去看，你们的报，谁还来买呢。我对他说，别处我不管，单说我的报馆，宁可赔累死了一个我，不愿意因为惜小费，少出许多的明白人。"[5] 此后关于阅报处的谣言，以及各阅报处与外界产生纠纷，大都由《京话日报》分疏或排解，以至于有读者认为阅报处都是《京话日报》馆开的。[6] 这个误会流传甚广，竟致后来的权威报刊史料，仍将北京的阅报处当作是《京话日报》的下属

---

1 《中州看报社》，《京话日报》107号，1904年11月30日。
2 《大公报》，1905年4月27日。
3 《大公报》，1906年6月27日。
4 有人在报上告白："我有新修的三间房，坐落在新街口北，如有人肯立阅报处，我情愿减价出租。"刘廷楙：《散学馆大改良》，《京话日报》323号，1905年7月13日。
5 《阅报处真要兴旺了》，《京话日报》257号，1905年5月7日。
6 "来函"，《京话日报》446号，1905年11月14日。

机构,[1]这也说明《京话日报》在成立阅报处过程中的推动作用。

不过,上述方式只能开通粗识文字的下层民众,对于大多数目不识丁的人,贴报牌和阅报处仍然是毫无作用,而且还有可能被糊涂的人"瞎猜乱批评"。因此讲报所和演说会被认为是启蒙和传播最有效的方式。刘瀛东捐贴报纸,同时也呼吁过路人为不识字的人念报纸。《京话日报》在一则新闻中指出:"开演说会,比出报的好处还大,中国不识字的人多,非此不可。"[2]《大公报》的解释更详细一些:"如今最于开通风气有力量的,就是演说。因为演说一道,对着众人发明真理,听的人在耳朵里,印在脑子上,可以永久不忘。日子长了,可以把人的心思见解变化过来。"[3]一则读者来稿还提出了讲报的具体方式:"立几处演报所,仿照宣讲圣谕似的,天天的演说,各报上的时事、工艺、商务、洋务,都编成白话,送到《京话日报》馆,请他登上报,我们就照着报上说。"[4]

最早兴办专门讲报所的,是妇科医生卜广海。他将自己经营的说书馆改成讲报所,请两位"热心爱国,并且口齿清楚"的朋友,天天讲报,并且声明"外送茶水,不取分文"。(《说

---

1 "(京话日报)还在北京四城设置了二十余家阅报处和讲报处。"《辛亥革命时期期刊介绍·第五集》(北京:人民出版社,1987),第67页。
2 《通俗教育茶话所》,《京话日报》106号,1904年11月29日。
3 《敬告宣讲所主讲的诸公》,《大公报》,1905年8月16日。
4 朱景龢:《要叫不识字的朋友明白》,《京话日报》263号,1905年5月13日。

书馆改了讲报处》，259号）许多阅报所也每日请人讲报，一时形成风气。不仅如此，还有志愿者沿街讲报，意在能让"人人能听"，扩大启蒙的受众面。[1] 著名的醉郭，就是以志愿讲报的方式为北京市民熟识。[2]

在几次北京市民广泛参与的爱国运动中，讲报的感人事例被屡屡提及。如灯市口讲报处的讲报感动了一位美国牧师，起立发表反对美国华工禁约的演说（364号），小孩子大善被讲报感动，不愿帮父亲卖美国烟卷（366号），某商人听讲报者演说陈天华烈士投海的事迹，痛哭不止，还买了一张报回去跟伙计们讲（490号）。《京话日报》的销量也因此由七千多份，跃升至一万多份。报纸发起的爱国运动，能在北京激起偌大的波澜，得到市民普遍的拥护，讲报的功效最大："社会的程度，已然是大有进步，这层效果，实在要归功讲报社。"[3] 即便从反对者的言论中，也可以看出讲报巨大的影响力。[4]

---

[1] "坐在一个地方演讲，又不能人人去听，细想起来，仍然是个缺点，天津学董林兆翰，要变通办法，多请几位热心人，在沿街各处，随时宣讲，讲报的醉郭先生，正是这个用意。"《沿街讲报》，《京话日报》476号，1905年12月14日。

[2] 此人名郭瑞，字云五，外号醉郭，本来是一位教书先生，庚子事变后痛心国事，经常在街上宣讲圣谕。《京话日报》创办后，他又义务讲报。后来彭翼仲与他达成协议，雇他为《京话日报》的讲报员。

[3] "来函·编者按语"，《京话日报》712号，1906年8月20日。

[4] "我就是个教书匠，教书多年，全家借此糊口，出了你们这类讲报的人，把我们真给害苦了，有小孩子的人家，听了你们的话，甘心随洋鬼子，都叫孩子去进学堂，我们教书的人，简直全都挨了饿，咱们就是仇人，今天倒要较量较量。"《教书匠大闹讲报处》，《京话日报》657号，1906年6月24日。

然而，讲报在相当程度上会减弱报纸对舆论传播过程的控制。讲报的人，大都来自中下层社会，他们是自愿承担义务，并没有资格审定，讲报难免会出现意思的偏差，甚至误导听众。《大公报》在讲报所刚刚兴起时，曾不无忧虑地指明这一点：

> 这宣讲所主讲的诸公，担着一个开民智的极大的责任，讲的要是好，国民的思想，可以由黑暗进入光明；讲的稍有个宗旨不正，好者弄成一个从前初一、十五宣讲圣谕的具文，坏者结成一个寻常说书场儿的恶果。这层理，也是主讲诸公所都知道的。故此不明真理的不可宣讲，不通时局的不可宣讲。演说虽然有益，要是演说的跟新智识相反对，反倒有害，不可不慎重啊！[1]

《京话日报》似乎更早地意识到了这个弊端，彭翼仲提出的对策是将"讲报"与"演说"分开，希望讲报者完全依照报纸的意思讲，甚至索性念报：

> 按讲报不同演说，演说的口才，可不是随便就能会的，那也是专门的学问，所以我们才用笔代嘴，似乎比嘴说的还清楚些。既要讲报，千万不可节外生枝，自己以为口才好，说了许多闲篇儿，一个不留神，还许要得罪人呢。并不是我

---

[1] 《敬告宣讲所主讲的诸公》，《大公报》，1905年8月16日。

们自夸,果能照着报上念,念得一字一板……只要说的有精神,也就够人家听的了。[1]

事实上,讲报所确实惹来了比阅报处更多的非议。首先是兴办人的品行无法保证,如最早出面的医生卜广海,就引起了外间的议论:"说是会友堂的卜先生,向来卖打胎药,如今再借着讲报,假充文明,可以借此收捐,比卖打胎药更合式。"面对这样的物议,彭翼仲也感到"有嘴不能替他分辨,求全责备,实在的叫人为难",只好劝卜广海"自己想想,如有不妥,赶紧痛改"(《卜先生真得留神》,262号)。刘域真将自己"说书唱曲卖茶"的清真馆(回民开的茶馆)改成讲报所,也碰到了类似的情况。这或许是社会的偏见所致。但有些讲报所的确是别有用心,如某福音堂贴字条讲报,有读者反映实则借机劝教(502号),更有阜成门外的流氓聚赌,也说抽出头钱,是为了交给尚友讲报处的王子贞上国民捐(738号)。类似事情发生多起,对报纸的声誉造成很坏的影响。

更普遍的问题是讲报人虽然一片热忱,却缺乏训练和耐心,经常与不满的听众抬杠,有的讲报人言语太过激烈刻薄,反将听众赶跑。[2] 有鉴于此,《京话日报》馆特意出面,在前门立了一处讲报会,作为讲报人的培训班,"请学界人士到会演说,

---

1 《劝立讲报处》,《京话日报》283号,1905年6月2日。
2 《奉劝诸位讲报的先生》,《京话日报》492号,1905年12月30日。

凡愿意担任讲报的朋友，都可以去听，听过几个月，自然就大长见识，然后再对无学问的人说话，必定就有了条理"。（415号）对那些喜欢和听众抬杠的讲报者，彭翼仲也苦劝他们"讲报的主意，原为是糊涂人多，才用这番苦口，铁打屋梁磨绣针，功到自然成，遇见认死扣子的，千万别跟他抬杠"。（426号）

启蒙运动过程中，阅报处和讲报处这样的新鲜事物，显然更易引起下层民众的疑惧和社会上的流言。更好的启蒙方式，或许是利用原本流行于中下层社会的传播管道，如说书，如戏曲。《大公报》上曾有文章提倡招募说书人演说新小说，因为说书人"最有口才，比立一座师范学堂的关系，不相上下"。[1] 事实上，后来的讲报所，不少便是原来的说书馆。对照后来因讲报者缺乏口才与训练引发的种种问题，我们不难体会建议者的用意。

在启蒙形式的拓广方面，小说与戏曲久已为启蒙知识分子视为启蒙的捷径。《中国白话报》刊登林獬（白水）的《玫瑰花》以后，大受欢迎，受此激励，作者紧接着连载《新儒林外史》，并在广告中指出小说对于启蒙的功用：

> 学理剧邃之书，读者易于入睡，中西今古，载籍浩博，愿学之子，辄叹望洋。著者系念学界前途，思为筐篚之贡，特撰《新儒林外史》一书，最（撮？）取新旧学理，输而纳

---

[1] 竹园：《移风易俗议》，《大公报》，1904年1月2日。

之于小说之中，既显复新，从无干燥之病，以普通学理为经，又复浓描淡写新社会与旧社会种种怪状，而为之纬；可以做学校课本，可以当百年来人物传记，其典实之处，若入经席，其变幻之处，如登剧场；又有无数英雄，无数儿女，为全书之主人翁；使读者可以得新解，增常识，无论学校青年、闺秀女子，但手此卷，不啻良师益友坐对于一室中也。[1]

不过，小说的解读难免会产生歧义，甚至负面的影响，这是启蒙者担心的状况。有读者致书《中国白话报》，评论《玫瑰花》的情节，认为小说描写玫瑰花与钟国洪的爱情容易诱人"吊膀子"（搭讪）："倪中国人，倘然个个能勾像仔钟先生搭玫瑰花格光景，就是说道男女平权，也有俉要紧，可惜故歇辰光，还弗到把来，革命末吩成功，吊膀子末到吊上哉。耐看起来阿要气煞仔人介，故所以据奴格意见，倒还是多编点戏本格好。"[2] 戏曲的表演有夸张化的特征，人物善恶极为分明，性格也更为简单，照这位读者看来，小说总不如戏曲的启蒙效果好。

同样，《京话日报》对于小说与戏曲，也抱有不同的态度。报纸初创时，为了抵制英国招收华工去南非，曾在三版连载杭辛斋的小说《猪仔记》，极力描写华工在南非的苦况。小说在社会上激起了不小的反响，应募去南非的劳工大大减少，以

---

[1]《新儒林外史广告》，《中国白话报》16期，1904年7月22日。
[2]《村先生来函》，《中国白话报》16期，1904年7月22日。

致英国驻华公使萨道义向外务部施加压力，要求禁止《京话日报》的发行。[1]《京话日报》因此声价大增，10日内销量骤增3000余份。[2] 但是"连载小说"这一栏目很快就从《京话日报》上消失了，彭翼仲在《小说跟报纸的关系》中解释这种做法是因为"时势危险到万分，哭还哭不过来，哪里有心绪给人家解闷，去弄那闲情逸致的笔墨呀！"他虽然承认小说可以作为报纸启蒙的手段，但是批评中国的小说"有两种大毛病"，"一种是迎合俗人的眼目，杀人放火，称为侠义；男女私情，传为美谈，风俗人心，受害不浅；一种是骇吓愚民的思想，凭空捏造，说鬼说神，迷惑人心，祸患最烈"，多次强调"庚子年的义和团，何尝不是《封神》《西游》的效验呀"。[3]

理论上，彭翼仲并不否认"外国的小说，那一样都可以开民智，并且比报纸还快……当初日本变法，全仗着报纸和演说，借重外国小说的力量，也不在小处"。[4] 但是实践中，他对小说保持着充分的警惕，一个生动的例子，是他记述一位朋友质问报馆，为什么官话报上登的小说讲到"魔法博士"：

---

[1] 《本报忽逢知己》，《京话日报》73号，1904年11月5日。

[2] "安定门外增家第一第二的去非洲作工，音信不通，第三第四还要去，亲戚拿本报的猪仔记给他看，知道害怕，不敢再去了。"《音信不通》，《京话日报》317号，1904年7月17日。另见彭翼仲：《彭翼仲五十年历史》，姜纬堂等编：《维新志士爱国报人彭翼仲》（大连：大连出版社，1996），第115页。

[3] 《京话日报》245号，1905年4月25日。

[4] 《劝说书先生改良说书》，《京话日报》610号，1906年5月8日。

说的魔法博士,不都是念咒语,变神变鬼的么?难道这个报,不是为开民智的么,为什么要给愚民添病呢?……我的来意,原怕愚民无知,看了这个报,又勾引起义和拳的旧事来,说外国人也有魔法,魔法也讲究符咒,种种变化,也合我大师兄传授的相仿,他们也尊称他做博士,也尊称他做先生,要这样哄动起来,那还了得,怕又要闹出拳匪来了。[1]

对于将翻译小说与义和团牵强勾连的质疑,办报人竟然无言以答,只能以"这是翻译的小说,正是预备人消遣的"推托,说明中下层民众对小说的误读,正是启蒙者心中共同的恐惧:"作书的别有深心,可就没料到看书的毫无学问"(《小说跟报纸的关系》)。解读的多义性本来是小说等文学作品的优势所在,现在反而可能成为启蒙的障碍。无怪乎启蒙者宁愿提倡思想更直接、情节更简单、现场效果也更好的改良戏曲。

早在1902年《大公报》上,就有人宣称"今不欲开化同胞则已,如欲开化,舍编戏曲而外,几无他术"[2]。按照彭翼仲"开民智"的步骤,"报纸"和"演说"的下一步就是"改良戏曲"。《京话日报》开办之初就非常关心戏曲的改良,第10号的"演说"《戏曲翻新》即已提出:"东西各国,都有皇家戏

---

[1] 《答客问》,《京话日报》180号,1905年2月13日。
[2] 《编戏曲以代演说说》,《大公报》,1902年11月11日。

团,专取古今奇特的事迹,编成曲本……为是陶养国民的性情,激发国民的志气,所以国家要改变政俗,须先把戏曲改良……我想京城的名角很多,通人才士也不少,要能编几本新戏,必能广开风气,比我《京话日报》的力量,要大十倍。"[1]戏曲演员在当时本来是"下贱不堪"的行业,彭翼仲等启蒙知识分子却将戏曲的作用置诸所有启蒙形式之首,[2]并极力宣传戏曲改良的社会意义和历史意义。[3]后来启蒙运动的实践也说明启蒙者的预见是正确的:"讲报处既不要钱,又预备茶水,竟会不招人;大鼓书场,不但不管茶水,还是一回一要钱,反倒人人爱去",[4]而且有人竟是"为了戏单子"才看报。[5]《京话日报》对"改良戏曲"意义略显夸大的描述也就很可理解了:"下等人一旦开化,几十年后,说起北京开化的事,一定要追究起来,必说中国转弱为强,由于开民智,开民智的法子,出在北京的票友。"[6]

---

[1] 《戏曲翻新》,《京话日报》10号,1904年8月25日。

[2] "是念书不如看书,看大书不如看小说,看小说不如看报,看报不如听讲报,听讲报又不如看好戏了。"砦窳:《改戏》,《京话日报》291号,1905年6月10日。

[3] "独有那下等多数的人,自小没念过书,差不多一字不识,要想劝化他们,无论开多少报馆,印多少新书,都是人不了他们的眼,一定要叫他知道些古今大事,晓得为善为恶的结果,除了戏文,试问还有什么妙法?"《说戏本子急宜改良》,《京话日报》106号,1904年11月29日。

[4] 《大鼓书词》,《京话日报》583号,1906年4月11日。

[5] 《学生劝学生》,《京话日报》312号,1905年7月1日。

[6] 砦窳:《改戏》,《京话日报》291号,1905年6月10日。

对于戏曲改良，启蒙者也有所顾虑："一是同行的人，大概说不通，旧戏里添新词，谁也不肯照着办，一是经费不足，有钱的人，不明白这番用意，谁也不愿帮忙"。[1] 因此《京话日报》对上海首倡新戏的汪笑侬，极为欣赏，多次称赞他"真是个英雄"，"真是神仙"，并殷殷寄望于北京的两大名角汪大头（汪桂芬）、叫天儿（谭鑫培），希冀他们能够带头改良戏曲。彭翼仲亲自出面，邀集戏界名角谈话，要求"唱戏的朋友们不要自轻自贱，在演戏中负起社会教育责任，要引导人们学好，不要引导人们学坏，第一不要唱'粉戏'"。[2] 虽然最终汪谭两大名角都没有出面提倡改良，但被报纸演说和报人恳谈感动的梨园中人不在少数。他们开始依照报纸鼓吹的戏曲启蒙意义来重新认识自己的行业：

> 当初兴戏的人，本有维持风化的深意，并不是专给人解闷的……（现在这些戏）只知道当场献媚，丑态妖声，专演些奸盗邪淫的坏事，叫那下等男女看见，真能坏上加坏，固然是人品趋向不高，总有多一半儿，是我们唱戏的罪恶……还要求求贵报，先劝劝管地方的老爷们，切实出个白话告示，禁止那伤风败俗的淫戏，更求求那热心填词的才子，不必再

---

[1] 喈窳：《改戏》，《京话日报》291 号，1905 年 6 月 10 日。
[2] 梁漱溟：《记彭翼仲先生》，《忆往谈旧录》（北京：中国文史出版社，1987），第 61 页。

谈风月，将这古今中外爱国爱人的事情，演出各等新戏，再教各班里大老板们，照样儿排演，不但与世道人心有益，并且耳目一新，必能发一注子大财，又何乐不为呢？[1]

基于这种反省，戏剧界公会"正乐育化会"禁演了三十多出戏，田际云（正乐育化会副会长）、余玉琴等名角屡次找到《京话日报》馆，"商量改戏"。由于优伶文化水平普遍较低，报馆义不容辞地承担了提供新戏剧本的任务。1905年5月中下旬，有两出新戏分别由义顺和与玉成班排演，早已不登戏单的《京话日报》破例为这两出戏做了广告宣传（619、627号）。义顺和演的《女子爱国》是由彭翼仲的儿女亲家梁济根据《列女传》鲁国漆室女忧鲁的故事改编而成，由名角崔灵芝饰漆室女，在广和楼上演；玉成班演的《惠兴女士殉学》则是田际云在彭翼仲的帮助下，将杭州惠兴女士毁家兴学并以身殉学的"新近时事"改编成剧本，田际云自己饰演惠兴女士，演出地点是广德楼。这两出戏的演出都带有义务性质，前者"每座加价五百文"，作为国民捐上交户部银行，后者的收入全部捐给惠兴创办的杭州女学。这两出新戏在北京引起了极大的轰动，并开创了北京梨园业"义务夜戏"的传统。《京话日报》这样描述新戏上演时的盛况："座儿拥挤不动，各学堂的学生，都要去看看新戏。合园子里，拍掌称好的声音，如雷震耳，不

---

[1] 茗秀：《唱戏的也敢说话了》，《京话日报》224号，1905年4月4日。

但上等人大动感情,就连池子里的老哥儿们,和那些卖座儿的,也是人人点头,脸上的神情,与往日大不相同,可见好戏真能感人。"[1] 外城巡警厅甚至听从《京话日报》的建议,奖给义顺和班一面银牌。虽然彭翼仲对这些新戏内容并不十分满意("本馆的意思,还得再往细里斟酌"),[2] 但是他仍然欢呼"哈哈,前两年的主义,如今可算办到了",并且将新戏演出成功的意义夸大为"千载难逢,中国可以不亡了",这充分说明了戏曲改良在启蒙者心目中的地位。[3]

在戏曲改良见效之后,《京话日报》还试图将这种新形式推广到其他公共场所。1906年东安市场开张,彭翼仲等到设在市场内的讲报处发表演说,并在报上为讲报者提供名为《女士兴学》的大鼓书词,鼓励那些唱大鼓书或莲花落的民间艺人也来演唱新戏,甚至允许艺人借演唱爱国戏曲来招徕生意。[4]

启蒙者对戏曲改良的热情,另一个原因是戏园可以聚集大批的中下层民众,为思想启蒙提供一个难得的场所和时机。彭翼仲曾经感慨"讲报所地方窄小,应该大大的立一处宣讲所,各省有戏楼的大会馆,很可以借用"。[5] 结合新戏的推出,北京

---

1 《新戏感人》,《京话日报》622号,1906年5月20日。
2 《广德楼唱新戏》,《京话日报》629号,1906年5月27日。
3 《梨园人思想极高》,《京话日报》630号,1906年5月28日。
4 "就算做些生意,也不必再来禁止,兴商的法子不一,一举两得的事,莫过于此",《坐腔戏不如扮演的力量大》,《京话日报》651号,1906年4月20日。
5 《京城宜设宣讲所》,《京话日报》518号,1906年1月29日。

启蒙运动又增添了一种新型的启蒙形式，即在正戏开场之前，请几位知名的启蒙人士登台演说。如玉成班新戏开演前，就邀请彭翼仲、张展云、王子贞三人登台演说，彭演说改良戏本的益处，张演说女学的关系，王则提倡国民捐。[1] 这些演说都是连续性的，可以将一段演说分成几天宣讲，演说词又可以登在几天之后的《京话日报》上。这样，新戏—演说—报章，形成了一个启蒙的循环，远远胜过了以前单调地提倡阅报。

"叫人人知道爱国"

对于晚清启蒙知识分子来说，发起一场启蒙运动需要考虑以下三方面的问题：（一）如何办一张体现启蒙内容的白话报；（二）如何将这张报纸推向下层社会民众；（三）如何利用白话报的影响力改良社会。

彭翼仲曾将"开民智"的工作总结为五个项目：一、多开工厂，人人自食其力；二、改良戏曲，激发人心；三、多做对众演说；四、广传白话报，教人明白大局；五、多设蒙学堂，从小时就教他爱国。[2] 倒序着看以上五项，正好是彭翼仲等人推动北京启蒙运动的步骤。

彭翼仲1902年夏间开办蒙养学堂，使用上海出版的教科

---

[1]《爱（国家）》，《京话日报》634号，1906年6月1日。
[2]《京话日报》174号，1905年2月13日。

书，同时定期出版儿童启蒙读物《启蒙画报》。为了表示对他的支持，梁济将自己的三个儿女送进蒙养学堂。梁济二儿子梁漱溟多年后仍对蒙养学堂和《启蒙画报》印象深刻：

> "蒙养学堂"和报馆印刷厂都在一个大门里，内部亦相通。我们小学生常喜欢去看他们印刷排版……《启蒙画报》给十岁上下的儿童阅看的，内容主要是科学常识，如天文、地理、博物、格致（格物致知之省文，当时用为物理、化学之总名称）、算学等各门都有，其次是历史掌故、名人轶事；再则如《伊索寓言》一类的东西亦有；却少有今所谓"童话"者。全是白话文，全是画（木版雕刻无彩色），而且每每将科学撰成小故事来说明。计出版首尾共有两年之久。我从那里不但得了许多常识，并且启发我胸中很多道理，一直影响我到后来。[1]

梁漱溟的记忆大致不错，不过《启蒙画报》的初衷虽是"辟教育儿童之捷径"，内容却并非专为儿童所设，其编辑方针也同时针对"下等社会"的民众。如《启蒙画报》1903年第2册以美英为例宣扬报纸的好处："新闻报、学报，都是报纸，报的用处最大，国家的盛衰，人民的智愚，用的地方多了，美国的报纸，现有一万一千三百十四种，纽约图书馆，算

---

1 梁漱溟：《我的自学小史》，《忆往谈旧录》（北京：中国文史出版社，1987），第8页。

计美国每日新闻纸,共销二十八亿六千五百四十六万六千张。每礼拜的杂志,共销十二亿零八百十九万部,每日杂志,共销二亿六千三百四十五万二千部,又英国的报,一千八百零一年,才有六万张,一千八百五十年,已有七十万张,现在多至八百五十万张。英国、美国,可算得富强了。不是这报纸的好处么?"自1903年第8册始,《启蒙画报》加附小说《黑奴传演义》,第一回回目为《鉴黑奴伤心论时事 演白话苦口劝痴人》,作者感叹:"恐怕民智难开,不知感发爱国的思想,轻举妄动,糊涂一世,可又从那里强起呢?作报的因发了一个志愿,要想个法子,把大清国的傻百姓,人人唤醒。"自第12册起,彭翼仲尝试将"新报上的奇闻逸事""演成官话,加上些自己的见识",这已经步入新闻的范畴,而他的兴趣也逐渐转向下层社会启蒙,因此停办《启蒙画报》,转编《京话日报》。

《京话日报》的宗旨是"总以开通民智,叫人人知道爱国,人人知道发愤自强"。[1]彭翼仲和他的同志们"开民智"的动机在于"积年对社会腐败之不满,又加上庚子事变中亲见全国上下愚昧迷信,不知世界大势,几乎召取亡国大祸所激动的"。[2]因此"爱国维新"是《京话日报》一以贯之的主题。梁漱溟指出,虽然"爱国和维新在当时直是不可分开的事情",但从《启

---

[1] 《本报忽逢知己》(续),《京话日报》76号,1904年10月30日。
[2] 梁漱溟:《我的自学小史》,《忆往谈旧录》(北京:中国文史出版社,1987),第9页。

蒙画报》到《京话日报》，彭翼仲办报的着眼点有所转变，从"维新"逐渐转向"爱国"：

> 先出的《启蒙画报》代表着维新，而稍后出的《京话日报》则爱国反帝的色彩极其浓厚，因为他感到庚子义和拳虽代表着民族反帝正气，却可惜迷信幼稚，无补于国，所以他认定开民智最为急务。《启蒙画报》正见出他想引进科学而破除迷信之一要求。在画报中虽亦偶有"时闻"一栏对儿童谈及时事，究竟还未能随时针对当前具体问题向广大社会倡导爱国反帝运动。于是他就再创办了《京话日报》。[1]

《京话日报》以"爱国"为主题的宣传包括三个方面：（一）反对外国侵略和霸权；（二）反对义和团式的盲目排外；（三）宣扬国民思想和立宪维新。这三者互为表里，其实反映了晚清启蒙知识分子试图以思想启蒙实现救亡目标的思路，从晚清直至"五四"，这种思路一直笼罩着中国的启蒙运动。

据彭翼仲的自述，他办《京话日报》的远因，是由于1900年八国联军入京，彭翼仲身受洋兵欺侮，险些丧命，"手无寸柯，救时乏策，苦思多日，欲从根本上解决"。[2] 庚子事变

---

[1] 梁漱溟：《记彭翼仲先生》，《忆往谈旧录》（北京：中国文史出版社，1987），第55页。

[2] 《彭翼仲五十年历史》上编，姜纬堂等编：《维新志士爱国报人彭翼仲》（大连：大连出版社，1996），第113页。

之后八国联军驻京，北京开始了长达一年多的"类殖民地"的苦难历程，对北京社会的心理造成了极大的影响。北京市民第一次近距离地接近外国人，并缘此形成他们对"西方"和"国家"的初步意识。彭翼仲曾自述这一时期他印象最深的两件事：一是几个美国兵到彭家抢掠，索钱不得，几乎开枪把彭翼仲打死；一是后来彭翼仲联合附近居民到美国兵营控告，美国军官教他们，如有士兵入户奸掠，"即用胭脂水合煤油，洒彼衣上"，以便美军惩处不法士兵。前一件事使彭翼仲感到强烈的亡国的屈辱，后一事则让他认识到"文明国家的规矩"毕竟不同。[1] 这决定了《京话日报》"以外国为鉴"的启蒙路向，代表民众处理中外交涉时，坚持据理力争的态度，而非义和团式的敌意对抗。[2]

彭翼仲用来解释义和团事件的"文明/野蛮"的二元模式，恰恰是西学东渐后启蒙知识分子采用的"世界眼光"。西方（包括日本）作为一个"他者"，在《京话日报》"开民智"的进程中被同时作为两类不同的资源使用：一个是国富兵强的西方文

---

[1] "迩来提倡各公益，不顾自家性命，以开通多数人为己任者，皆此日之耻辱激成者也。"彭翼仲：《彭翼仲五十年历史》，姜纬堂等编：《维新志士爱国报人彭翼仲》（大连：大连出版社，1996），第110页。

[2] 最典型的例子是《京话日报》135号演说《敬贺各国新年预告各国使馆卫队的长官》，希望各国使馆在西历新年期间管束士兵，不要骚扰中国百姓。150号刊登崇实学堂来函，称赞因为《京话日报》的劝告，新年期间没有洋兵进入华界。另如彭翼仲批评德兵无理殴打中国苦力事，德国军队也惩处了肇事士兵。

明国家，则用来对照中国的贫弱或作为学习的榜样；一个是企图瓜分中国的西方列强，用以唤起中下层社会读者的国族意识。宣传前者不免导致"以洋为师"，强调后者则一定要"与洋争权"，《京话日报》对外国形象这种正反为用的做法，正反映了晚清启蒙知识分子对西方文明"横的切入"的复杂心态。

《京话日报》题为《德国人在山东的举动》的新闻报道，招致了德国公使向清政府外务部提出抗议。彭翼仲索性在"演说"中表白自己爱国办报的苦心：

> 我实实在在对众位说，我们出这《京话日报》的本心，原为的是我四万万同胞糊糊涂涂的倒有一多半，不知如今是怎一个局面。外国人的势力一天增长一天，简直要把我中国人当作牛马奴隶，要把我国的矿山铁路都作为他们的商业。你想想，等到那时候中国人都得听外国人的号令，如同现在埃及人、印度人一般，还有什么人味儿？但凡稍明时势的人不能不着急。心里着急，由不得嘴里要说。但单凭嘴说，能有几个人听见呢？所以赔钱费功夫做这《京话日报》，就是想要中国的人都明白现在的时势，知道外国人的用心。然却不是叫我同胞仇恨外人，学义和拳那样举动。为的是知道时势艰难，外人强横，须要人人发愤，立定志向，做个有用的人……不要把国家的事当作与自己无干。[1]

---

[1]《本报得罪了德国钦差（续）》，《京话日报》110 号，1904 年 12 月 3 日。

在《京话日报》的爱国主题叙述中，一直纠缠着对西方国家侵略中国的警惕与对西方富强文明的向往。彭翼仲创办《京话日报》的姊妹报纸《中华报》，不单是为了"开通官智"，还为了明示自己对国族身份的认同。《京话日报》发行后，"风气未开，阅报者群呼之为'洋报'，冷嘲恶骂，无所不至，街设贴报牌，屡被拆毁"，[1] 彭翼仲虽然自嘲"怎么不是洋报？机器，纸张，铅字，油墨，样样咱们不会作，都得到外洋去买，实在是洋报，就是作报的心是中国的"，[2] 但此事仍给予他很大的刺激。而且他认为报纸托庇于外商的做法是丧失了中国自己的舆论权，主张"争回说话的权柄"，因此彭翼仲在《京话日报》和《中华报》的报头上都加了"华商"两个字。[3] 这一层意思在《中华报》的出版广告里说得更为完整：

> 本报发起人为长洲彭诒孙翼仲、海宁杭慎修辛斋，并无洋人，资本亦不借他国保护。因慨报界风潮冲突，非借重洋人，托居租界，竟不能自存，以致我中华自有之言论权亦复为渊鱼丛雀，授枋外人尽焉。心伤情难自已，爰不自揣，窃愿牺牲一己，为报界存固有之权，成败利钝，非所料焉。[4]

---

1 彭翼仲：《彭翼仲五十年历史》，姜纬堂等编：《维新志士爱国报人彭翼仲》（大连：大连出版社，1996），第114页。
2 朱景龢：《要叫不识字的朋友明白》，《京话日报》263号，1905年5月13日。
3 《本报经理人的愿心（续）》，《京话日报》124号，1904年12月17日。
4 《大公报》，1904年12月1日。

虽然尽力避免被人误认为"洋报",但是《京话日报》仍然保持对西方文明的开放姿态,并且自觉地将外国对中国的评价作为一种文明的标准来劝告读者,如《看报比读书还强》(13号)称:

> 要是常常看报,知道世界上有多少国,我们中国不在列国中一国,各国有多少的人才,人才里有何等的学问,学问里有多少的名目,取他人的长处,和自己比较比较,那种骄傲自大的心,自然的没有了……虽不能做到钦仰崇拜的事业,也断不肯不顾大局,不顾廉耻,受万国的指摘唾骂了。这是说的在上位的人,不可不看报的缘故。

回应挟嫌杀人的那王府管家长九的威胁时,编者特别强调,报纸揭露社会黑暗也是为了国家在世界上的颜面:"各国留心我们的政治,处处留心,这件事不办,还能够服中外的人心吗?……本馆所争的是公理,不是为你一人一事,你不服从法律,原不要紧,我国家的法律,可从此不能服人了。"[1]

在梁济为了国民捐专门创作的改良戏《女子爱国》中,春秋时期的鲁国漆室女居然也成了仰慕西方文明的开明女性。尽管小心翼翼地避开了与官方意识形态相冲突,戏中人物还是道出了启蒙知识分子必须学习西方的坚定决心:

---

[1] 《劝长九》,《京话日报》376号,1905年9月4日。

（旦白）中国圣人留下的道理，原是亘古以来，天下第一样最好的，万万年不能改变，但是要救国家眼前之急，却不能不学那外洋的事，比方到夏天暑热的时候，不能不穿纱罗的衣裳，那古圣人留下的诗书，就好比是狐皮袍子、貂皮褂子，东西是极贵重，还不如一件夏布衫子有用处。[1]

戊戌变法的失败，义和团运动的发生，大大削弱了彭翼仲、梁济、杭辛斋等启蒙知识分子对清政府的信心，也让他们重新反思中国屡屡受制于人的根本原因。彭翼仲指出，中国受到西方的侵略都是由于朝廷的昏愦所致："迨四卿参预新政，朝旨奋发，雷厉风行，精神为之一振，设使阻力不生，则国家之进步安可限量？且庚子之乱，亦何由而起？"而这个闯了大祸的朝廷，居然置北京民众于不顾，一逃了之，"前清两宫出走，与所降'死社稷'之谕殊矛盾"，[2] 更让启蒙知识分子从康梁自上而下的维新思路中解脱出来，希望采取一种新的自下而上的路向来解决"救亡"的命题。正如梁漱溟指出的："彭先生念念在开民智，其眼光总是向下看广大群众的，不像康、梁之向上看朝廷政府。"[3]

---

[1]《女子爱国》，《京话日报》652号，1906年4月21日。

[2] 彭翼仲：《彭翼仲五十年历史》，姜纬堂等编：《维新志士爱国报人彭翼仲》（大连：大连出版社，1996），第102、109页。

[3] 梁漱溟：《记彭翼仲先生》，《忆往谈旧录》（北京：中国文史出版社，1987），第52页。

《京话日报》创办初期，彭翼仲对启蒙者的力量并不自信，仍然将最终希望寄托在政府身上。即使在《京话日报》在社会上已有相当威信、销量也上升为北京报纸第一的时候，他仍然强调"人情风俗，还与从前一样，并没有什么改变"，而把原因归结为上层社会不提倡读报。相比设在上海租界或国外的革命派报纸，《京话日报》尽管有"刀放在脖子上还是要说"的揭露社会黑暗面的胆识，但是仍然对政府的各项政策采取了明显的妥协态度，[1]目的是取得政府的包容和支持。彭翼仲等人屡屡在《京话日报》上呼吁"在上位者"支持启蒙运动："上位的人，一举一动，为民间最注意的，新出的报纸虽多，能到大人先生眼里的，很是有限，往往拿谣言两字，一笔抹杀，所以看报的人，也将信将疑，不过把报纸，当个消闲解闷的物件。非有大人先生，提倡在上，高人志士，劝导在下，专仗着笔墨的力量，总不能把这数千年习成的旧俗，一朝改变。"[2]彭翼仲还通过表扬日本政府支持《顺天时报》，暗示中国政府不应忽视报纸对于国家的重大作用。[3]

1905年9月发起的"国民捐运动"，为清末北京启蒙运动

---

[1] "说话之间，常再四的小心，不敢过于激烈，怕闹出是非，又叫政府为难……喊的声音小了，怕全船的人，听不清楚，喊的声音大了，又怕惊动管船的，与那一帮无赖的水手，你想这个时候，舍身救命的人，有多么为难，这就是本报要开通民智，又不能直言无忌的一片苦心。"《本报忽逢知己》，《京话日报》73号，1904年11月5日。

[2] 《京话日报第一百号祝辞》，《京话日报》100号，1904年12月2日。

[3] 《国强了报馆也体面》，《京话日报》224号，1905年4月12日。

中的一件大事。其实质意义，是呼吁民众集资偿还外债以自救救国。然而，上层社会在这场"争国民的资格"的运动中的表现，令人相当地失望。虽然在国民捐运动中，《京话日报》多次刊载如"吏部大堂提倡国民捐"（514号）、"军机大臣提倡国民捐"（535号）等新闻，管理内务府大臣世续颁下堂谕在内务府三旗里提倡，外地官员如呼兰府知府李鸿桂、木兰县知县辛天成等都热心提倡国民捐，但列于"国民义务"（《京话日报》专门为国民捐辟出的刊名版面，后改为附张）名单上的捐款人还是以中下层社会民众居大多数。与他们的热心相比较，那些上层社会人士"不但毫不动念，还要想出方法来坏事"，以致《京话日报》在国民捐运动后期慨叹："近两年以来，中下等社会，进步很快，真是一天强如一天，独有上等社会，本来的性质，绝无一点改变。"[1] 因此，《京话日报》开始表达一种新的启蒙见解：教育民众将"朝廷"与"国家"分开看待。

彭翼仲与首先倡议国民捐的王子贞合写了一篇"演说"，在尚友讲报处向民众宣讲，同时也发表在《京话日报》上。这篇演说首先告诉听众，偿还庚子赔款是每一个中国人的事情，不可能完全依靠朝廷：

　　诸位必说了，这是朝廷立的约，一定该朝廷还，可不与百姓相干，你不想想，金銮殿上，不能出金矿，大臣们

---

[1] 《下等社会的进步》，《京话日报》691号，1906年7月29日。

不会点石成金,别再糊涂了,百姓闯的祸,还得百姓还。又一位也说了,我也没有练过拳,为什么该我还呢?自己问问自己,是中国人不是?必不能说不是罢?既是中国人,就得还国债,什么缘故呢?同国人叫作同胞,都是黄帝的子孙……你虽没有当过拳匪,亦不能不算中国人,身上总背着二十多年的国债,不但阁下本身,连你的子孙,也都免不了……可怜中国人没思想,向不知国与家的关系,若教他拿钱还国债,你猜怎么着?那可算是白说了,大约比登天还难。

接着,演说者介绍了以"国民捐"偿还赔款的方式:"中国不是有四万万国人么?按着人头儿一数,每人只摊一两来的银子,现在要还国债,每人每均摊,几天的工夫,就差不多了……诸位请想,吃喝穿戴,那样不比从先贵一倍,就拿平人而论,一年的捐项,在暗里抽收,就比明摊一两银子多了几倍,何况到三十多年呢?"演说者表达的意思是,与其让朝廷借还款名义征收苛捐杂税,还不如由国民捐款,更符合底层民众的利益。最后,演说者用法国和日本国民集资还款的事实来激励听众:"四十年前,法国被德国打败,法赔德国兵费十二万万元,不上三个月工夫,民间把款凑齐,立刻还清了国债,法国的妇女,都肯典衣裳卖首饰,一概充了公。日俄开仗,日本妓女,亦要帮助军费,请看东西各国,民跟国绝不能分家,所以才这样强盛……一样的五官四肢,虽说跟不上法国人,还跟不上日本娼妓吗？"[1] 通过类似的演说，启蒙者将国家、国民、文明（以西方为例）这几个要素结合起来，并以听众的切身利益作为诉求，将"朝廷"和"国家"实际上放在了分离甚至对立的位置。在另一篇演说里，启蒙者的用意表达得更为显豁："中国人不知爱国的缘故，皆因不知什么叫作国家，往往把朝廷跟国家混在一起，岂不知朝廷是朝廷，国家是国家，万不能搅到一处……这么看起来，国家一定是全国国民的国家，万不能是朝廷一家的国家，万不能舍去人民土地主权，拿着朝廷当国家……亡朝廷不能算亡国家。"[2] 启蒙知识分子传播的"朝廷"（政府）与"国家"分离的思想，在后来的民众运动中有着极为深远的影响。

京沪白话报比较：启蒙的不同路向

启蒙运动始自上海为首的南方，南方办的白话报种类甚多，传播范围也相当广。1905年北京成立的西城阅报社，为全国首家较具规模的公共阅报场所，其成立之初，陈设的报刊包括：《中国白话报》16册，《福建白话报》3册，《广雅报》1册，《广雅俗报》4册，《湖南俗话报》《安徽俗话报》《新白

---

[1] 王子贞、彭仲翼合稿：《尚友讲报处的演说》，《京话日报》374号，1905年9月2日。

[2] 彭翼仲：《立宪》，《京话日报》733号，1906年9月10日。

话》《童子世界》《启蒙画报》等各报。[1] 南方白话报的种类和数量都占压倒性多数，尤以《中国白话报》发行最广，数量最多。

然而就启蒙效果而言，《京话日报》远超过上海影响最大的《中国白话报》。这一点可以用一桩个案来加以说明：《中国白话报》第18期上刊载《告当兵的兄弟们》，作者名为"也是一个兵"，但是编者的按语暴露出作者的真实阶层：原来这是一个曾在上海震旦学院学过英文、外国文学的青年知识分子！这样的人似乎很难让"当兵的兄弟们"引为同类。而半年后《京话日报》刊登的同题来稿《告当兵的兄弟们》，作者确实是一位文化程度不高的兵丁，稿子必须由彭翼仲润色后方能刊出。此文作者陈干因此认彭翼仲为师，师生关系一直保持到民国成立以后。[2] 类似沟通、提携底层民众的事迹在《京话日报》出版期间多次出现。上海的《警钟日报》曾以惊异的口吻报道北京"担夫走卒居然有坐阶石读报者"，当可视作上海启蒙报人对北京同行底层启蒙效果的羡叹。[3]

就报纸的生存环境而言，京沪两地的白话报并无大异，都是备历艰辛。珠尔杭阿在给《京话日报》一周年的祝词中称："彭翼仲开报馆，要是专为做买卖，怎么不到上海去，收点子

---

[1] 《大公报》，1905年5月5日。

[2] 《彭翼仲五十年历史》一书即为陈干出资印行。梁漱溟：《记翼仲先生》，《忆往谈旧录》（北京：中国文史出版社，1987），第69页。

[3] 《警钟日报》，1904年11月17日。

告白费，也就够养活报馆的啦，何必在京城卖苦力气呢？京城里说话格外难，既有这份子爱国保种的心，自然就要得罪人。"[1] 经济方面，《京话日报》并不比《中国白话报》宽裕，彭翼仲曾因经费支绌"急得没法子"，在《大公报》上登告白，将自己家的房子卖掉来填补亏空，也曾因为债台高筑几乎自尽殉报。[2] 与上海报纸较为现代的发行渠道相比，北京报纸还要多受一层京报房的挟制。[3]

主张种族革命的《中国白话报》，当然比主张君主立宪的《京话日报》更为政府所忌惮。但是《京话日报》是出于政治原因被迫停刊的，而《中国白话报》的停刊则主要因为《警钟日报》主编蔡元培、汪允宗先后辞职，林獬、刘师培接手《警钟日报》后，无力兼顾《中国白话报》所致。两者的不同命运，似乎并不决定于直接的政治和经济原因，启蒙立场和社会功能的差异才是成败的关键。

京沪两地的白话报承担着不同的社会功能。在上海这样文化程度相对较高的移民城市，传播新闻时事和表达公共舆论

---

[1] 珠尔杭阿：《京话日报一年的祝辞》，《京话日报》347号，1905年8月6日。

[2] 梁漱溟：《记彭翼仲先生》，《忆往谈旧录》（北京：中国文史出版社，1987），第66页。另见彭翼仲：《彭翼仲五十年历史》，姜纬堂等编：《维新志士爱国报人彭翼仲》（大连：大连出版社，1996），第117页。

[3] "（外寄）这项生意，又被京报房给截了去……工料昂贵，销到四千份，就得照四千份垫资本……本馆自己派送，远近当日送到，收回的钱，都靠得住……不过没有门房的小费，所以争不过京报房啊，京报房经手送的，可就难说了，层层受制，一言难尽。"《看报的同志台鉴》，《京话日报》253号，1905年5月3日。

是由《申报》《新闻报》《时报》等大报承担的，白话报既无必要，也不可能（出版周期太长）担负这方面的使命。而《京话日报》则不同，它每日出版，北京当时也没有任何其他华资民办的综合性日报，因此《京话日报》必须用大部分精力来关注时事的发展，而很难像上海的白话报那样专意于思想与知识的启蒙。

在晚清启蒙运动的实践中，如李孝悌指出的，"绝大多数白话报创办的目的，虽然是为了使没有受过太多教育的人，能够有一个比较容易的管道去接触新知识、新思想，但是它们所设定的对象，很多都并不仅局限于下层社会，而实际的阅读者，范围也很广"。[1] 清末知识界对所谓"中等社会"有着明确的指认，即杨笃生所称"唯自居于士类者成一大部分，而出入于商与士之间者附属焉，出入于方术技击与士类之间者附属焉"。[2]1903 年 12 月 16 日《俄事警闻》刊登征文广告，"拟为各种社会代筹其能尽之义务，著之论说"。其中，告政府、学生社会、革命党、科举党、洋务人员、各书局之编译者、各省绅董的征文均用文言，告全国父老、儿童、女子、农、工、商（包括寓南洋及美国商人）、各会党、教民则使用白话。因此《中国白话报》的预期读者并非学生、会党等"中等社会"，而

---

[1] 李孝悌：《清末的下层社会启蒙运动：1901—1911》（石家庄：河北教育出版社，2001），第 25 页。
[2] 杨笃生：《新湖南》第 4 篇，1903。

是文化程度更低的"下等社会"。可是,购阅《中国白话报》的,仍然多半是学生。[1] 而编者在设置假想读者时,仍然会将"读书人"纳入其中。[2] 一份读者来信,更是暴露出办报者对《中国白话报》读者的实际期许。这位读者指责该报文义太深,"十成中到有八九成替党派中人及学生社会说法,若送把我的阿姊阿嫂弟弟妹妹去看,就有些不贪收了",林獬居然答道:

> 报馆本有监督国民的责任,这国民的范围大得很,孩童妇女固然在国民之内,那党派学生何尝不是国民,而且现在识字的人太少,我这报并不是一直做给那般识粗字的妇女孩子们看的,我还是做给那种比妇女孩子知识稍高的人看,教他看了开通之后,转说把妇女孩子们看,这叫作间接的教育,所以说话不免高些……而且那程度可以合着妇女孩童的报,如今也有好几种了,譬如《杭州白话报》《宁波白话报》《安徽俗话报》《江西新白话》,那思想浅近一点的人,都可以一看便懂,我们这报单预备着看各报的人,有了一点普通智识以后,再把这报看下去,那就八九分完全了。[3]

---

[1] 《敬告阅报诸君》:"近日购阅纷纷,其中尤以学生社会为多数。"《中国白话报》第8期,1904年3月31日。

[2] 如《中国白话报》第5期"时事问答"第一篇就是《读书人共本社的问答》,1904年2月16日。

[3] 《通信》,《中国白话报》11期,1904年5月15日。

这几乎完全推翻了林獬自己在《发刊词》中对报纸和读者的预设,[1]也反映出这些启蒙者很难真正将自己降到下层社会的水平上与他们对话。

以《中国白话报》为代表的上海启蒙白话报,批判社会与提倡革命,都是采取一种居高临下的教谕姿态,内容也充斥着各类新名词和新观念。如刘师培(光汉)用白话撰写的学术史,新学堂的学生或许能受益匪浅,面向下层社会的读者却只能是对牛弹琴。这使上海的启蒙白话报难于深入民众之中。《中国白话报》极盛时代派报处达46处之多,南至福州、广州、香港,西至成都、西安,北至北京、天津,东至济南,影响遍及全国,却鲜有下层民众阅读和接受该报的记载。

难以真正与下层民众互动,或许与《中国白话报》的革命立场有关。林獬曾经在他颇负盛名的小说《玫瑰花》中,谈及发动民众分"自动"与"被动"两种:"自动"的方式是普及教育,开通民智,以期人人明白爱国爱种的道理;"被动"的方式则是揭露政府的黑暗,甚至诱导当局加重对民众的压迫,以此唤醒民众。两相比较,林獬更赞同"被动"的启蒙方式:"自动不如被动,教育普及使人人都晓得民族的主义,非等几十年后不能望其造起风潮,被动就快得不得了,(所以革命志士)

---

[1] 林獬在《发刊词》一再强调该报是为了让"各位种田的、做手艺的、做买卖的、当兵的以及孩子们、妇女们,个个明白,个个增进学问,增进识见",又称"我这白话是顶通行的,包管你看一句懂一句"。白话道人:《中国白话报发刊词》,《中国白话报》1期,1903年12月19日。

一闻把变法之事消灭，到像遇了赦旨，喜欢得了不得，这种见解，自非庸耳俗目所能揣度。"[1] 革命与立宪，本来是两种不同的政治进路，由此派生出的启蒙方式自然也迥异，《中国白话报》的编者虽然口口声声要发动下层社会，却更青睐于倾向革命的学生和会党，这不能不说与他们的政治见解和启蒙策略有关。

报纸使用的语言，是《京话日报》的另一个优势。林獬在《中国白话报·发刊词》中表示办报者虽然身在上海，却希望"能够叫十八省的人都听得着"，所以必须使用"刮刮叫的官话"。可是所谓的"官话"，并非南方日常通用的口语，更多地借鉴了明清白话小说的书面语。对于下层社会读者而言，这种"官话"并不是他们的日常生活语言，不免妨碍他们对其表达内容的理解与认同。[2]《京话日报》则占了帝都的好处，报纸语言与民众生活语言基本一致，因此可以彻底地使用白话：不仅正报"通篇概用白话"，连商家送来的广告也要求"概用白演"。对于那些习惯以文言写作的投稿者，编辑者宁可为拒刊来稿表示歉意：

> 本报名为京话，虽不是地道京腔，亦可十得三四，创报的宗旨，本因为浅近人说话，与中华报不同，不得不勉强迁

---

[1] 《玫瑰花》，《中国白话报》10期，1904年4月30日。
[2] 《中国白话报》初期偶尔会在新闻或通信中使用苏白，但随着影响达于江南以外地区，这种现象基本绝迹。

就。近接各处投函，往往长篇大论，文义很深，还有很费解的句子，要叫我们登在这报上。投函人一番热心，不替登上，未免扫兴，要照着原意编白话，我们人少事繁，也万没有这个工夫，要求原谅，如有高见请编成白话，跟我们宗旨相合，必可代登。[1]

胡适和周作人在谈及晚清白话文运动时，最不满意的就是当时的启蒙者"二元的态度"——将知识分子和下层社会读者分成"我们"和"他们"，将文言文和白话文视作"老爷"用的和"听差"用的。[2]晚清启蒙者确实只将白话看作启蒙的工具，如林纾所言"从未闻尽弃古文行以白话者"，[3]白话的宗旨在于"救急"，"有聪明的人，再去讲究汉文，寻常下等人，正不必人人学习"。[4]但是反过来看，正是这种二分的定位，使白话的使用成为一种话语策略，反而避开了意识形态层面上过多的争论，有助于白话的推行。

而且，"京话"与"白话"毕竟不同。籍贯南方的启蒙者，虽然认识到"现在中国全国通行官话，只需摹仿北京官话，自

---

[1] 《投函本报的请原谅》，《京话日报》194号，1905年3月5日。
[2] 参见胡适《五十年来中国之文学》、周作人《中国新文学的源流》。
[3] 林纾：《论古文白话之相消长》，郑振铎编：《中国新文学大系·文学论争集》（上海：良友公司，1935），第80页。
[4] 《告我国人》，《京话日报》140号，1905年1月2日。

成一种普通国语哩"。[1] 但是他们无法真正将口语与书面语结合起来，只好往明清白话小说里去搬救兵，所以林纾反对白话的理由之一即是"今何尽以白话道之，吾恐浙江安徽之白话，固不如直隶之佳也"。[2] 因此白话始终被清末启蒙知识分子看作比古文低一等的语言。然而在首都北京，"京话"为居于诸民之首的旗人的口头语，其地位远较其他方言为高。彭翼仲以京话创办的几种报纸，都受到满族统治者的关注。《启蒙画报》能得到"进呈两宫御览"的"殊荣"，西太后也曾遣内侍到《京话日报》报馆传谕说每天要看这份报纸，《京话日报》交往的人物中，也不乏"散秩大臣兼前引大臣公爵珠尔杭阿"这样的贵胄。和《中国白话报》《警钟日报》这类专事启蒙的报纸相比，《京话日报》包含有相当的"向上进言"的成分。在某种意义上，"京话"不只是下层社会通用的语言，也是统治阶层精英圈中的一种通用语。正如霍布斯鲍姆指出的那样："作为国语的方言原本就是口语，至于它究竟是不是属于少数人的语言，就不甚重要了；重要的是，这种优势语言在政治上享有绝对的分量。"[3] 比起无法进入民众生活，也无法通行于政治层面的"白话"，"京话"确实是一种有政治特殊地位的"优势语言"。

---

1 大武：《论学官话的好处》，《竞业旬报》5期，1907年2月13日。
2 林纾：《论古文白话之相消长》，郑振铎编：《中国新文学大系·文学论争集》（上海：良友公司，1935），第80页。
3 霍布斯鲍姆著、李金梅译：《民族与民族主义》（上海：上海人民出版社，2000），第70页。

从地域文化的角度分析，十里洋场的上海，是一个典型的移民社会："在沪之人多系客居，并无土著。"[1]而这个移民社会有两大特征：一是商人和青年学生是移民群体的龙头和骨干；一是移民来源广而杂，遍及二十来个省份。[2]这意味着上海其实缺乏严格意义上的本土下层社会，也没有稳固的底层文化。即以启蒙知识分子最为推重的戏曲改良而论，上海就没有一种底层民众"一致喜爱"的艺术形式。在一个商业化成分较重的社会里，缺乏经费的启蒙知识分子，想大量设置阅报处、贴报处也远比北方困难。办报之外的多种启蒙手段难于在上海推行，办报的启蒙者也就很难真实感到下层社会读者的存在，并与他们交流、互动。下层社会缺乏关注重点和表达手段方面的通约性，很容易使启蒙者的眼光上调到更为稳固和显性的绅商和学生群体。但是，对于这些中等社会群体而言，白话报较之于文言报的优势几乎荡然无存。上海白话报的生存时间不长，与地域文化的制约应该有着直接的关系。

北京原本是个科层制度非常严格的社会，但在庚子事变后八国联军驻京期间，社会等级被完全打乱，像彭翼仲这样的世代簪缨，也沦落到"卖过白面，自己赶车拉过水，扛过麦口袋，还有果子巷摆过挂货摊子"，对人家称"掌柜的"也居之不疑。[3]

---

[1] 《申报》，1900年8月10日。

[2] 参见乐正：《近代上海人社会心态》（上海：上海人民出版社，1991）。

[3] 《诉委屈》，《京话日报》205号，1905年3月16日。

这种感受是北京市民共有的体验，以下这篇来稿可以作为一个代表：

> 庚子以前，在下也有（自尊自大的）这个习气，不是作官念书的人，绝不肯跟他说话，遇着不认字的人，拿着字帖求我念念，不但不晓得可怜，反倒拿他打哈哈……我就想起洋兵来了，挑水、点灯、泼街、扫土，自己还得提筐儿做小买卖，我可真不敢犯那毛病了。[1]

在《京话日报》主持的几次大的社会运动中，关于庚子的回忆一直是编者和读者共同拥有和互相警醒的参照系。同样是宣讲亡国祸在眉睫，北京民众当然比上海人有更切身的体会。彭翼仲曾经感慨："北方风气开得慢，一开可就大明白，绝没有躲躲藏藏的举动，较比南方的民情，直爽的多。"[2] 实际上风气的变化与两地民众的不同经历有莫大关系。

由于地域文化及启蒙立场、社会功能的不同，《中国白话报》与《京话日报》代表着两种不同的启蒙路向。在唤醒民众的大前提下，《中国白话报》更注重实际知识的介绍。林獬在一封通信中指出："就是那宗旨顶好的日报旬报，里头也不免太空疏，一些实学不讲究……本报的意思，以为如今我们

---

[1] 《自尊自大》，《京话日报》258号，1905年5月8日。
[2] 《北方人的热血较多》，《京话日报》617号，1906年5月15日。

中国人，若光靠着宗旨好还不中用，那国学是顶要提倡的，有了国家，才有爱国心，然后才能办各种大事，所以本报十分偏重国学，拿这种实实在在的学问来教育国民，将来成材的，才不至蹈如今草头新党各种的弊病。"林獬主张将"实学"与"爱国"联系在一起，启蒙首重知识的普及："必须详详细细把旧书看得清楚，然后才晓得我这中国着实可爱的地方。但光是爱他也不行，如今国要亡了，必须如何去救护他。救护中国必从改革社会下手，于是又须在本地方调查了社会许多情形，又调查了许多旧书，研究社会的历史，然后才能下手去改革他。"[1] 正是本着这个思想，该报对中国的历史、地理、学术等都做了比较系统、通俗的介绍。林獬在《中国白话报》上的连载长篇论说《国民的意见》，更是分政治、种族、学问、生计、军事、社会、宗教七个方面系统地表达了启蒙者对社会改革的看法。这些启蒙主张和知识传播都是《京话日报》等北京白话报纸缺乏的。

比较一下两种白话报的内容，也许可以描绘出两者启蒙路向的差异。《中国白话报》一直设有论说、历史、地理、传记、新闻、时事问答、科学、实业、小说、戏曲、歌谣等栏目。[2]《京话日报》的内容变化则是一个反向的轨迹。与《启蒙画报》

---

1 白话道人：《论国民当知旧学》，《中国白话报》8期，1904年3月31日。
2 同时期的《宁波白话报》初设论说、评议、新闻、专件、指迷录、调查录、小说、歌谣等栏目，改良后增广历史、地理、教育、实业、格致等门类。

相比,《京话日报》启蒙的内容有了很大的转变。《启蒙画报》栏目分伦理、舆地学、掌故问答、浅算理、格致物理、动物界、杂俎等,用意是推广"新知"。《京话日报》创办后,开头也尝试延续一些《启蒙画报》的特点,如"造脚踏车"(第8号)、"坐火车须知"(11号)、"说冰雹的缘故"(15号)等篇章,都是对读者进行常识启蒙。但很快,这些内容就从《京话日报》上消失了,取而代之的是与国家、民族存亡相关的"时事"。报尾的"儿童解字"栏目倒是一直保留,但内容也不可避免地带上了浓厚的时事色彩,如99号的"儿童解字"解释"倭""韩"两个字:

倭:就是日本。自明治维新后,国势日强,现与俄国开仗,已把辽东各地占据,我们中国,自居局外,将来怎样了结,甚是可虑。

韩:就是高丽……我们中国,如不以韩为戒,祸害不小。

348号的"文法正误",本意只是给小学生改错字用,内容却完全是一段头版的演说文字:"请问朱味学生,近了学唐读舒,末的事甚么是,你门大佳,自己地煮义,打算作中果的果民呢,环事作外仁的奴吏呀?"

从《启蒙画报》到《京话日报》,内容上微妙的更替,反映了办报人对下层社会读者需要的认知发生了变化。《京话日报》重时事而轻新知的倾向,源自办报的启蒙知识分子对启蒙运动和报纸功能的认识。他们向民众宣传《京话日报》时是这样说的：

> 我说他是个中国人，生了一个爱中国的热心，他做不了他心的主，愿意我们中国人，都学着他爱中国，知道爱国，就得要强，还要知道什么是公益，什么是私利……总而言之，为开民智，这是他作报的苦心。[1]

"开民智"的含义被阐释为仅仅告知民众时势和教导民众爱国，这无疑将启蒙的内容大大窄化了。新知的普及完全让位于爱国的呼吁，启蒙初衷包含的给予下层民众基本知识教育的部分，受到严重限制甚至被取消。北方社会仍旧处于一个相对闭塞、蒙昧的状态，这种急功近利的片面的"启蒙"可以掀起轰轰烈烈的社会运动，却难以从根本上改变国民的素质。

最明显的例子是，那些热情参与启蒙运动的中下层民众，一旦意愿受到阻碍，他们的第一个想法仍然是通过报纸或官方采取压制手段，来令对立方屈服。如有人认定"讲报处的仇敌，是满街上买的小唱本儿……风俗浇薄，未必不是从这个祸根起"，强烈反对这种"出版自由"，要求工巡局对此严加查禁；[2]还有人认为"北京的茶馆、烟馆、酒铺，是造谣言的总机关"，

---

[1] 可轩：《又要来恭维京话日报》，《京话日报》303号，1905年6月22日。
[2] 竹本子：《请禁唱本》，《京话日报》441号，1905年11月9日。

而且认为靠办讲习所来启蒙民众成效太慢，主张"可以由各局，传谕茶馆烟馆酒铺掌柜，以后有喝茶的吸烟的喝酒的，最好按着钟点办，再不然就硬来，解完了渴，过完了瘾，赶紧劝他走，如有不遵的，准其掌柜报局"。[1] 国民捐运动，本来一开始就本着"捐款自愿，决不勒派"的原则，但是不断有人主张由政府出面对捐款者和不捐者加以甄别，实行奖惩。[2] 有读者来稿称，其亲戚认捐是因为听信了谣言，害怕受到惩罚才勉强捐款。[3] 这样不禁让人怀疑，那些刊登在"国民义务"版面上的名字，有多少是认识到国家民族大义而认捐的呢？而地方上劝捐的方式，其实跟从前的"派捐"并没有实质区别："各村正副，跟董事人等，拿着国民义务传单，沿门去问，不拘多少，随意乐捐……不读书的，不知国家，不过说是官长派捐，又经

---

[1] 下等社会人来稿：《造谣言的总机关》，《京话日报》599号，1906年4月27日。

[2] "把大大的国民二字，印在长方纸上，作为标记，左边注明年月，右边注明报捐数目，共分六等，纸张大小颜色等等不同……认过捐的，大众都以为体面，不认捐的，自然就以为难看了，知道难看，就得掏腰包，我想这么一激动，比各处贴国民捐单，一定更有效验。"赵泽田：《拟捐送报效国民捐的标记》，《京话日报》608号，1906年5月6日。同时期有谣言称政府将强迫每个抽鸦片者穿上印有"废民"的衣服。

[3] "听别人告诉我，国民捐的事，就是叫大家认捐，户部银行，专管这当子事，王公大臣，已经都认过捐，家家户户，都得按着人头去报捐，将来挨户严查，如有漏捐的，就要罚办，我本没有钱，听见这个话，又不能不信，果真来查，到那时节，罚呀，办呀，倒觉着麻烦了，赶紧凑了几钱银子，先给银行里送去了，只当作破财啵……有好些人，都是那么告诉我，不然我还不捐呢。"隐忧子：《好大的谣言》，《京话日报》560号，1906年3月19日。

董事人等，登门来问，驳不开脸皮儿，勉强认捐，一转身儿就埋怨道，国家可穷坏了，向民间借起钱来了！"[1]京城里也不例外，大栅栏的张永聚商铺只捐了五元，报纸报道时，居然批评这家店"倒不如不捐"，认为这种没有国家思想的店铺"非叫他们拆让不可"。[2]这种过激的思潮构成了激进民众对同阶层民众的歧视和强制，如果与国家强权相结合，会产生什么样的结果，不堪设想。彭翼仲曾经批评山东一名劝人维新的佣工"热血有余，见解欠明，没学力的人，勉强求着开通，不但自己乱撞头，还许把好事带累坏"，[3]没有想到这正是启蒙运动专讲爱国不求新知的功利心态结出的恶果。

有论者指出，晚清启蒙者放下身段，以白话作文以开通民智，"既可收立竿见影之效，也存在着根本的隐患"，因为"启蒙者的角色认定，使晚清白话文的作者自居于先知先觉的地位，这种居高临下的态度，造成运动的不乏广度，却缺少深度"。[4]在不同地域、不同知识群体面对下层社会的启蒙过程中，"深度"和"广度"还须做进一步分疏。《中国白话报》等上海白话报因曲高和寡，无法为普通民众所接受，难以深入下层社会，"广度"只表现在激发与团结中等社会方面；《京话日报》

---

1 王廷栋：《想法子劝人看报》，《京话日报》628号，1906年5月26日。
2 《张永聚五元》，《京话日报》647号，1906年6月14日。
3 《李墨林》，《京话日报》659号，1906年6月26日。
4 夏晓虹：《白话文运动与文学改良思潮》，《晚清社会与文化》（武汉：湖北教育出版社，2001），第119页。

虽然实现了与下层社会民众的互动，却因启蒙者亟亟于"救亡"的躁进心态，造成了启蒙运动的单面化：知识分子借助白话和报刊的力量使"爱国"的观念深入到下层社会民众心中，但是完全忽视了给予他们素质教育的机会和表达自我的权利。启蒙运动或许造就了热心爱国、慷慨赴难的国民，但是无法让他们成为具有民主平等、言论自由等现代意识的公民。清末启蒙运动浩荡的声势，并不能遮掩其对中国社会整体素质提升的失败。这种启蒙单面化的偏失，在20世纪的各次启蒙运动中，仍然有着绵延不绝的回响。

第三章 日本报纸在北京

《顺天时报》的启示

在彭翼仲1904年创办《京话日报》之前，在北京售卖的日报大都来自上海和天津，如上海的《中外日报》《新闻报》《申报》《时报》，天津的《大公报》《日日新闻报》等，而北京出版的华文日报，只有《顺天时报》一家。

这家报纸的创办，与庚子事变也大有关系。八国联军分区占领北京后，日本在东城甘雨胡同创办了《北京公报》，因为订户太少，很快就停刊了。1901年10月，《顺天时报》在京创刊，社址在正阳门内化石桥，最初的名称是《燕京时报》，创办人为中岛真雄，上野岩太郎、龟井陆良相继任社长，编辑有平山武清、辻武雄（听花）、横山八郎等。这家报纸"名义上由'外商'所办，实际上是一个日本政党出资创办的"。[1]《顺天时报》最初的发行对象是日本、朝鲜在中国的侨民，所以报头列的是明治年号。1905年该报"出让于日本公使馆"，"在日本外务省保护之下"，[2] 标榜"以融合中日文化，民族亲善，经济提携，互尊互惠为宗旨"，开始了它的本土化：报头的年号换成了大清或中华民国的纪年，也聘请了一些中国人担任"论说"和"时评"的撰写，如华人总编辑张伯甘，即其中的佼佼者。[3]

以彭翼仲为代表的北京启蒙报人，对于《顺天时报》的观

---

1 黄河编著：《北京报刊史话》，第13页。
2 方汉奇：《中国近代报刊史》，第40页。
3 戊午编译社：《北京新闻界之因果录》，《民国日报》1919年2月4日，引自《中国近代报刊发展概况》，第184页。

感相当复杂：一方面，它是外国人办的中文报，必然和华商报纸争夺"报权"；另一方面，它象征着日本这个"先进国家"对舆论的尊重和重视，又是中国社会应该效法的范例。彭翼仲曾在《京话日报》上指出：

> 《顺天时报》，本是日本的资本，自从出报以来，四年多的功夫，赔累的很不少，只因报馆的力量最大，天天的说，总可以把人心说动。日本人在北京的声名，顺天时报，不为无功……报馆出了力，政府就要帮助，文明国的办事，真会激发人心。[1]

除了对"文明国"的倾心，文章似乎不无点出《顺天时报》的资金来自日本政府的用意——彭翼仲不断地提醒读者，与《京话日报》竞争的《顺天时报》，报头印的是明治的年号，那才是真正的"洋报"。[2] 不过，当《顺天时报》与中国读者的冲突表现为"文明与野蛮"的对立时，彭翼仲坚决地站在了《顺天时报》一边。1906年初，北京回民因为对《顺天时报》上涉及回教的言论不满，"在内城礼拜寺，刊发传单，知照全体回民，同到《顺天时报》社理论"，《京话日报》立即刊登了一位"阿衡"（回教长老）的来稿，指出这种行为"画蛇添足，未

---

1 《国强了报馆也体面》，《京话日报》224号，1905年4月12日。
2 《我们自己失了教》，《京话日报》265号，1905年5月23日。

免多此一举"。这篇显然经过编辑润色的来稿，先是婉劝回民"《顺天时报》主笔人虽不同教，究属同国的人，彼忍诬我圣贤，我不忍绝彼衣食"，最终还是暗示意图围攻报社的回民是没有理解报上言论的真意："奉劝我回教同胞，赶紧把本月二十日的京话报，合二十二日的顺天报，拿来仔细看看，并望对着大众，讲说讲说，省得瞎起哄。"[1] 而当《顺天时报》仗恃日本的势力与华资报纸竞争时，《京话日报》也会表现出明显的敌意，如607号有来函指责北京警务学堂聘请日本人川岛浪速为教习，"多年不见功效，把学生合教习，养成一般奴隶性情"，而且"把警务学生给打扮的，中不中外不外，简直是成心侮弄我们中国人"，川岛浪速还有一条重要罪状是"除了顺天时报，不准（学生）看别的报"。[2] 这种两分的态度，成为北京华资报纸看待以《顺天时报》为代表的外资报纸的基调。随着日本侵华野心的加剧与《顺天时报》垄断地位的加强，北京舆论界乃至知识界对之表现出了集体的敌视，而这些外资报纸在新闻理念、报纸体式等方面的先进性示范，则转化为隐形的影响。北京的舆论环境，就在华人报纸与外资媒体的不断"对话"之中，逐步实现从"政党报纸"向"大众报纸"的转化。

本章以《顺天时报》为个案，分析1916—1918年北京舆论环境中，得世界舆论潮流风气之先的外资媒体的报道方式和

---

[1] 《回回教人请看》，《京话日报》513号，1906年1月24日。
[2] 局外隐名子白：《来函》，《京话日报》607号，1906年5月5日。

运作状况，它们如何调适政治性与公共性之间的冲突，以及它们的存在对于北京舆论界的冲击与改变。

《顺天时报》的崛起

民初舆论界在经历了短暂的繁荣后，由于"二次革命"的失败和袁世凯舆论政策的高压，陷入了民元以来的最低谷。1913年"二次革命"失败后，袁世凯下令解散国民党，凡国民党系的报刊一律被扣上"乱党报纸"的罪名而遭查封。至1913年底，全国出版的报纸仅剩139家，比1912年减少了300多家，北京100多家报纸仅剩下20多家，史称"癸丑报灾"。1914年袁世凯政府先后颁布《报纸条例》和《出版法》，不仅赋予警察机关随时停止报纸出版的权力，而且规定所有报刊出版物在发行或散布前，必须呈送一份给当地警察机关备案。《报纸条例》更明文规定：禁止报纸刊载被认为是"淆乱政体""妨害治安""外交军事之秘密及其他政务"的文字；禁止军人、官吏和学生办报。

另一方面，袁世凯政府对各报馆收买、恐吓、逮捕、暗杀，无所不用其极。自1912年4月至1916年6月，全国报纸至少有71家被封，49家受传讯，9家被军警捣毁；新闻记者至少有24人被杀，60人被捕。四年期间，全国报纸总数一直未超过150家。[1]

---

1 方汉奇：《中国近代报刊史》，第720页。

1916年元旦，袁世凯宣布改中华民国为"中华帝国"，年号"洪宪"，对舆论界的压迫更形峻急，"凡刊有不利于己之事实，或反对其政策之评论，辄不止封禁其报馆，且逮捕其主笔编辑人等，投之牢狱，甚至设法暗杀以塞其口"。[1] 即便开设于上海租界内的报纸，袁政府也采用"禁止发卖，停止邮递"等手段，以逼迫这些报纸改用洪宪纪年。[2] 北京的舆论自然更为整齐划一。《顺天时报》托赖日本外务省的势力，成为北京唯一持反袁立场，却仍能正常出版的报纸。它对帝制时代北京报界的记录是："自帝制问题发生，北京报纸趋于一种势力之下，俨与政界冶为一炉，凡关于鼓吹帝制及驳斥反对党之稿，多由筹安会撰拟，分送各报，对于此等稿件，各视其所享之权利，以尽相当之义务。"[3] 舆论不仅不能代表公众意见，反而伪造民意，虚托公论，这种状况招致《顺天时报》的严厉抨击：

> 至于报纸等类，其数虽多，而真能代表舆论者，实如凤毛麟角，即如帝政问题，各机关新闻每虚张声势曰，举国一致，举国一致。殊不思人心不同，各如其面，加以地位党派感情利害之差异，更安能同出一辙，今谓全国之中无一人反对帝政，宁非欺人之辞？[4]

---

1 《尊重言论》，《顺天时报》，1916年7月12日。
2 《申报》，1916年1月26日。
3 《北京言论界之今昔》，《顺天时报》，1916年4月21日。
4 《为政者须洞察社会之暗流》，《顺天时报》，1916年1月23日。

这种批评，虽有《顺天时报》自己的立场在，却不能不说道出了当日的实情。

1916年3月22日，袁世凯在内外压力下，被迫宣布撤销帝制，恢复使用中华民国纪元。全国舆论一片倒袁之声，北京舆论界也出现了解冻的迹象，"政府之干涉威压亦较前稍宽。又天津之公民日报，措辞激烈，近在东单牌楼设分所，行销甚广，无人干涉。茶馆戏园读报之自由亦渐恢复"。冰山将倾，拥护帝制的报纸也纷纷转向，如薛大可主持的"元勋报"《亚细亚报》不仅将报头纪元改为"大中华民国五年"，并且立即将护国军领袖蔡锷等人的称呼由"国贼"改为"将军"。[1]

6月6日袁世凯病逝，黎元洪继任大总统。同月，内务部发出电令，将以前禁止发行邮递挂号的二十余种报刊一概弛禁。7月16日，黎元洪以大总统名义废止袁世凯政府1914年4月颁布的《报纸条例》。自此以至1918年10月段祺瑞内阁颁布新的《报纸法》为止，公共舆论处于无法律监控的真空状态，与民国元年的景况颇为相似。7月22日，上海《申报》《新闻报》《民国日报》等十一家报馆联合开会，欢送国会议员北上。大会提出："排除恶政，建设良谟，报馆与国会应同负责任。"更有演说者指出："无报纸，民意何以上达，报纸处于一国之中，实占最重要之地位。"[2] 舆论的重要性又一次得到重视

---

[1] 《北京言论界之今昔》，《顺天时报》，1916年4月21日。
[2] 《报界欢送国会议员纪事》，《申报》，1916年7月23、24日。

和张扬。至1916年底，全国报纸从130—150种增加到289种，比前一年增加了85%。[1] 这个时期报业发展最大的有利条件，是民众已经养成阅报的习惯，"凡有文字之知识者，几无不阅报，偶有谈论，辄为报纸上之记载"。因为民众可以读到代表不同意见的报纸，他们渐渐养成了对报纸水准和新闻可信度的判断力，这也反过来促进了报界思想上的进步，戈公振将这种状况称为中国报界的"一线曙光"。[2]

北京为洪宪时期摧残舆论的重灾区，加之议员北上，国会重开，报界的复苏最为明显，仅仅两三月内，复刊和新办的报刊就有七十余家。[3] 这些报纸代表不同的利益集团，形成了众声喧哗的舆论局面："近数月以来，京内新闻事业，异常发达，商家政客以及党派，莫不各有一张报纸以发表其意思。"[4] 国务院于8月初在中央公园举行招待报界茶话会，国务院秘书长徐树铮致辞，表示："新闻记者之职任对于国家及社会均甚重大，且为国家与社会间之枢纽。"8月4日，张继、谷钟秀等国会议员又宴请报界人士，希望国会与报纸共同发挥监督作用。[5] 当时甚至有论者称："北京报纸最进步最上轨道之时代，不在民

---

1 方汉奇：《中国近代报刊史》，第726页。
2 戈公振：《中国报学史》，第162页。
3 《京师报纸之复杂》，《顺天时报》，1916年9月3日。
4 《律师也要办报》，《顺天时报》，1916年10月16日。
5 《国务院招待报界茶话》，《顺天时报》，1916年8月3日。《各要人宴请北京报界》，《申报》，1916年8月8日。

国元年民权勃兴之时,而在民国五年与六年民治受创之后。"[1]

然而,报纸数量众多并不代表公共舆论的发达。一方面,经过袁世凯政府的摧残,舆论界元气大伤,大批知识精英或遁隐于海外、租界,或致力于文化建设,精英文化圈与公共领域缺乏有效的沟通与互动;另一方面,北京政府对舆论的控制仍然相当紧密,自1916年至1918年,全国至少有29家报纸被封,19名新闻记者被捕被杀。中国舆论界的状况仍然不容乐观。

小说家、名报人张恨水于1919年加入北京报界,他被《益世报》聘为"看大样"的助手。《益世报》算是当时北京的大报之一,全体职员有五十多人。据张恨水描述,《益世报》的编辑情形是这样的:

> 编辑部是北方三间小屋子,中间是编辑部,一张写字台,上面铺了蓝布,白天是编第二张版面的人主持,也谈不上什么主持,就是他一个人。编些什么呢,第五版,各省新闻,材料是剪报。第六版,是本市新闻,也有投稿的(十九靠不住的新闻),也有通讯社,也有各团体送的。翻过报的另一面,第七版,是副刊,根本不要改动。至于版面,也是天天画一的版面。因为投稿人,都是事先约好了,一个人担任好多字。第八版,是广告。大概这位先生,自下午一点钟起,四五点

---

[1] 戊午编译社:《北京新闻界之因果录》,《民国日报》1919年1月9日,引自《中国近代报刊发展概况》,第172页。

钟完工，我看着，时间差不离。有人就问："这先生就是一个人吗？"我说："还有一个人，是三版一个校对。"你看，这玩意儿简单不简单。

我们算是编三、四两版，要晚上九、十点钟才动手。这又不在编辑部里那张桌子上工作了，在三间屋子里总编辑室里编辑，一张写字台，上面堆着通讯社来的几十份稿子。上面有两份自家特约的来稿，其实，这特约来稿，也一点不稀奇。一是总统府的"辕门抄"，就是那时有什么人来见总统。此外，他一点不知道。二是各机关里一点点小事。有时，他们也拉扯大事，简直牛头不对马嘴。新闻稿子来齐了，总编辑就坐上他的座位，将通讯社的稿件，分门别户，用剪刀这么一剪。剪完了，将类似的新闻，放在一处，这就开始编了……大概自九点半钟起，到两点钟，新闻也就编完了……至于一二两版，那就完全是广告，总编辑在所不问。[1]

由天主教出资主办的《益世报》，尚且如此等因奉此、敷衍塞责，遑论其他报刊？在北京，大部分报纸仍然延续着袁世凯时期的恶劣状态，或流为政党之工具，或沦为谋利之机关，"十有八九，了无生气"。戈公振在《中国报学史》中指出，北京为政治中心，"舆论颠倒，道德堕落，因利津贴而办

---

[1] 张恨水：《四十年前的北京报》，《中国近代报刊史参考资料》（下册）（北京：中国人民大学新闻系，1982），第786页。

报者有之，因谋差缺而为记者者有之，怪状尤百出"。[1] 更有甚者，只是为出报而出报，"用他报之文字，换自己之报名，仅印一二百张，送给关系人阅看而已"。[2] 多数报纸的规模也小得可怜，全体职员不过"编辑、仆役各一人，既无机器以印刷，又无访员之报告"，[3] 以每日1000份计算，印刷费每月只需200元左右。内容则全靠剪贴他报材料，及收罗免费的通讯社稿维持，当时北京报界流行用语，称剪子、糨糊、红墨水三样为"报之素"，又叫"新闻胆"。[4]

张恨水后期的纪实小说《记者外传》，详细忆述了当时北京报业的状况。主人公杨止波和张恨水一样，以前担任过外省报纸的主编，来到北京后，对首都报纸这种办法感到"很是纳闷"：

> 我们要在外省办一张日报，也要弄个营业部，一个杂务房，一个编辑部，一间排字间，一个机器房，一间会客厅，再弄几间房，报馆里人住的。他说借人家三间屋子，就可以开报馆，这个我真有些不懂。

---

[1] 戈公振：《中国报学史》，第283页。

[2] 管翼贤：《北京报纸小史》，《中国近代报刊发展概况》，第409页。

[3] 熊少豪：《五十来年北方报纸之事略》，《中国近代报刊发展概况》，第434页。

[4] 戊午编译社：《北京新闻界之因果录》，《民国日报》1919年1月9日，引自《中国近代报刊发展概况》，第168页。

杨止波的朋友王豪仁，深谙北京报业情况，他的解答是："要知道现在京城里办报，多数不是营业的，一家报不过印个几百份，还有印个几十份的……至于你说的跑新闻，根本他们就不跑。晚上进了编辑部，把通讯社稿子一发，就算完了。"[1] 他建议杨止波只能在小报社暂时栖身，将来想法子进大报馆。不过，他紧接着提醒杨止波："那个《顺天时报》是日本人开的，去不得。去，日本人也不会要。"但是，杨止波听朋友说"北京报纸，就只有日本人办的《顺天时报》销路好，而且只有它装有卷筒机"，忍不住想去看看，结果在他眼前出现了当时北京罕见的楼房：

> 这就是北新华街，《顺天时报》就开设在这儿。以前军阀时代，老百姓是被欺负得可怜的。可是日本人，就什么全不在乎。所以这家《顺天时报》，在当时比别家阔。进了和平门，望着靠东边第一家，这就是《顺天时报》馆。这里青砖到顶，有很大一片院子。院宇前面，盖了一座楼房，算是他们的营业部。从前北京，很少人盖楼房，日本人可不管官家许可不许可，就盖了这一所楼。于今看起来，盖一所楼不算什么，可是当年，而且是一家报馆，那就了不起了。[2]

---

[1] 张恨水：《记者外传》（太原：北岳文艺出版社，1993），第32页。
[2] 张恨水：《记者外传》，第7页。

杨止波（张恨水）看到的《顺天时报》社，这时已经达到了它的巅峰时期，日发行量最高为12000份，成为华北第一大报。[1]小说中提及《顺天时报》独有的卷筒机，开始使用于1916年8月9日，当日《顺天时报》的"论说"回顾了该报自1901年创刊的历史。文中充满了对《顺天时报》在北京乃至中国报界领先地位的得意之情："日本今日各报社殆莫不有此机……盖报纸日刷至十千以上者，非有此机不能应时刷竣，致该日之报纸见于阅者眼帘。而今概算，日本全国利用此机者，不下三百台也。翻观中国方面，在上海之老报者，《申报》《新闻报》两社利用此机，余则未有所闻也。"添设新机器，是因为"我《顺天时报》昨年以来，销行日扩，京津固不待论，即中华全国之各省垣各要埠，阅读本报日益增多"。[2]

《记者外传》中忆述的北京新闻界对这份煊赫一时的报纸的憎恨与厌恶，也确实存在。众所周知，《顺天时报》实为日本外务省的宣传机关。提起《顺天时报》，当时的中国知识分子既不免先天的厌恶之情，却又无法否认它的社会影响力。报人龚德柏称《顺天时报》是"最讨厌而最有销路的报纸"，"只有它敢登载一切不利于中国与政府要人的消息"。[3]鲁迅虽轻蔑

---

[1] 甘惜分主编：《新闻学大辞典》"中岛真雄"条（郑州：河南人民出版社，1993），第759页。一说为3万份，见戊午编译社：《北京新闻界之因果录》，《民国日报》1919年2月4日，引自《中国近代报刊发展概况》，第184页。

[2] 《本报之一进程》，《顺天时报》，1916年8月9日。

[3] 陶英惠：《对〈林白水先生传〉的几点补充》，《传记文学》15卷4期，1969年。

地称《顺天时报》是"日本人学了中国人口气"的报纸，自责这种报纸能在中国"跳梁"，是因为"国人之不争气"，但也承认它"间有很确，为中国人自己不肯说的话"。[1] 对《顺天时报》批判最猛烈的大概是周作人。他在1924年的《李佳白之不解》中指斥《顺天时报》"他们所幸所乐的事大约在中国是灾是祸，他们所反对的大抵是于中国是有利有益的事"，在晚年所作《知堂回想录》中，他将《顺天时报》与《申报》《新闻报》等外资报纸比较，指出《顺天时报》讨嫌的根源在于"政府主持"：

> 凡是不曾于民国早年在北京经过些时候的人，决不会想到日本人在中国所办的汉字新闻是怎样的岂有此理的可气。本来中国的报纸最初都是外国人办的，如上海的《申报》和《新闻报》都是如此，但那是外国商人主意为的赚钱，不像日本的乃是政府主持，不但诸事替日本说话，便是国内琐事也都加评论指导，一切予以干涉。[2]

这种民族主义的义愤是很可以理解的。不过，《顺天时报》从清末的惨淡经营，至1920年代成为"华北第一大报"，再到

---

[1] 鲁迅：《忽然想到（十至十一）》《"公理"的把戏》，《华盖集》，《鲁迅全集》第3卷，第71、130页。

[2] 周作人：《知堂回想录》（香港：三育图书有限公司，1980），第431页。

1930年遭读者抵制而停刊，这一销量和影响的坡形曲线，恰恰说明《顺天时报》并非始终只是"日本在华的宣传工具"那么简单。它在1910年代晚期的热销和在北京乃至华北民众中的巨大影响，证明它为读者提供了他们需要的信息，也承载着相当一部分读者的舆论诉求。

对于《顺天时报》在1910年代晚期的崛起，新闻史家一般偏向于从外部环境加以解释，将之归结为中国报纸的言论不自由与外国报纸的"治外法权"。如胡道静称："当军阀拥权自重，相互混战之时，本国所有的报纸，对于国内一切关于政治军事的最近新闻，都很难迅速准确报道，这样，给日本的通讯社和报纸一种机会，把持国内新闻界凡十余年之久。"[1] 黄福庆则指出："中国的报业是在动辄得咎的生死边缘中求生存，因此新闻业者，无不在惶惶不可终日的情况下，发行报纸。相反地，中国报纸愈受到取缔，日本人的报纸则相对兴隆发展，纵然他们的言论涉及中国内政，因有治外法权的保护，中国政府及各军阀对它也无可奈何。"[2]

这些解释确实道出《顺天时报》在1916—1918年迅速崛起的外部条件。由于它处于日本政府荫庇之下，中国政府不能直接查封这份报纸，只能通过禁止邮递和在外埠销售等方式进行

---

[1] 胡道静：《外国在华报纸》，引自《中国近代报刊发展概况》，第601页。另见张静庐辑注：《中国出版史料补编》（北京：中华书局，1957）。

[2] 黄福庆：《近代日本在华文化及社会事业之研究》（台北："中研院"近代史研究所，1982），第219页。

封锁。据说袁世凯的特务机关曾经设法谋杀《顺天时报》社的华人编辑，也由于日方的保护未能得逞。[1] 另如当时日本的顾问人员遍布中国各地，自1912年至1916年，受聘于中国各省的日本顾问达1155人之多，其中尤以直隶、奉天、吉林三省占二分之一以上，对于身处北京的《顺天时报》来说，这些日本顾问都是极好的新闻资源。[2] 日本的三大通讯社（东方通讯社、联合通讯社和电报通讯社），也在此期间先后成立，并在中国各大城市设立分社，也给日资报纸带来中国同行无法享有的便利，再加上日本政府的经费津贴，才赋予了《顺天时报》独霸华北的实力。《顺天时报》也从来不讳言它是一家日本人办的报纸，甚至还以自己享有言论上的治外法权为傲。[3] 张勋复辟时，外界盛传其部下将围攻《顺天时报》社，该报编辑对此付之一笑。当张勋出面辟谣，并表示要派兵保护报社时，该报负责人谢绝的理由居然是"敝国已有驻扎军保护本国人，毋劳贵国之兵士"。[4]

袁世凯政府对舆论的钳制，反而造就了《顺天时报》在反袁舆论方面的垄断地位。《顺天时报》最初对袁世凯称帝持旁观态度，及至日本政府公开反对中国实行帝制后，《顺天时报》

---

1 戊午编译社：《北京新闻界之因果录》，《民国日报》1919年2月4日，引自《中国近代报刊发展概况》，第185页。

2 黄福庆：《近代日本在华文化及社会事业之研究》，第225页。

3 "乃近闻中国当道谓外人所经营之新闻煽动人心，欲谋取缔之法。……乃欲以一手掩尽天下目，希望具有言论自由之外国新闻亦如御用纸之造谣附和，岂非大谬乎？"《人心汹汹之由来》，《顺天时报》，1916年1月8日。

4 《复辟后谣言种种》，《顺天时报》，1916年7月6日。

利用其有利的位置，扮演了反对帝制言论的主角。如 1916 年元月，袁世凯宣布改变国号，云南蔡锷等人誓师护国，京中报纸对蔡锷、唐继尧等人一片责骂之声，《顺天时报》即于 1 月 6 日发表论说《是谁为叛逆耶？》：

> 云南军民长官宣告独立，其宗旨纯系反对帝政、维持共和，不得视为强盗匪徒。都中各报记载滇事，多用逆贼叛逆背叛国宪么么小丑等字样以痛诋蔡唐任诸人。据吾人所见，改变国体本系二三官僚之所主张，用威迫利诱手段而制造民意，并摧残报纸，压迫言论，以防天下之口，而美其词曰"天与人归"，其心事卑劣已极，此等行为非背叛国宪而何？而当局任其所为，置之不问，现在中华民国未全消灭，唐任诸人为维持国体计，毅然宣告独立，其志足壮。噫，维持国体者为叛逆耶？假借民意而改变国体者为叛逆耶？天下自有公论。[1]

帝制分子借助收买、打压舆论界，组织请愿团等种种手段，向中外表明帝制复辟是出于"民意"。《顺天时报》恰恰在这个问题给予帝制派以致命的打击，先是指明外国政府不相信民意拥护帝制的谎言，[2] 接着连续报道上海报纸不愿使用洪宪纪年，[3]

---

[1]《顺天时报》，1916 年 1 月 6 日。

[2] "至于真正民意所在，即在不望变更国体之一事，是则一般外人所确信也。"《英文北京日报之自缠自缚》，《顺天时报》，1916 年 1 月 12 日。

[3]《强迫削去民国纪年》，《顺天时报》，1916 年 1 月 15 日。

南省商家账簿也仍然使用民国年号，其结论为："可知人民之恶见洪宪二字，与政府之恶见民国二字，其情形正复相等也。"[1] 帝制时期，《顺天时报》上反对袁世凯、支持南方护国运动的言论和新闻比比皆是，而且它有独特的销售渠道，除了依靠派报所，遍布北京的日本洋行也多成为该报代销点，所以不惧怕袁政府的投递封锁。[2]

《顺天时报》凭借反袁的姿态造成巨大的社会影响，销量节节上升，连袁世凯本人日常阅读的唯一报纸也是《顺天时报》，为此袁克定等人不惜耗资3万元假造一份拥护帝制的《顺天时报》专供袁世凯阅读，以坚定他称帝的信心。[3] 洪宪帝制落幕后，《顺天时报》社长龟井陆良得意地说："（本报）以不偏不党之见地，扶植方兴未艾之势力，而反对倒行逆施之旧势力，拥护中国已成之共和，使政治渐趋于正轨，庶不至内乱频仍，而导国家于危亡之域。"[4]

需要指出的是，《顺天时报》从旁观到反袁的姿态调整，并非出于报纸自身立场，而是与日本政府对华政策的变动直接相关。随着欧战的深入，日本政府也不愿意继续加深中国民众对日本的恶感，从而将中国推向敌对的立场。自从提出

---

1 《南省多不行用洪宪年号之所闻》，《顺天时报》，1916年1月16日。

2 "广告"，《顺天时报》，1916年1月22日。

3 袁雪静：《我的父亲袁世凯》，转引自黄河：《北京报刊史话》，第36页。戈公振《中国报学史》将《顺天时报》误为《时报》。

4 《告别之辞》，《顺天时报》，1916年6月15日。

"二十一条"的大隈内阁倒台以后,继任的寺内内阁改变策略,希望能与中国加强经济和军事合作,进而将中国拉入协约国集团。[1]因此日本对合法中国政府提出的要求是:"(一)强固政府,(二)依据民意且适法之政府。"[2]根据日本政府的这一态度,《顺天时报》警告袁世凯政府,压制言论自由可能会招致列强的干涉:"吾愿当局深自反省,纵不能真正尊重反对者之意见,以示雅量,亦应宽容反对之意见,俾其自由发表,勿徒借辞治安,妄事压迫,若不知自改,续行此专制的行动,吾恐列国益将非议中国之非文明半开化的政策,且将以未开化非文明国之手段相对待矣。"[3]

《顺天时报》秉承日本政府态度反对袁世凯,虽然是机关报本色,却与当时中国民众的政治诉求相吻合,其客观效果正如黄福庆指出的:"该报的反袁言论固然与本国政府的政策相配合,而又能巧妙地对当时中外主客观情势,做有效运用,其堂皇之言论,使中国人都感到顺天时报的言论才是真正关心中国的前途而仗义执言,因此国人也刮目相看。"[4]在不否认《顺天时报》的机关报性质与政策导向的同时,我们必须看到,整份报纸在北京社会的地位,并不像后人想象的那样直接和简单。

---

1 张国淦:《对德奥参战》,章伯锋主编:《北洋军阀》第2册(武汉:武汉出版社,1990),第74页。
2 《英文北京日报之自缠自缚》,《顺天时报》,1916年1月12日。
3 《论尊重言论自由》,《顺天时报》,1916年1月25日。
4 黄福庆:《近代日本在华文化及社会事业之研究》,第296页。

在讨论报纸与读者关系时，新闻理论家沃尔特·李普曼指出，一方面，"人们对新闻机构的批评表达了共同体的道德标准，他们期望这种机构应该像学校、教会或其他决不等于严格按照教义或者某种道德文化形态规定的方式去陈列新闻，而是如何激发读者情感，使他与所读内容产生共鸣……读者必须通过个人的认同，像参与演剧一样参与新闻。"[1]因此一份报纸能否吸引众多读者的关键，在于两点：（一）它能否符合读者的道德标准；（二）它能否吸引读者参与它的话题。

《顺天时报》作为日本外务省机关报，当然不可能始终契合中国读者的道德标准，尤其现代史上中国和日本关系阴晴难测，《顺天时报》的立场自然随之摇摆不定。不过，在特定历史时期，《顺天时报》的价值评判有可能持一种"符合读者的道德标准"的立场。早在1908年清末立宪运动掀起高潮时，《顺天时报》即曾连篇累牍地刊登鼓吹立宪运动的文章。由于清朝政府同样实行舆论高压政策，《顺天时报》在北京报纸中也是一枝独秀，销量迅速提高。屡屡有读者来信发表对国是的意见，以致编者在"论说"宣称："念中国为预备立宪之时代也，则我《顺天时报》亦即为预备立宪之报章也。"[2]这是《顺天时报》第一次因立场符合读者需求而在公共生活中发挥重要作用。

---

1 李普曼著、阎克文等译：《公众舆论》，第256、280页。
2 "顺天时报二千号记"，《顺天时报》1908年10月16日。

从袁世凯帝制到府院之争、公民团事件，再到张勋复辟，《顺天时报》所持的立场，固然有日本的利益为驱动，客观上却也与中国的进步舆论差之不远。事实上，当时并不是拥有言论自由权利的外资报纸都能得到中国读者的认同。如《益世报》，就因为附和帝制，而遭到许多读者甚至部分天主教徒的反对，连《大公报》创始人英敛之也致信该报主持人，指责《益世报》"势迫利使，遽变宗旨，丑态百出，犯社会之公愤，南北各报排斥之来者已不一见矣"。[1]《顺天时报》1930年因派报员和读者的抵制而停刊，也证明此类报纸是否能为中国读者接受，视乎其能否符合中国读者的道德标准。

综而观之，《顺天时报》在1916—1918年的崛起，不应仅归功于对政府禁止报道事件的新闻垄断，来自日本商业报系的运作模式和办报策略，也使《顺天时报》在北京众多政论型报纸中独树一帜，从而成功地让自己充当了构筑北京民众社会生活的重要媒介，也给相对落后的中国舆论界提供了参照和示范。

个案分析：报道方式与版面编排

《顺天时报》初创于北京时，日出两大张，第一、三、五、六各版广告，第二版宫门抄、上谕、论说，第四版各地通讯、小说、文苑，第七版路透电报、东京特电、时事要闻、京师要

---

[1] 陈垣：《天主教徒英敛之的爱国思想》，《大公报》，1951年4月20日。

闻等。报纸版式与《大公报》《申报》基本相同，即使后来加载的白话论说和新闻，也与《京话日报》《大公报》附张《敝帚千金》差别不大。1916年后的《顺天时报》吸收了日本报纸从"高级报纸"（政党报纸）向"大众报纸"转型的先进经验，开始表示出与北京司空见惯的"政党报纸"不尽相同的面貌，连反感日本报纸的新文化同人也不得不承认"他的议论主张如何姑且不论，他的排列比国内一般报纸好，新闻极醒眼，并且有插画"。[1]

民元以后的《顺天时报》，每期八版（星期一为四版），其中二版为论说和要闻，四版为地方新闻，五版为文艺副刊，刊载小说和剧评，七版为外国新闻及本京新闻、时评，其余版面全为广告。大约自1916年7月起，三版增加大半版刊登来件，内容既包括各界人士对政治事件的看法，也有如《统一言文议》《北京电灯事业之亟宜改良》等对社会、文化问题的见解。七版继续刊登颇有特色的小栏目"冠盖往来"，专门刊登要人进出北京的行踪，并自1916年7月6日起登载农商部观测所发布的天气报告。这样，《顺天时报》的整体内容表现出针对读者需求的梯阶性，可以同时满足"高级报纸"和"大众报纸"两类读者的信息需求。有意思的是，七版纪实性的"本京新闻"有时会对二版政治性的报道构成明显的消解。如府院之争后，二版宣扬"都门平靖"，七版却报道戏园生意冷落，

---

[1] 明生：《旅中杂感》，《每周评论》12号，1919年3月9日。

依靠警厅的命令才能勉强维持演出。[1]

《顺天时报》创自清末，当时北京民众对报纸的观念极度淡漠，以致在京发行的几家大报如《京话日报》《大公报》《顺天时报》都不约而同地强调用白话来撰写论说与新闻，以求与中下层社会民众沟通。民元以后，政党报纸当道，这一启蒙传统几陷于停顿。《顺天时报》的白话分量亦大为减少，但仍保留每周一篇的白话论说——每个星期一二版头条的"漫言"。不过这个栏目的文章已不满足于如早期白话报论说那样，直接翻译文言评论，而是发展为另一种文体，类似李欧梵所说的"游戏文章"：作者站在读者的立场上，"用滑稽的形式或明或暗地来讽刺政治和社会"，多使用"反讽"或"嘲讽"的语言形式。[2] 如 1 月 31 日的"漫言"《取缔报纸妙法》全篇使用反语：

> 取缔报纸，方法很多，或加妨害，或加压制，现在政府，亦常常使用这些手段，但是使用这些手段，不是违反了法律，便是违背了条约，不是惹得舆情不洽，便是闹得人心动摇，不独不能达到目的，而且反招种种麻烦……政府若采用了我这个政策，断绝了一切报纸，那处有兵荒，那省有独立，那处打仗，以及外交怎么样，内政怎么样，民意怎么样，

---

[1] 《顺天时报》，1916 年 5 月 26 日。
[2] 李欧梵：《"批评空间"的开创》，《现代性的追求》（北京：生活·读书·新知三联书店，2000），第 7 页。

舆情怎么样，全都没人登载，没人传扬，然后再借警察的力量，把街谈巷议一禁，到那时，全社会的人，都如同瞎了眼睛，塞了耳朵，无论外边闹到什么田地，北京城内，仍旧可保太平景相，这不是一个极好的法子吗？

或是用假想情景来影射时事，如用"律师为盗贼作可笑的辩护"来影射某些政治人物为帝制罪魁开脱的行径："如今被告，虽然抢了衣服，并没有穿过一次，而且不等法庭追赃，便自己送回，足见良心很大，道德很高，那强盗的罪名，是断断不能成立的。"[1] 最常用的手法则是声称照录在茶馆中或道路上听见的民众对国事的谈论。如张勋复辟后的一篇"漫言"中，作者先表明"昨天星期，记者到前门外，观察战后的景况，并想听一听都民的舆论"，然后借路人之口，对重要人物一一点评，认为黎元洪"本是一个忠厚老实人，道德有余，才干不足"，张勋则"本是一个极混的人，和义和团差不多"，"王士珍江朝宗吴炳湘三个人，都是抱定看风使船，谁强随谁的主义……像这样婢膝奴颜，朝秦暮楚，你想还有人味吗？"唯独对段祺瑞大加颂扬，称他"极刚强英明"。[2] 文章倾向虽然仍须迎合日本政府对华态度，但以其他材料证之，不难发现这些评价确实反映出当时北京民众的普遍心理——当然，这种心理

---

1 《星期听审》，《顺天时报》，1916年5月22日。

2 《战后之人物评》，《顺天时报》，1916年7月16日。

的形成本身也有舆论塑造的成分。

与中国报纸相比，日本报纸一贯较为重视文艺版面与社会琐事。服部宇之吉于1904年编纂《北京志》时指出："清国报纸之特色为：报道及文章均很简单；有关文学美术之趣味性文章甚少；有关社会事项之记述亦少。"[1]《顺天时报》不少报道一反中国报纸记述政治事件一本正经的姿态，转而关注政治场景中的细节。如1916年10月17日国会重开后，在二版增设栏目"议场杂观"，将参众两院会议时的千姿百态公之于众，第一期即有小标题如下：（一）交头接耳者何多；（二）发票脱落之错误；（三）克君几乎跌倒哉；（四）休息后逃席者之多。[2]这种展示政治运作内情的现场性新闻在读者中引起了很大的反响。有读者投书报纸，称"从前我把这些议员，看得很是尊贵，不料这里边，还有些捣蛋鬼哪，明着也是人民的代表，暗中怀着一肚子鬼胎"。[3]更有议员来函，要求更正关于他"终朝做梦"的报道，因为他当日并未出席。[4]于此可以看出《顺天时报》新闻报道发生的效力。

第五版文艺副刊也是《顺天时报》的特色之一。《顺天时报》的副刊版有独立的编辑风格，有时甚至会与要闻版形成对

---

[1] 服部宇之吉编，张宗平、吕永和译：《清末北京志资料》（北京：北京燕山出版社，1994），第471页。
[2] 《众议院纪事》，《顺天时报》二版，1916年10月18日。
[3] 《捣乱可怕》，《顺天时报》二版，1916年11月20日。
[4] 《来函照登》，《顺天时报》七版，1916年4月7日。

立滑稽的效果，正反映出《顺天时报》的多层次性。如1916年12月1日，《顺天时报》二版详细记叙黄兴、蔡锷去世情形，并特辟出三、四版刊登社会各界致黄、蔡的挽联，七版则多是各国的唁电和首都各界的悼念情形，只有副刊版大字标题："五伶魔力最终结果之发表"，庆贺刘喜奎成为梨园行的魁首。至于调侃性地选举"花国内阁"，制订"嫖界条例"，更是小报游戏文章的拿手好戏。

副刊版编辑辻武雄，笔名听花，是有名的中国通，穿着长袍马褂，专门出没于戏楼茶肆，捧角听剧，《顺天时报》上大部分剧评都由他和他的朋友撰写。此人颇招将京剧视为国粹的中国人反感，张恨水记录时人对听花的感受是"日本人真是无孔不钻，他在梨园行里，也充起大爷来了"。[1] 其他有剧评栏目的报纸也常常讥评听花与京剧界人士的交往，甚至编造出优伶不接受听花赠药的新闻。[2]

然而，在听花主持下，《顺天时报》对北京戏曲发展所起的作用相当重要，非一般无聊捧角的小报可比。袁世凯去世，黎元洪继任大总统，听花立即在副刊版刊出《对于新总统之五大希望》，指出"戏剧为物，虽曰小道，亦属高等艺术及社会教育之一，且与一国风化颇有密接之关系，故东西文明政府对于戏剧颇极注意"，希望总统可以下令：（一）奖励戏剧；

---

[1] 张恨水：《记者外传》，第50页。
[2] 《驳民视报记事》，《顺天时报》，1916年6月16日。

(二)男女合演;(三)男女同座;(四)表奖名伶;(五)戒饬军警。[1]其时上海和天津的戏园早已实行男女合演和男女同座,听花的主张却在北京引起轩然大波,有人认为这种问题"不值半文",殊无辩论之价值;有人来信指斥"男女合演,男女同座二条,其言词之无识,用意之无味,俨如村野老妇之谈,荡子流氓之语";更有人着文认为表奖伶人会败坏社会风气。[2]然而听花坚持自己的意见,并在副刊上连续发表多篇论说,呼吁"应仿诸文明国办法,取开放主义,以辟从来之固俗"。[3]

1917年5月11日,京剧名角谭鑫培去世。听花连续发表悼念文字,并且用版面正中醒目位置,用二号字刊载《上黎大总统书》,恳请追赏谭鑫培。[4]当时段祺瑞的免职令刚刚下达,府院之争正如火如荼,但大概是碍于《顺天时报》的日本背景和社会影响力,黎元洪于谭鑫培出殡之日派侍卫长送赏金三百元给谭的家属,"并拟送匾额一方"。[5]这件事对戏曲及优伶地位的提高,影响不小。

对市民琐细生活的关注,并提供有关的生活信息,也是报纸接近大众读者的有效途径。《顺天时报》第七版的"本京新闻"通常刊载北京市民可感可知的"小新闻",内容相当丰富。

---

1 《对于新总统之五大希望》,《顺天时报》,1916年6月13—15日。
2 《答镠子君》,《顺天时报》,1916年6月23日。
3 《顺天时报》,1916年6月18、21、23日。
4 《上黎大总统书(为故谭伶恳请追赏事)》,《顺天时报》,1916年5月17日。
5 《黎大总统追赏已故谭鑫培》,《顺天时报》,1916年6月8日。

而市民的意见、建议、声明，也由这个栏目予以呈现。第七版右下角的两个小栏目同样为读者瞩目。一为"冠盖往来"，记载每日由东西两火车站出京入京的重要人物，身处局势动荡的北京，从中可以窥见某些政治动向，有资格列名于上的政治人物对之也相当敏感，屡屡有人投函声明某人出入京消息不确。[1]自1916年7月6日始，第七版在"冠盖往来"左侧，每日登载"农商部观测所"报告的天气预报，也是北京报纸的一个创举。这些栏目虽小，却清楚地凸现了《顺天时报》所力求的本土性，以致后来为北京其他报纸纷纷效仿。

下面笔者借助对两起新闻报道个案的描述，来展现《顺天时报》如何在"舆论真空"的状态下，向公众传达多视角的新闻事实。1916年6月7日袁世凯逝世，持反袁态度的《顺天时报》将此作为中国局势的转折点加以报道，向该报读者预告一个时代的终结。1917年7月1日张勋复辟则属于人人意料之中又不愿见其发生的政治事件，《顺天时报》采取了隐含政治姿态的客观报道方式，全方位地记录下复辟期间北京社会各界的面相。

个案一：袁世凯逝世

自袁世凯宣布取消帝制，《顺天时报》一直穷追猛打，强调袁如不退位，则南北统一无望。1916年4月底，北京仍处于

---

[1] 如公府翊卫副使丹巴达尔齐声明："报载由东站出京，实未出京，请更正。"《顺天时报》，1917年4月7日。

袁世凯政府新闻封锁之下，少有报道各省独立情事，该报即根据传闻（"昨闻公府某武僚对人谈及"）告诉读者，袁世凯因为帝制失败，羞愤难当，在见客时"自批其颊"，[1]编者同时提醒读者，袁系各报已经出现倒戈的迹象，因此袁世凯退位只是早晚的事。[2] 5月2日，《顺天时报》在二版最显要位置刊出《电迫袁公退位之声愈来愈紧》《赞成袁公退位已有十三省矣》两条新闻。5月7日，《顺天时报》又根据"驻京某国公使馆接到驻滇总领事来电"，发表《南北调和断不可望》，反驳袁系各报宣扬的南北调和即将成功的论调。5月21日，《顺天时报》再次向袁世凯发出警告，劝其"宜速退位"，否则"袁氏所酿成之祸乱，将永无消灭之日，届时东西列强为维持亚东和平，救济中国人民起见，或将实行干涉，亦未可知"，但是又断言"吾人料袁氏……宁可牺牲祖国牺牲身家，绝不肯牺牲此大总统之地位，其用心之狠毒固可恶，而其自谋之愚痴亦可怜矣"。[3]《顺天时报》将袁世凯的存在视作南北统一不可逾越的障碍，同时又认为袁世凯自动退位的可能性甚微，对于局势的发展较为悲观。这种信息通过媒体传递给读者，导致袁世凯政府发行的钞票大幅贬值。《顺天时报》关于"报资和广告费只收银元或外国钞票"的声明无疑会加重这种恐慌。[4]

---

1 《袁总统羞愤批颊之一说》，《顺天时报》，1916年4月27日。
2 《帝制报之豹变》，《顺天时报》，1916年4月19日。
3 《袁项城宜速退位》，《顺天时报》，1916年5月21日。
4 "启事"，《顺天时报》，1916年6月4日。

袁世凯于6月6日去世后,《顺天时报》在一天内组织了整版的新闻报道。《袁总统逝世哀词》历数袁世凯继李鸿章后推行北洋新政、与革命党议和终结清朝统治等功绩,最后慨叹:"故数年以来,吾人对于项城虽多责难之辞,然固尝推其为中国第一流人物,并希望其为世界之第一流人物也。孰意晚节末路,运命多艰,因帝制之企图,招中外之非难,近来已有敝屣尊荣之意,筹备善后之言,而天又不假以时日,俾得从容退位,以大白其苦衷于天下。"整篇文字的基调是毁誉各半,既不像袁系各报如丧考妣,亦不如民党报纸欢欣鼓舞,颇符合一般民众对袁世凯的认识。

6月7日整版报道的新闻题目如下:

> 呜呼袁项城逝世矣
> 黎副总统代行大总统职权
> 关于袁总统逝世之通电
> 袁大公子之哀痛
> 六公使访外交部
> 袁总统病革前后之详情
> 袁项城之略史
> 收拾时局之根本义
> 袁总统逝世时之都门现象
> 黎宅门前之新气象
> 昨日之交民巷与火车站

《顺天时报》的新闻特色在于不仅仅关注政治事件表面，而是捕捉该事件可能影响政治局势和社会生活的各个方面。如《袁总统逝世时之都门现象》提及"官吏之私行逃走者项背相望"，连外国使馆也不敢怠慢，"法国公使馆传命旅京人民各从速就避难区域，豫避危害，并有以多量面粉搬入于东交民巷公使馆附近区域者"。派出访员前往东交民巷和火车站，更能让读者感受到这一事件在上层社会引发的恐慌感："北京饭店立时人客充满，连饭厅以内亦有住客甚多……已买车票不得上车者约达二百余。"与上层社会的恐慌相反，在《顺天时报》一系列报道之后，北京市面上较为平静，中国政府发行的钞票币值也有了回升的迹象。[1]

由于通讯的限制，《顺天时报》第二天才开始登载全国各地的反应，报道包括"沪上舆论之一斑""大丧声中之武汉""港人之悲喜相反""昨日之天津情况"。这组报道显然源自各地特派通讯员抢发的电报，"昨日之天津情况"传递出一个与北京局势相呼应的信息："昨晚由京来津者约及六七千人。"香港华人"得袁氏凶耗，各户齐放鞭炮，以吊为贺"的报道，颇可为另一民心反袁的佐证。而"沪上舆论之一斑"由于抢发新闻，翻译电文过急，文字错乱，语意颠倒，不得不于次日重登。虽然是一次新闻小事故，却反过来映衬出《顺天时报》编者的时效意识。

---

[1] 《都门渐复生气》,《顺天时报》, 1916年6月9日。

至6月9日，《顺天时报》的"论说"题为《宜速谋南北妥协》，并配发黎元洪的大幅照片。复于即日起于四版连续刊载《袁大总统略传》。这种编排倾向喻示该报将袁的去世视为中国政局的转机，尤合读者厌乱思治的意愿。

《顺天时报》对袁世凯的评价，与当时普遍的评论大异其趣，不仅仅将袁的失败归结为政治上的反动或错误，而且将之视为新旧思潮交战的牺牲品，6月9日的《收拾时局之根本义》即已指出"袁氏因昧于时代精神之趋势，竟为新旧思潮激战中之牺牲，殊可悲也"，6月11日的"论说"《宜重视新思潮之势力》更有为袁世凯盖棺论定的意思：

> 当风潮鼓荡之际，虽觉风起泉涌，不可端倪，然细按之，要不外旧思潮与新思潮之激战而已。旧思潮为保守的为退敛的，于政治则主张压制主义，于外交则主张锁国主义，于学问则主张复古主义，于风俗则主张守旧主义；新思潮为进取的为开明的，于政治则主张平民主义，于外交则主张开放主义，于学问则主张求新主义，于风俗则主张改良主义，二者之间既绝对相反，其彼此轧轹冲突，固无足怪也……惟时无古今，地无中外，每有旧新之争，其最后之胜利必归于后者，此乃历史进化之公例，虽有绝大势力，莫能破之……袁项城见不及此，妄思以一人之力与时代思潮相抗，虽殚精竭虑，惨淡经营，卒归失败，是殆为新旧激战中之牺牲，而可为后人殷鉴者也。

将袁世凯的去世看作新思潮战胜旧思潮的一个标志，相信是从日本自身民主政治发展的角度出发，正是鲁迅所谓"间有很确，为中国人自己不肯说的话"。

副刊版也难得地配合了一次主报。听花撰文称："夫天地，舞台也，英雄，脚色也。项城一生所演，多富波澜，足惹人目，若有才人搜集其行事，排纂戏剧，令俳优扮演，必大博台下之喝彩可知，为项城者，虽死犹无恨……惟项城晚节为小人所误，企图大志不成，因以牺牲其身。故后世剧中扮项城化装者，必为净脚，与曹操司马懿相同，接受座客之叱斥，不稍可惜耶？"[1] 这篇文章发表半年后，袁世凯"哭哭笑笑，光怪奇离之种种事绩"果然编成连本新剧，于天津上演，"从其幼年时代直至因做洪宪皇帝未成一病气死而止，共计三十二本"，[2] 虽不能肯定出于听花所倡，但袁世凯事迹颇具戏剧性和市场卖点，乃是时人的共识。

个案二：张勋复辟

张勋复辟事件，始于府院之争。以段祺瑞为总理的内阁力主中国参加协约国，而黎元洪持不赞成态度。府院之争愈演愈烈，在宣战案提交国会之后，段系分子发动了公民团事件：1917年5月，"是月十日，国会开全院委员会，审查宣战案。忽有街市流氓，杂以兵士，约数千人，自称'公民请愿团'，

---

[1] 《呜呼袁项城》，《顺天时报》，1916年6月9日。

[2] 《袁世凯新剧业已开演》，《顺天时报》，1916年12月10日。

将国会层层包围，各执请愿旗帜，要求当时将宣战案通过，否则不许议员出院。议长即将全院委员会改为大会，议场大哗，连电政府诘问，请总理会同内务总长到院制止……段、范到院时，所谓公民团愈逼愈多，旋散旋聚。段令巡警总监吴炳湘解散，延至晚八九时许，始陆续遣去。"[1] 5月23日，黎元洪下令将段祺瑞免职。然而继任者李经羲为督军团所阻，无法到任。张勋趁机出面自任调停，黎元洪不得已召张勋带兵入京。于是复辟的闹剧开场。

日本政府对中国参战的态度，原本是极力怂恿，《顺天时报》也一直对段祺瑞抱有好感。然而公民团事件发生后，日本外务省致电驻华公使、各领事、关东都督，表示：

> 由于段总理免职而爆发的中国事变，纯系国内政争。因此帝国政府根据过去已向中外声明的对华方针，只要我重要利益不受侵犯，必须保持绝对不干涉态度，不偏不倚，观察时局的发展……此时特别注意尽量避免引起社会人士误会和怀疑的言行。[2]

相较于日本外务省的态度，《顺天时报》的姿态要激进得多，公民团事件发生的第二天，该报即在"论说"中猛烈抨击

---

[1] 张国淦：《对德奥参战》，章伯锋主编：《北洋军阀》第2册，第88页。
[2] 章伯锋主编：《北洋军阀》第2册，第130、131页。

此次事件"今若以武力压迫国会，强制宣战案通过，则是以武力钳制言论自由而违背民国精神，泯灭共和国体，使民国主义一变而为军权主义"。并且批评段祺瑞："吾人平日常以段总理为热诚爱国之贤者，且目为共和国模范的总理，及见昨日之现象，始悉段氏仍未脱专制魔王之遗风，其部下蠢动之官僚均为破坏共和者。"[1] 另一篇"漫言"则指出段系分子的行径是"学了洪宪时代的戏法"。[2]

段祺瑞免职令下，《顺天时报》几乎是兴高采烈地推出了整版报道，并将这组报道的总名题为《春雷一震 阴晦始霁》。报道中竭力表明免段令不曾引起政局动荡和社会恐慌："不特都门一隅，现状安靖，即各省军民长官，亦了然于中央之应时措置。"[3] 而且告诉读者，各国公使团对此事件都持中立态度："协商国虽希望中国之参战，然强制中国参加战争，违中国多数国民之意志，使政局益生混乱之虞，则协商国断不忍为。"《顺天时报》强调，不仅仅是中国的民意反对参战，"所谓日本，所谓英国，其国民之大部分均不愿中国强制的参战，即当两国驻京公使会议决定方针之时，亦皆尊重其本国之舆论与中国之舆论，视为一种主要势力"。[4] 这可能道出了日本国内对于中国参战态度分歧的部分事实。

---

[1] 《言论自由与武力干涉》，《顺天时报》，1916年5月11日。
[2] 《戏法变砸了》，《顺天时报》，1916年5月14日。
[3] 《政治新气象之种种表征》，《顺天时报》，1916年5月26日。
[4] 《协商诸国之态度》，《顺天时报》，1916年5月24日。

可是没几天，《顺天时报》自己的报道就揭破了它描述的"政治新气象"：议员和官吏纷纷逃离北京，车站拥挤不堪，戏园门前冷落，报馆纷纷停刊，市面重现萧条景象，纸币大幅贬值。[1]七版新闻对二版要闻的消解，体现出纪实性报道和姿态性言论之间的冲突，在《顺天时报》上类似情况屡见不鲜，反映出的是《顺天时报》"政党报纸"与"大众报纸"的多重属性。

虽然曹汝霖等人一再向日本方面保证，张勋绝对不可以发动复辟，张勋对外亦不断声明无意复辟。[2]然而作为消息灵通的报人，《顺天时报》的编者不会对复辟一事毫无所知。事实上，张勋入京目的在于实行复辟，在清朝遗老中已是公开的秘密，甚至招致部分遗老的反对。而顺天时报社长龟井陆良等日本人与郑孝胥等遗老颇有交往，应该对张勋的动向有所了解。[3]

1917年7月1日，张勋悍然发动复辟，宣统于下午一时发出上谕。《顺天时报》以最快速度加印"号外"，"以饷京中阅者"。第二天，北京停刊以示抗议的报纸达14家之多。[4]《顺天时报》虽未停刊，但当天停止一切其他版面，除了第五版重印宣统上谕，用了整个二版和七版报道复辟事件。二版的报道

---

1 《顺天时报》七版，1916年5月29、31日、6月6日。

2 《张巡使深明大义》，《顺天时报》，1916年5月26日。《张督军入觐前宣统》，《顺天时报》，1916年6月17日。

3 劳祖德整理：《郑孝胥日记》第3册（北京：中华书局，1993），第1662、1664页。

4 方汉奇主编：《中国新闻事业编年史》（上），第832页。

总标题为《宣统复辟 民国告终》，分标题如下：

> 清朝复辟之经过
>
> 张宅之秘密会议
>
> 张勋历访清皇族
>
> 昨日市内之情形
>
> 列国公使会议
>
> 李经羲之出京
>
> 张勋之东山遗风
>
> 得意之张勋
>
> 大总统直斥王士珍
>
> 昨晚传心殿之会议

这再次体现出《顺天时报》全方位把握重大新闻的能力。而且，《顺天时报》并未为列国公使会议"暂时应采从来同样之旁观态度"的决议所限，仍然在复辟当日以维护共和的姿态预言了复辟的失败："宣统复辟足以悦服人心乎？恢复帝制能得富国强兵乎？吾人断言上谕中改变国体之理由毫无根据……虽告一时之成功，然天定胜人，必有悔过之一日，不难预料。"[1]

鲜明的言论态度以外，《顺天时报》仍恪尽新闻记者的职责，独家记录了复辟当日北京的真实情形：

---

1 《复辟与人心归趋》，《顺天时报》，1916年7月2日。

内外城商家于午后三时皆陆续高揭黄色龙旗,各路车站电报局等处皆有张勋之兵把守,地方秩序尚属安静,街上人民较常增多,盖多系瞧热闹者,其神色有欣然而喜者,有面带忧愁者,是日中央公园因系清室社稷坛,故将游览券亦停售矣。下午二时及四时,京奉路前门车站搭车赴津者顿形拥挤,尤以妇孺为最伙,盖多系各部司员之眷属云。但总统府内土山上尚揭挂五色国旗,而财政部参谋本部于下午仍有五色旗飘扬飞舞,其他各部于五色旗及黄龙旗均未揭挂。[1]

整座城市并不像外地读者想象中那样混乱,七版的"本京新闻"如《旗人欢喜若狂》《戏园减售半价》,更让人意识到也许北京普通民众对国体变更并不如知识分子那样反感。这对于将革命的希望寄托于民众身上的启蒙知识分子来说,是一个颇为沉重的打击。难怪在身处其中的周作人笔下,那是一个如此平静而烦闷的夏日:

七月一日是星期日,因为是夏天,鲁迅起来得相当的早,预备往琉璃厂去。给我们做事的会馆长班的儿子进来说道,"外边都挂了龙旗了。"这并不是意外的事,但听到的时候大家感到了满身的不愉快。这感情没法子来形容……当时日记

---

[1] 《昨日市内之情形》,《顺天时报》,1916年7月2日。

上没有什么记载,但是有一节云:"晚饮酒大醉,吃醉鱼干,铭伯先生所送也。"这里可以看出烦闷的情形。

对于周作人而言,因为亲身经历的缘故,张勋复辟的刺激比洪宪帝制还要大得多,除了对中国政治局势的失望,也包含着对麻木的民众的痛心,故而"深深感觉中国改革之尚未成功,有思想革命之必要"。[1]

随着段祺瑞马厂誓师和反张军队的逼近,恐慌不可避免地降临古老的京城。《顺天时报》的"本京新闻"中充斥着复辟带来的社会生活的变化:年号改用宣统,公文也改题旧历,"中华门"的匾额撤下来换成"大清门",这些都是意料中事。让人惊异的是正阳门火车站和东直门车站两日内竟收入七十余万元,"此事洵为火车设有以来未有之收入";而因为要人纷纷出京,无人使用电话,电话局蒙受了巨大损失;张勋的辫子兵横行街头,对稍有不敬的路人大打出手,店铺伙计的几句闲话招来了牢狱之祸;民元以来低眉顺眼的旗人又开始趾高气扬;邮递暂停,商铺关门,火车停开,大批旅客滞留车站;金价暴涨;烟腊铺也随着食品供应紧张大发洋财;法国兵开出东交民巷保护教堂……《顺天时报》在北京多数重要报纸停刊的情形下,全面展示了复辟时期北京城的方方面面。[2]

---

1 周作人:《知堂回想录》,第319、324页。
2 "本京新闻",《顺天时报》,1916年7月3日—7日。

7月12日，反张军队攻入北京。《顺天时报》的新闻机动能力又得到一次发挥的机会。7月13日，该报用了四个版面来刊载"昨日战况见闻记"，分标题如下：

天坛方面之形势	正阳门与前门大街
空军之侦察	昨日外人之负伤者
段总司令来电之传闻	张勋竟惜命乎
昨日与战之军队	新华门外之糜烂情形
战后之南河沿一带	东局电话一时不通
北京医师会之美举	安定门内之匪患
一部分之禁阻	军警机关已改五色旗
昨日都门特别戒严	开战前之情形
开战前后之张宅	

如此详细周密的战况报道，似乎应归功于《顺天时报》与日本情报部门的密切合作。而能够体现《顺天时报》战时舆论地位的，是7月14日第一师师长蔡成勋的来函，信中反驳了上海《申报》的报道，不承认第一师有与张勋军队同赴万庄的计划。在同日的报道中，张勋的辫子军在天坛售卖他们抢来的零碎物件，准备开拔。各政府机关门前又换上了象征共和的五色旗，大清门匾再次被换下，复辟宣告终结。[1]

---

1 "本京新闻"，《顺天时报》，1916年7月14日。

为了直观地告诉读者复辟的一个侧面,《顺天时报》在7月15日的二版破例刊登了两张景物照(之前只有政治人物的相片):"化为焦土之张宅遗址"和"天坛张军幕营之真况",作为张勋复辟新闻报道的余波,开创了华文报纸用照相机报道国内新闻的先例。[1]

启示:"介乎高级报纸与大众报纸之间"

以《顺天时报》为代表的北京舆论新趋势,是由国际新闻业的发展潮流所带动的。19世纪末至20世纪初,全世界新闻业都出现了从"高级报纸"(政论型报纸)向"大众报纸"(社会型报纸)的转型。这种转型的意义,是要加速报纸商业化,祛除报纸对政党派系或精英集团的依附性。

19世纪末,英国开始出现以登载社会新闻为主的"大众报纸",在内容编排和发行渠道方面都刻意区别于《泰晤士报》等"高级报纸"。第一份大众报纸《每日邮报》(Daily Mail)于1896年创刊,到1900年,发行量已超过100万份。大众报纸对政治的影响力有限,但能深入中下层社会,同时赢得经济上的独立。

---

[1] 此前报纸出刊登的照片多是伟人、政客的铜版相片,笔者翻阅同时的北京报纸,未见有新闻摄影图片出现。中国第一个报纸摄影附刊由《时报》于1920年创办,1924年末,《京报》出版《图画周刊》,"开创了华北地区报纸出版摄影附刊的先例"。参阅马运增等:《中国摄影史(1840—1937)》(北京:中国摄影出版社,1987)。

同样的情况出现在日本，有从政论性过强的政党报纸向强调新闻客观性、时效性的"独立报纸"转化的趋势，《时事新报》《朝日新闻》《大阪每日新闻》均属于独立报纸。戈公振曾慨叹"日本人口仅七千六百万，有报纸四千五百种，我国人口四万三千六百万，只有报纸两千种，不啻一与十三之比"，还只是表面的资料比较。[1] 更深层的差异是，日本报纸已在明治末年开始了企业化转向，早先所谓"大新闻"逐渐变得平民化和商业化，"中日甲午战争后，新闻界总体上向营业本位、读者本位倾斜，新趣味的竞争、号外附录的竞争、广告的竞争、报价折扣等营业本位的竞争盛行。这样，各报都为争取中层以下的读者而煞费苦心，报纸的调子也都变得更加通俗，版面的构成也与战前全然不同"。[2] 用日本新闻史学家的话说，"明治前期的报纸，不管是政论大报，还是小报，都是只有一个中心的圆，明治后期的报纸，则随着企业化的进展，逐渐地变为具有两个中心的椭圆：一为编辑中心，一为营业中心"。[3] 1911 年《大阪朝日新闻》与《大阪每日新闻》日发行量均已超过 30 万份，此外至少还有五家报纸销量在 15 万—20 万份。[4] 而同期

---

[1] 戈公振：《中国报纸进化之概观》，《中国近代报刊史参考资料》（上册），第 6 页。

[2] 小野秀雄：《日本新聞発達史》，大阪：大阪毎日新聞社，1922，第 250 页。

[3] 内川芳美、新井直之编，张国良译：《日本新闻事业史》（北京：新华出版社，1986），第 46 页。

[4] 小野秀雄：《日本新聞発達史》，第 317 页。

中国最畅销的报纸《申报》日销量才刚突破 1 万份。[1]

日本新闻史家指出："在迅速实现了近代化的日本，欧洲式的政治报纸的时代极为短暂，很快就进入了美国式的大众商业报纸的时代。"这固然是"后发国家"的优势，但也应该看到，由于只用三十年就走完了欧美国家用一百年经历的舆论进程，导致日本报业"没有给予类似于英国有闲阶级的高级报纸和德国工人运动的机关报那样的报纸以成熟的机会"。[2]明治后期日本报纸的一个重要特征，是"介乎高级报纸和大众报纸之间"，即所谓的"中级报纸"，体现在内容上，"比以前更加重视新闻和趣味性、娱乐性的文章，而将言论放在次要地位"，并且开始了文言体向口语体的转换。[3]

这种"急剧的报纸的近代化"，很快蔓延到中国报业。中国报人在清末以对抗政府、启蒙民众为己任，进入民国后热衷于党派政争，后来又遭到袁世凯政府的打压和禁制，"高级报纸"和"大众报纸"都缺乏长足的发展。不过，他们中的有识之士已经开始思考中国报业的发展趋势。较有代表性的现象是关于"言论"与"事实"关系的讨论，在有关讨论背后，隐藏着对知识精英启蒙合法性的怀疑和舆论功能的重新定位。

---

1 徐载平、徐瑞芳：《清末四十年申报资料》（北京：新华出版社，1988），第 73 页。

2 佐藤卓己著，诸葛蔚东译：《现代传媒史》（北京：北京大学出版社，2004），第 84 页。

3 内川芳美、新井直之编，张国良译：《日本新闻事业史》，第 40 页。

清末的报人普遍认为"发表言论"可以超越"报道事实",成为报纸的第一天职。梁启超曾引松本君平《新闻学》(1899)一书,称报纸可以担当"预言者""裁判官""大立法家""大哲学家""大圣贤""救世主"这样的万能角色。[1] 章士钊与陈独秀合编的《国民日日报》在"发刊词"中公然宣称"言论为一切事实之母"[2]:"故记者既据最高之地位,代表国民,国民而亦即承认为其代表者。一纸之出,可以收全国之视听;一议之发,可以挽全国之倾势。"[3] 直到1909年,仍有论者以日本政党报纸"重言论不重事实"为辞,认为报纸可以"纯然以言论为重,甲儆其众,而使之惺惺,舍一二重大事实以外,率芟而不记。间有录及社会事情者,则狭其称,而别区一类,名之曰小新闻",理由是"以国民之宿垢未蠲,而急宜先事疏括也。国民坚猛之信心未立,而当先为引起也"。[4] 这种对言论的信仰实际根植于启蒙心态,认为知识精英可以启迪民众并且代表民众,对于知识分子启蒙的合法性则没有任何质疑。

民元前后报纸党争的恶劣结局刺激了一些知识精英,让他们就"言论与事实的关系"进行重新思考。《民立报》记者重

---

1 梁启超:《知新报缘起》,《饮冰室合集》(北京:中华书局,1982)文集第7册。
2 这一说法后来又被孙中山沿袭,见《在广州与记者的谈话》,《孙中山全集》第2卷(北京:中华书局,1981),第356页。
3 《国民日日报发刊词》,转引自《中国近代报刊史参考资料》(下),第427页。
4 智:《社说:报纸之陈迹一》,《民呼日报》,1909年5月16日。

民（张铮）在1912年即曾就当时"新闻所受社会之待遇"提出自己的批评，他认为，中国当今报纸读者，都是中上层社会的知识分子，"其有党籍者，或屏弃他党新闻不复观，即或邀其一盼之荣，彼亦非谓其言之有可采也，不过侦其或有攻击异党之文字焉否耳。不然即将乘隙寻衅者也。其无党籍者，又大都与政界无甚关系，其轻视新闻，尤胜于有党籍者，直茶余饭后借资消遣云尔"。重民强调，中国新闻不发达，不能完全归咎于"国民之无教育"，而在于"论说尤不足以代表舆论故也"，论说的无效性又来自"新闻于纪事本不甚尽力，内外重要事件，未能一一网罗所纪者，又不能尽事实之真相"，其实是指出"事实"与"言论"的因果关系，对当时舆论界重言论轻事实的倾向表示忧虑，认为"吾辈从事新闻业者，长此不自爱重，国民程度日高，教育日益普及，则吾国新闻绝灭之期当益日近，虽欲求如今日日消数纸而不可得也"。[1]《泰晤士报》驻北京记者在他的访函中同样批评了中国报界对新闻事实的不重视："光复以还，北京一隅，报馆之先后建帜者，凡七十余家。北京而外，通都大邑。各夸报馆数十，偏僻之区，鲜不有一二报章以供说话之资料，风起泉涌，不可抑制，所论者，半为道德半为政治问题，大官小吏，悉遭评骘，言者罔忌，受者恬然，不以为忤……抑窃有所不解者，新闻纸之价值，半系于其消息之真确，议论外事尤贵慎重衡量，然

---

[1] 重民：《事实与舆论》，《独立周报》1年7期，1912年11月3日。

而中国报纸记载多不足恃，对外之说，殊欠鉴别。"[1] 黄远庸对《庸言》的改造，也基于"言论基于事实，事实重于言论"的舆论观。

民初名记者刘少少曾参与《湖南公报》《公言》《亚细亚日报》等报纸的创办。对于民初舆论界的失败，刘少少有较为清醒的反思。1915 年，刘少少在《甲寅》上发表《勖报》一文，称"报纸不同于邸抄、讲义、请愿书、演说，然四者之性质，又莫不兼而有之"，而新闻必须以事实为基础，"其新闻记事各项，则纯用一种事实报告，辨黄别白，置重措轻，阐微显幽，信编辑者之健全头脑知识，暗示各种社会以计划安全之路"。因此，刘少少提出"报纸势力之养成"必须遵循"养其确""养其公""养其速"三大原则，这些原则都是为了让报纸保持"社会之信仰力"，他指出欧西报纸的做法是"有以个人在社会中一事一节之微，而载占新闻半栏，且连日欣动读众，而日求继读者"。而"报纸势力之发展"更必须关注社会事件，应该"半纪每日社会民众间之新出事实"，因为"新闻原非仅为政治物，故不必求其新闻关系之必大"。刘少少认为登载社会新闻的好处很多："（一）予社会自身以照镜。（二）使社会得知受病服药之途。（三）使旁观得察社会情状知所尽力戒。（四）惹动全般社会与本报纸之关系。（五）可备活风俗历史之材料。（六）

---

[1] 《民国报界》，《独立周报》2 年 7 期，1913 年 2 月 23 日。

增读者以读活小说之兴味。"[1]

自1917年始，北京的舆论环境有了明显的改善。一方面，段祺瑞重新执政后，对新闻的钳制有所放松，一些老报人如刘少少、林白水、邵飘萍又开始出面办报；另一方面，新闻通讯社纷纷成立。林白水在1918年一篇时评中指出，1917年北京报界的一大收获就是众多通讯社的出现，"如东方通讯社、共同通讯社（以上均日本人所办）、新闻编译社、亚东通讯社、新民通讯社、中华通讯社、中央政闻社、神州通讯社",[2]这些独立通讯社虽然良莠不齐，但总算打破了由路透社等外国通讯社"任意左右我国之政闻"（邵飘萍）的局面。

1916—1918年，北京公众的阅读状况也有长足的进步。1916年，由京师学务局设立的公众阅报所共有九处，大半附设于宣讲所内。这些阅报所每月购报费为3元，提供的报刊种数有11—19份，其中文言报8—13份、白话报3—6种。阅报人数以第二阅报处最多，每日平均七八十人，最少的第三阅报处也有20人左右，星期日各阅报处人数还要多一些。[3] 到1918年，"阅览书报广告"作为公益广告由《顺天时报》《公言报》等大报每日刊载，阅报处也增至二十余处，而且有半数阅报处是独立性质，不再依

---

1 刘蕴和:《勘报》,《甲寅》第1卷第6号，1915年6月10日。

2 白水:《民国六年北京之所有》,《公言报》, 1918年1月9日。

3 "公众阅报所"（1916年9月),《教育公报》第3年第10期，转引自李希泌、张椒华编:《中国古代藏书与近代图书馆史料（春秋至五四前后）》（北京：中华书局，1982)，第259页。

附于宣讲所。[1]

《顺天时报》由于与日本国内报纸的关系异常密切（其社长龟井陆良本是东京《时事新报》驻北京特派员），对日本先进舆论理念的接受非常迅速。对于不便出面表态的国内国

---

[1] 现将当时阅报处的情况列表如下：

名　称	地　址	开放时间
京师图书馆	安定门内方家胡同	早十钟至晚五钟（星期日照常，星期一休息，附设新闻杂志阅览室）
京师图书分馆	西茶食胡同东头香炉营四条	早九钟至晚九钟（星期日照常，星期一休息，早十钟至晚四钟专阅日刊新闻）
图书阅览所	中央公园	早九钟至晚九钟（星期日照常，星期一休息，早十钟至晚八钟专阅日刊新闻）
通俗图书馆	顺治门内大街路西	早九钟至晚八钟（星期日照常，星期一休息专阅日刊新闻）
第一公众阅书处	西安门内	上午九钟至下午三钟
第二公众阅书处	正阳门外五道庙	上午九钟至下午五钟
第三公众阅书处	东安门外丁字街	上午十钟至下午二钟
第四公众阅书处	西单南路西	上午十钟至下午四钟
第五公众阅书处	珠市口南路东	上午十钟至下午三钟
第六公众阅书处	果子巷路西	上午十钟至下午四钟
第七公众阅书处	东四十条口外路东	上午九钟至下午一钟
第八公众阅书处	新街口路北	上午九钟至下午四钟
模范讲演所阅报处	虎坊桥	下午一时至下午四时
西安门内阅报处	附设第十讲演所内	上午九时至下午三时
东四北阅报处	附设第二讲演所内	上午九时至下午一时
新街口阅报处	附设第三讲演所内	上午九时至下午四时
丁字街阅报处	附设第四讲演所内	上午九时至下午四时
西单阅报处	附设第五讲演所内	上午十时至下午二时
兴产街阅报处	附设第六讲演所内	上午十时至下午三时
五道庙阅报处	附设第七讲演所内	上午九时至下午五时
花市街阅报处	附设第八讲演所内	上午十时至下午三时
果子巷阅报处	附设第九讲演所内	上午十时至下午四时
珠市口阅报处	附设第一讲演所内	上午十时至下午三时
东郊阅报处	朝阳门外关厢路南	上午十时至下午二时
南郊阅报处	广安门外关厢路北财神馆	上午十时至下午二时
西郊阅报处	京西海淀街路西	上午十时至下午二时
北郊阅报处	德胜门外关厢路西	上午十时至下午二时

际诸问题，《顺天时报》往往借译日本报纸的言论来表达自身的观点。如1916年元旦袁世凯宣布称帝后，《顺天时报》一面在1月11日的报纸上反驳《英文北京日报》称顺天时报主张颠覆袁政府的报道，[1]一面又连续于1月20、21日发表译自《东京日日新闻》和《大阪朝日新闻》的文章，以表明日本的反对立场："我国今日之急务，宜以俨然之威，力促袁政府反省，最少须至动乱镇靖，再行帝制。"[2]这种情形多次出现，因此称《顺天时报》为日本主流舆论在中国的分支机构，亦不为过。

帝制取消后，《顺天时报》对于内务部咨行各省，"准将曩时禁止发行邮递挂号之大小二十余种新闻杂志一概弛禁"，表示热烈的欢迎，并在社论中展望中国舆论的发展趋势：

> 吾知自今以往中国言论界，必将入主出奴，各是其是，樊然淆乱，在所不免，甚且有邪说横议，紊乱社会之秩序者，破坏国家之风纪者，亦未可知。此种不规则之言论，自应绳之以新闻条例出版条例以匡正之，其未至放辟邪侈者，则不应加以严法苛律也，本乎尊重言论之旨，一主宽大，不为削足就屦之举，则虽一时议论百

---

1 《英文北京日报捕风狂吠》，《顺天时报》，1916年1月11日。
2 《亢龙有悔》，《顺天时报》，1916年1月20日。《更警告中国政府中止帝政》，《顺天时报》，1916年1月21日。

出，亦必有正论公义出现于其中，以为舆论之指导，以裨益于世道人心，发挥全国人民之真意，而国运亦可渐跻于隆盛也。[1]

对舆论主张弛禁而非压制，这样的言论在这一时期的《顺天时报》上屡有出现。相较于"五四"后该报对《益世报》《京报》被封查的幸灾乐祸，[2] 我们可以相信，此时《顺天时报》对舆论自由的鼓吹，并非来自日本的"政府立场"，而是基于喜欢担任"群众煽动者"的日本报业的新闻理念。[3]

在《顺天时报》等外资报纸的带动与影响下，即使有明显政治背景的"高级报纸"，也大都开始浸染"大众报纸"的色彩。试举《公言报》为例，以说明其时北京报纸变化之大概。《公言报》创办于1916年9月1日。报分八版，一版论说、广告，二版、三版紧要新闻，四版、五版广告，六版含紧要新闻（续）、本京新闻、通讯社电（路透、东方）、商情报告、冠盖往来，七版副刊（文苑、纪游、说部、旧闻、笔记、丛缀、谐薮、戏评），八版广告。

《公言报》的编排与《顺天时报》近似，第七版文艺副刊延请张豂子主持"剧评"栏，成为北京评剧之重镇，与《新

---

1 《尊重言论》,《顺天时报》,1916年7月12日。
2 "某报不纳正论",《顺天时报》,1919年6月4日。
3 内川芳美、新井直之编，张国良译:《日本新闻事业史》,第38页。

青年》为代表的新文化多有交锋。第六版除了效仿《顺天时报》设"冠盖往来""天气报告",增设"商情报告",记述当日的物价,如兑换市价一览表、五谷行市一览表等。但这个栏目往往被新闻和通讯挤掉,有时十几天都不见踪影,反映出编者虽然意识到民众对此类经济信息的需求,却并未将之看得如何重要。

《公言报》创办时亦设有"本京新闻"一栏,不久因稿源不多取消,于1918年7月底重设,并有"征稿启事"称:"本报现拟将六版本京新闻一栏恢复,重加扩充,并征求访稿,凡关于市政公益及社会风纪之琐闻纪述翔实饶有趣味者,尤所欢迎,酬金从丰,所有访员稿件以连登三日者为合格,如有特别访闻,亦可按条给酬。"[1] 这一栏目的重设,表明报纸舆论功能的某种转换,因为"本京新闻"无法借助翻译外报、外电和通讯社的供稿,必须报纸自身探访或外聘访员。对于面向全国发言的"高级报纸"而言,这一栏目可有可无,但于注重本土性的"大众报纸"则必不可少。《顺天时报》在北京大受欢迎,"本京新闻"的成功是重要的因素之一。《公言报》对"本京新闻"的重视,意味着该报又向着"大众报纸"跨出了一步。

《公言报》主笔林白水,是清末民初中国报界的重要人物,

---

[1] 《本报征求访稿特别启事》,《公言报》,1918年7月27日。

几乎与其时的报业发展相始终。[1] 以皖系执政之煊赫，及林白水老报人之资历，《公言报》的影响力在当时北方报界可谓首屈一指。1918年1月底，京津记者团访日，每到一处，林白水即代表京津记者致答词，俨然记者团领袖。[2]

林白水离开政界返身报界的缘故，据说是不屑于"国会旋仆旋复，直同儿戏"，[3] 然而《公言报》与段祺瑞为首的皖系（亦即当时执政派系）有着密切的联系。对此林白水在《公言报》1918年"新年祝词"中也有所表白：

> 吾人托庇于国家权力之下，断未有与国家为反对者，国家权力寄于何人之手，吾人即拥护何人，以拥护其人即拥护国家也，拥护国家之目的，在拥护一我而已。若反对手握国

---

[1] 林白水，初名林獬，又名万里、白水，字少泉，号白话道人、宣樊，笔名地雷、退室学者。他于光绪二十七年（1901年）任杭州求是书院总教习时，即主编《杭州白话报》笔政。光绪二十八年（1902年）到沪，与蔡元培等人筹办爱国女校，组织中国教育社与爱国学社，出版《童子世界》杂志。翌年初赴日留学，在早稻田大学专攻法律，兼学新闻课程，因沙俄阴谋独占东北，参加留日学生抗俄义勇军；年底回沪，与蔡元培创办《俄事警闻》。光绪三十年（1904年）春该报改名为《警钟日报》，林任主笔。是年底，林又创办与主编《中国白话报》，同时还为《时报》《民立报》撰稿。宣统三年（1911年）武昌起义后，任福建法制局局长，出版文摘式《时事选刊》。民国二年（1913年）冬到北京投身共和党，被选为众议员，担任总统府秘书、参政院参政、直隶省都督府秘书长。1916年与王士澄、黄秋岳、梁鸿志等人创办《公言报》。

[2] 《日本报界欢迎京津新闻家》，东方通讯社1918年1月23日电。

[3] 张次溪：《记林白水》，《文史资料选编》第28辑，第38页。

家权力之人，不啻我与我为反对，天下断无若是愚人也。从前即偶有形质近于反对手握国家权力之人，而其真意，乃出于拥护……此其用意之诚，应为当局所深谅……吾人虽无何党派之关系，要常处于国民党之对面者也。[1]

1920年段祺瑞倒台后，《公言报》随之倒闭，也是其依附于皖系的明证。

《公言报》虽然被目为皖系报纸，但仔细考察，内中情形亦颇复杂。该报政治立场显为拥护当局，但对于社会腐败现象，也颇敢直言，后人称林白水办《公言报》"于时政多所论列，抨击不遗余力"。[2]如一篇《时评》抨击达官贵人对于天津水灾的态度："我敢断言，今兹水灾，设非淹及租界，破坏公等巢窟，尚未至如是之愕眙太息，如是之解囊赈济也，盖诸公久矣乎不知舆议为何物，行政为何事。"[3]1917年春，《公言报》揭露皖系政客陈锦涛贿赂议员，成为北京第一家揭露贿选黑幕的报纸，不久又揭露段祺瑞结拜兄弟许世英在津浦租车案中舞弊。林白水后来为此不无自得地说："公言报出版一年内颠覆三阁员，举发二赃案，一时有刽子手之称，可谓甚矣。"[4]

1　白水：《本报新年祝词》，《公言报》，1915年1月5日。
2　张次溪：《记林白水》，《文史资料选编》第28辑，第38页。
3　独行：《水灾》，《公言报》，1918年9月30日。
4　《社会日报》，1925年12月24日。

林白水试图在拥护现政权的前提下，保持知识精英独立发言的姿态，他总是在《公言报》上声明，该报并非全然为政派喉舌，而是从同人所持立场发言。[1] 他依附于皖系，除却政治立场的相近，[2] 也受窘于"经济不独立"这一近代报业宿命的怪圈。林白水后来独资办《社会日报》，经济不支，不得不登报鬻文，其广告中有一段锥心之言：

> 仆从事新闻，已逾三十载，硁硁自守，不敢以个人私便之故，累及神圣之职业，海内知友，类能见信。《社会日报》自出世以迄今日，已满五年，耗自己之心血，不知几斗，糜朋友之金钱，不知几万，艰难缔造，为社会留此公共言论机关，为平民作一发抒意见代表，触忌讳，冒艰险，所不敢辞。然为资力所扼，发展无望，愧对读者。今则此不死不活之状态，犹难维持。一切环境，如警吏、侦探、印刷工人、纸店掌柜，均可随意压逼，摧其生命，避免无术，如陷重围。

---

[1] 如在答辩《字林西报》的质疑时，《公言报》编者称："近顷上海《字林西报》对于本报有所商榷，绎其词旨，殆指日前所披露解决时局之根本政策中一二节而言，乃曰公言报实过于重视北洋派云云，似未能了澈吾人根本之意思也……吾人根本的反对国民党暴徒设立伪政府之谬举，同时反对西南一般军官之犯上作乱，以为非大张挞伐不可，因而希望国内各党派当实行联合以解决目前之大问题，换言之，即今日欲戡除破坏统一之乱党，必先须谋内部之统一也。"见发墨：《对于字林报近评之感言》，《公言报》，1918年11月7日。

[2] 当时一批知识精英均对段祺瑞抱有希望，如章士钊、李大钊、高一涵办的《甲寅日刊》亦是如此。

林白水在办《公言报》《社会日报》期间，得罪权贵甚至当政者的地方不少，他曾慨叹"有憾其受我金而骂我，欲死之而甘之者"。林白水后来因言获罪，被张宗昌枪毙，从时人对他的追悼来看，显然与卖身投靠的薛大可之流不同，而更近于偶陷泥淖的黄远庸。张次溪称："彼时报馆之有津贴，几为普遍之公式，先生维持其事业，竭蹶黾勉，心力交瘁，盗泉之饮容或不免，然谓其权门乞怜，甘于自污，则先生之强毅，计当不至于此。"此言应该并非恕词，而近于平心之论。[1] 因此，在林白水的主持下，《公言报》更像是一份机关报、同人报纸及公共舆论的混合体，即所谓"介乎高级报纸与大众报纸之间"的传媒，可以视为舆论转型阶段的独特印记。

1916—1917年的北京媒体，大都与《公言报》的遭际相类似。这一时期北京的报纸在九十家上下，每家报纸都有自己的政治背景，报纸情形错综复杂，如张静庐所称："每一次政局变动，同时就有一大批报纸连带倒坍，但是过了几时，又有一批新的日报出现在大栅栏的报摊上了。"[2] 报纸的政治背景甚至吸引了外国新闻界的注意。1918年4月底，中国记者视察团访日，日方接待备极隆重，记者团离日之际，《大阪每日新闻》发表评论称："此次记者视察团之来日，特为重视者，因视察团中大多数均为中国有数人物，故于中日国交上大有所期

---

[1] 张次溪：《记林白水》，《文史资料选编》第28辑，第46页。
[2] 张静庐：《中国的新闻纸》（上海：光华书局，1928），第64页。

待。"[1] 一方面，报纸以惊人的速度增长，另一方面，报人依违于"政党报纸"和"大众报纸"两种截然不同的舆论诉求之间，导致这一时期的中国报业陷入一种多少有些畸形的状态。

舆论界的有识之士对此深表忧虑。李大钊在一篇文章中对"报馆充斥"的"新现象"表示痛心。与那些从道德层面上责难报纸经营者的论调不同，李大钊认为报纸作为一种商品，应该与市场的需要量相适应，而今"吾国都市中之报馆，其数乃远越乎各国。元二年之际，外人旅行吾国者，辄谓世界中都市之报馆，以北京为最多，莫不惊为奇异。今日之象，殆与元二年相同。以此营业焉有不失败之理"？这就造成报界中人不得不"为经济所困而呻吟于势力者之前，仰人鼻息，以供其驱策之用"。[2] 杜次珊则反驳那些认为"报纸销路不佳是由于民众知识尚未普及"的说法，强调北京报纸读者稀少是由于"盖无阅新闻纸之乐趣及无阅新闻纸之必要也"，和李大钊一样，他也认为报纸应该是一种"高尚营业"："阅新闻纸之人出资以购之，实视之如商品，登告白之人出资以偿之，实其传播之功也，由此观之，新闻事业之所以为新闻事业者，盖于公益范围之中，求其本分应得之利。"[3] 他们意识到报纸只有摆脱对政治的依附地位，取得独立的言论地位，才能有效地吸引读者和市场。然

---

1 《日人欢送中国记者团志闻》，《公言报》，1918年5月3日。
2 李大钊：《新现象》，《晨钟报》，1916年9月4日。
3 杜次珊：《新闻研究录》，《顺天时报》，1917年5月26日。

而在其时其地，这样的努力难以奏效。

李普曼在讨论19世纪末至20世纪初的舆论转型时，总结性地指出："每个出版商的目标，都是要把发行量从那些在报摊上抓着什么看什么的乌合之众手里转到一个忠心耿耿的永远的读者群中去。一份真正以读者的忠诚为靠山的报纸，才能成为真正独立的报纸，才能给现代新闻业提供经济支持。"[1]李普曼的《公共舆论》初版于1922年，当其时，全世界的报业都在尝试摆脱政党背景的束缚，走向经济独立之路，还看不到日后形成的大资本集团对报纸的有力控制；二十余年后，新记《大公报》创始人之一张季鸾在回顾本国报纸发展历程时，指出中国报纸是从清末民初的"英美式的自由主义"的"文人办报"逐渐"循着资本主义的原则"过渡到"商业化"的"大规模经营"。他虽然指出了"资本"对"言论自由"的限制，但仍然认为这种转型有利于"报人职业的独立"：

> 中国报人本来以英美式的自由主义为理想，是自由职业者的一门。其信仰是言论自由，而职业独立。对政治，贵敢言，对新闻，贵争快，从消极的说，是反统制，反干涉。近多年来，报纸逐渐商业化，循着资本主义的原则而进展。其结果，只有大规模经营的报纸，能够发达，已不是清末报业初期文人办报的简陋情形。此种商业性质，其本身限制了言

---

[1] 李普曼著、阎克文等译：《公众舆论》，第260页。

论自由，但因经济雄厚之故，对于报人职业的独立，却增加了保障。所以从大体上说，中国报业是走着英美路线，而在近年已具有相当规模，在社会上确已成为一种大的力量。[1]

中国报业正是在《申报》《新闻报》《顺天时报》等外资报纸的启示下，逐步从"高级报纸"向"大众报纸"转化，致力于新闻性、本土化与公共立场等方面，才能从清末民初的依附政党、派系，渐次成长为独立的舆论力量。就北京舆论环境而言，《顺天时报》为《公言报》《晨报》《京报》等华资报纸提供了不可或缺的示范作用。

---

1 张季鸾：《抗战与报人》，《季鸾文存》（下），第151页。

第四章　民初知识分子的身份转型与集团重组

1912年，中国政局的变化令人目不暇接，而"北京"的身份也在政局动荡中变幻莫测。1月1日，孙中山在南京宣誓就任临时大总统，南北对立局面形成；2月12日，隆裕太后与宣统帝发布退位诏书，北京的首都地位登时岌岌可危；在经历了南北议和、专使迎袁、北京兵变之后，4月1日，孙中山宣布解除临时大总统职务，把政权交给袁世凯执掌；4月2日，临时参议院议决南京临时政府迁设北京。这样，古老的京城在新的共和国延续了它首都的身份。

此前由于政府打压陷入低潮的报界开始复苏，并且出现了一股办报的热潮。1912年上半年，全国报纸由一百多种猛增至五百余种，销量高达4200万份。[1] 北京报刊的增长数量最快，1911年尚仅十余种，1912年2月12日向民政部立案登记的报纸，即多达九十余种。[2] 实际出版的新报纸亦有五十多种，占全国新创报纸的九分之一，首次在数量上超过了近代中国报业中心上海。[3]

北京报纸的兴盛，某种程度上可以视为南方新人物与新思潮的影响所致。随着临时参议院与临时政府的北迁，大批南方的知识精英涌入首都，这些新式知识分子对旧的政治文化格局

1　戈公振：《中国报学史》，第149页。

2　黄远庸：《北京之党会与报馆》，《远生遗著》卷二（上海：商务印书馆，1920），第163页。

3　方汉奇：《中国近代报刊史》，第677页。

的冲击不言而喻。[1]民初报纸的一大特色即"政党办报",报人与政治的关系密不可分,政治人物也大多插手报业,故而在民初北京报界大显身手者,也多是南方籍的政界精英,如梁启超、章士钊、杨度、黄远庸、刘少少等。

随着政制的完备与时局的变化,新式知识分子的身份意识开始出现分化与转型。民初办报热潮中,政党报纸各持一端,舆论界定模糊不清,新式知识分子看似言论大权在握,与一般民众的互动却明显缺乏,甚至较晚清更为薄弱。在舆论功能和言论自由问题上,各派报人的认识分歧甚大。由此甚或引发了民初报界的一系列争斗,这些争斗也直接引致民初报纸公共性的减弱。二次革命失败之后,大批主张民主共和的政治精英失却仕途机会,多半选择蛰伏;袁世凯对舆论机构的压制和收买,又封死了反对派面对公众发言的途径。丧失了公共领域的新式知识分子,转而尝试精英圈内的集团重组与青年启蒙,为日后新文化运动的展开奠定了基础。

新式知识分子与公共领域的初步分离,导致了全国报业水平的倒退,但也促成了专业报人的出现。袁世凯独裁专制以及对舆论的控制,反而迫使新式知识分子放弃专注于政治

---

[1] 以1913年选出的参众两院为例,72%的议员不满四十岁,53%的议员有留日经历,而接受过新式教育议员人数最多的省份依次为四川、江西、浙江、湖南、湖北。由此可见,这一时期,南方籍的新式知识分子占据了政治的主导地位。参见张朋园:《从民初国会选举看政治参与》,《知识分子与近代中国的现代化》(南昌:百花洲文艺出版社,2002),第315—322页。

的单一思路，回头投入文化建设。袁世凯去世后，政府对言论的控制减弱，公共舆论进入新的发展时期，重组后的新式知识分子集团也经由文化启蒙的途径重新进入公共领域，二者的结合引领了"新文化"的狂飙，使中国进入了一个新的文化时代。

政党报纸："所争在两派势力之消长"

民初政坛新旧混杂，就舆论而言，受过新式教育的知识分子占据着主导地位，这种状况与清季相仿。不过，清季办报的新式知识分子虽然主张各异，但他们面对的共同敌人是钳制舆论的专制政府，以及蒙昧无知的底层民众，因此，他们对于报刊职能有着最低限度的共识，对清政府的言论禁制也基本持反对立场。[1] 民元以后，由于地位的变化，不同身份的新式知识分子对于舆论的定位，姿态迥异。

1912年3月的"抗议暂行报律事件"，即是政府与民办报纸（其时尚无政府官报）冲突的滥觞。3月4日，南京临时政府内务部公布《民国暂行报律》三章，就报刊注册、破坏共和

---

1 清末报界的共识可用最保守的《申报》社论中"四利"概括之：（一）达民情，开风气；（二）批评贪墨，监督官员；（三）传达朝廷情况；（四）交流商业信息。参见《整顿报纸刍言》，《中国新闻事业史文选》（北京：中国人民大学出版社，1999），第16页。

国体、污毁个人名誉三方面做出规定。[1]报律甫公布，各报即纷纷表示反对。3月6日，上海报界俱进会及《申报》《新闻报》《时报》《民立报》《时事新报》《神州日报》《天铎报》《大共和日报》《民声日报》等报联名致电临时大总统孙中山，反对暂行报律，称"今统一政府未立，民选国会未开，内务部拟定报律，侵夺立法之权，且云煽惑、关于共和国体有破坏弊害者，坐以应得之罪；政府丧权失利，报纸监督，并非破坏共和。今杀人行劫之律尚未定，而先定报律，是欲袭清朝专制之故智，钳制舆论，报界全体万难承认"。[2]

翌日，《申报》《大共和日报》刊出章太炎所撰《却还内务部所定报律议》，进一步申明反对内务部暂行报律的理由。章文所持立场，显系受西方新闻自由观念影响的新式舆论观，而尤其强调舆论对政府的批评和监督功能：

案民主国本无报律，观美法诸国，对于杂志新闻，只以条件从事，无所谓报律者。亡清诸吏，自知秕政宏多，遭人

---

1 其全文如下："（一）新闻杂志已出版及今后出版者，其发行及编辑人姓名，须向本部呈明注册，或就近地方高级官厅呈明，咨部注册。兹定自暂行报律颁到之日起，截至阳历4月1日止，在此期限内，其已出版之新闻、杂志各社，须将本社发行及编辑人姓名呈明注册；其以后出版者，须于发行前呈明注册；否则不准其发行。（二）流言煽惑，关于共和国体，有破坏弊害者，除停止其出版外，其发行人、编辑人并坐以应得之罪。（三）调查失实，污毁个人名誉者，被污毁人提起诉讼，讯明得酌量科罚。"转引自方汉奇主编：《中国新闻事业编年史》（上），第614页。

2 《报界致孙大总统书》，《申报》，1912年3月6日。

指摘，汲汲施行报律，以为壅遏舆论之阶。今民国政体初成，杀人行劫诸事，皆未继续前清法令，声明有效，而独皇皇指定法律，岂欲蹈恶政府之覆辙乎？……

其第二章言"关于共和国体，有破坏弊害者，除停止其出版外，其发行人、编辑人，并坐以应得之罪"。案共和国体，今已确定，报界并无主张君主立宪与偏护宗社党者。本无其事，而忽定此法律禁制，已为不根；所谓破坏弊害者，其词亦漫无界限……今详问内务部，是否昌言时弊、指斥政府、评论约法，即为弊害共和国体？不然破坏共和国体者，惟是主张君主；弊害共和国体者，当复云何？若果如前所说，内务部详定此条，直以约法为已成之宪，以政府为无上之尊，岂自处卫巫之地，为诸公监谤乎？

有论者指出，章太炎对暂行报律的猛烈批评，"含有资产阶级政治派别斗争之隐情，也反映了章太炎理想主义色彩很浓的言论自由思想"。[1] 同盟会内部派系斗争姑且不论，章太炎的言论确可视为中国报界的共同主张。联名通电的报馆中，既有《申报》《新闻报》这样的老牌外资报纸，也有《民立报》《民声日报》这样的同盟会系报纸，还包括《时事新报》《大共和日报》这样的立宪派报纸，如章太炎文中所称"当知报界中人，

---

[1] 徐培汀、裘正义：《中国新闻传播学说史》（重庆：重庆出版社，1994），第186页。

非不愿遵守绳墨，惟内务部既无作法造律之权，而所定者，又有偏党模糊之失，若贸然遵守斯令，是对于官吏则许其侵权，而对于自身则任人陵践，虽欲委屈迁就，势有不能"。[1]平心而论，内务部暂时报律只是纲领性的规定，较之清末控制舆论的严刑峻法不可同日而语，报界做出如此激烈的反应，是希望在新的民主政体下，能在法理上确立舆论的独立地位。

3月9日，临时大总统孙中山令内务部取消《民国暂行报律》，令文称"该部所布暂行报律，虽出补偏救弊之苦之，实昧先后缓急之要序，使议者疑清朝钳制舆论之恶政，复见于今，甚无谓也"。[2]不过，临时政府对报界的让步，更多出于政权初立时期安定人心的妥协心态。

5月31日，同盟会报系的北京《中央新闻》在"告白"栏刊出《请看赵秉钧之大事记》，揭露内务总长赵秉钧营私舞弊，包庇利用前宗社党人乌珍等丑闻。6月2日，赵秉钧派城南营游缉队管带振林（乌珍之弟）率领队兵二百余人，包围《中央新闻》报馆，打砸报馆，捕去经理、主笔及校对十一人。6月4日，同属同盟会报系的北京《国风日报》刊出《中央新闻》记者的启事，痛斥赵秉钧摧残舆论的恶举：

共和民国，以舆论为监督政府机关，临时约法亦言明规

---

[1] 章太炎：《却还内务部所定报律议》，《申报》，1912年3月7日。
[2] 《孙中山全集》第2卷，第198页。

定言论自由，出版自由。赵秉钧身为内务总长，关系民国前途匪轻。今竟施行其野蛮专制之手段，封报馆，捕主笔以下十余人，暗无天日，至斯极矣！自民国成立以来，各报馆与总统府平等对待，其性质与参议院同为监督公仆之机关，岂有总统、总理等皆受国民监督，赵秉钧身为内务总长，独非吾民之公仆乎？全球共和，未有政界之公仆不受主人翁之监督者。

这是从新闻自由的角度立论，但记者笔锋一转，又让人读出了党派政争的气息："本社记者皆前清迭捕未死之党人，而造成今日民国之分子也。以高级之主人翁，不愿与奴隶为伍，组织言论机关，以爱国救国为前提，甚恐若辈有负前人缔造之艰，不得苦口婆心，裨若辈得终晚节，是若辈之幸。"[1]

同日，中国报界俱进会在上海召开特别大会，吸纳《中央新闻》等24家新创报纸为会员。大会讨论通过了"不承认有报律案"，并于7日以俱进会名义致电参议会，要求该院就北京《中央新闻》遭到迫害一事，弹劾赵秉钧"以行政官擅用军队，侵害法权，破坏共和大局"。[2]

对于报界的抗议，北京政府和南京临时政府一样，采取了绥靖态度。赵秉钧于6月5日下令释放《中央新闻》全体被捕人员，并于7日晚宴请北京各报及上海各报驻京记者，宣布

---

1 吴山：《启事》，《国风日报》，1912年6月4日。

2 《民立报》，1912年6月8日。

《中央新闻》一案已经"和平了结",借此"联络情意",并对新闻记者进行安抚。席间记者代表于右任表示:"在报界所求者,言论自由四字,政府之对报界,亦望以言论自由为爱护报界之范围。"[1]

民国创立以来,舆论界与政府的两次直接对抗,均以舆论界的胜利告终。一时间,舆论的势力大涨,"南京报律事件"作为政府舆论规范失当的范例被各报反复提及,以警告政府保护舆论。[2] 而各报批评各地乃至中央执政者,也是畅所欲言,肆无忌惮。[3] 这一时期后来被称为民国"报界的黄金时代"[4]。这

---

[1]《天铎报》,1912年6月8日。转引自方汉奇主编:《中国新闻事业编年史》(上),第638页。

[2] 如湖南人薛大可所办北京《亚细亚日报》以《竟有蹈南京报律之覆辙者》为题,批评湖南公布《报纸暂行条例》,表示"湘省报界决不承认",其反对理由与章太炎文如出一辙,称"查美法诸民国本无所谓报律,即以条件从事,亦须经议院通过乃生效力,今统一政府未立,民选国会未开,杀人行劫之律尚未定而先亟亟于报律,征诸民国,未之前闻,且编定法律应归何部,在亡清立宪时代,权限秩然,矧在方新之共和民国而可有侵权越限之事乎?"足见此乃当时全国报界共识。

[3] 如倾向共和党的《亚细亚日报》1912年4月9日"社说"称袁世凯"不适于共和国之人物也,而国人偏举为临时总统,然则袁氏之不幸,实我民国之大不幸也"。7月1日"时评"批评上海都督陈其美为"下等流氓",陈向袁世凯申诉,《亚细亚日报》不但不更正,反于7月6日"时评"以反语再度发难:"今为本报告陈其美曰:抱歉……得罪……昨阅沪报,始知公曾为警察速成生,曾为某丝栈栈伙,曾为某报访事,又报指为前清典史,不意阁下官衔如此荣耀,本报误目为流氓,实为失敬,查报馆定例,纪载失实,应即更正,应请陈都督自行声明更正可也。"虽杂党派之争,大胆程度亦属民国报史上仅见。

[4] 孙少荆:《成都报界回想录》,《川报》,1919年1月1日。转引自方汉奇:《中国近代报刊史》,第682页。

种局面，固然基于大乱方定、政府权威薄弱的时局，也与清末以来新式知识分子大肆宣扬"人民应有身体言论之自由"的观念不无关系。然而，随着政党争斗加剧，报纸政治立场日益明确，"言论自由"的理念不仅旧官僚出身的袁世凯政府弃之若敝屣，以孙中山为首的国民党（前身是同盟会）和立宪派发展而来的进步党（前身是共和、统一、民主三党）基于政治立场和政党利益，也从未真正认同自由主义的舆论观。大多数时候，自由主义舆论观只是作为一种原则被承认，支持各党各派的舆论行为的，仍是集权主义理论。

民初报纸的最大特色即"政党报纸"。当时的舆论环境，看似众声喧哗，实则各为其主。随着国民党与共和党—进步党两大政治系统的形成，北京各报也基本分为了两大报团。同盟会报系率先联手，[1]《国民公报》报馆被毁事件后，《新纪元报》《亚细亚报》等17家报纸共同在京发起新闻记者俱乐部，与同盟会系报纸形成对峙之势。[2] 两系报纸宣称的办报宗旨大同小异，在具体政见上却势同水火，"同一事件，甲乙记载，必迥然相反。故阅报，即知其属于某党，至记载之孰真孰伪，社会

---

[1] 国民党成立后，《国风日报》《国光新闻》《民国报》《亚东新报》《民主报》《民立报》《中央新闻》等同盟会成员所办报纸在京成立"国民党新闻团"，正式标明其为新闻政治团体。

[2] 俱乐部会员尚有《中国公报》《通报》《燕京时报》《国民公报》《民视报》《京津时报》《政报》《新中华报》《北京时报》《中国报》《国权报》《黄河报》《扶群日报》《国华报》《大自由报》。《爱群俱乐部将成立》，《亚细亚日报》1912年7月16日。

不辨也"。[1] 对于当时舆论缺乏公共性的状况，著名记者黄远庸感慨颇深：

> 今以大借款为例，甲党之报今赞成而前反对，乙党之报则今反对而前实赞成。甚至同在一时，赞成唐绍仪之借款者，而不赞成熊希龄之借款；赞成熊希龄之借款者，而不赞成唐绍仪之借款。又试以对于政府之态度而论，于其未入国民党之先，则甲党赞成，而乙党思推倒之。于其既入国民党之后，则乙党赞成，而甲党思推倒之。同此一人，而前后有尧桀之别，同此一事而出入有霄壤之分。大略竖尽古今，横尽万国，所谓政治家者，未有如吾国今日之政客之无节操之无主张，惟是一以便宜及感情用事，推其原因所由来，不外所争在两派势力之消长，绝无与于国事之张弛而已。[2]

这种争斗愈演愈烈，终于演变成殴人毁报的全武行。1912年7月5日晚，北京《国风日报》同盟会干事白逾桓、《民主报》同盟会干事仇亮、《国光新闻》同盟会干事田桐，以本日北京《国民公报》所刊时评，称南京临时政府为"南京假政府"，率领同盟会系的《民主报》《国光报》《民意报》《女学报》《亚东新报》等七报工作人员二十余人，前往国民公报报

---

[1] 张季鸾：《追悼飘萍先生》，转引自方汉奇：《中国近代报刊史》，第703页。
[2] 黄远庸：《一年以来政局之真相》，《远生遗著》卷一，第84页。

馆问罪,将该报经理徐佛苏、主笔蓝公武殴至"口鼻流血,面青气喘,两足跟筋露血出","内外受伤,咯血不支",并将承印该报的群化印书馆全部捣毁,营业损失达三千六百余元,连带该馆承印的数家报纸也被迫停刊。事发第二日,双方均向法院提出公诉。

同盟会方面七报在诉呈中,完全不提己方擅自殴人毁报事,而揪住《国民公报》时评中"南京所设假政府"一句不放,认为"据该报所载,其反叛民国,破坏约法,罪据昭然,警厅有捕拿之责任,检察厅有提起公诉之职务,人民有告发之特权。国民公报总理徐佛苏、编辑人蓝公武,罪在不赦。伏乞贵厅拿获,交审判厅尽法惩治,以彰国宪,而维国体"。[1]

《国民公报》徐佛苏与蓝公武在诉呈和致报界同行公启中,除了描述同盟七报暴行,称己报使用"假政府"系沿自日报,"假"即"暂"即临时之义,当时已向前来寻衅的同盟会员讲明,但仍遭到殴打封禁。文中指责同盟会不顾约法规定,破坏言论自由:

> 窃思民国约法,国家有保护人民生命财产之条,人民应有身体言论之自由,今敝报时评中沿用日报中"假政府"三字,何得有违国法?及加以谋反叛逆之恶名?纵措辞稍有不合之处,自有官厅干涉,否则提起诉讼,自有法庭审判。白、

---

[1] 《申报》,1912年7月13日。

田等何得怀挟党见，仇视异己，遽行统率多人，肆行凶殴？似此情形，不独违犯警律，扰乱治安，而其罪之尤重者，实在破坏共和国法。[1]

同盟会七报的行径，引发了北京报界公愤。7月7日，北京《新纪元报》《亚细亚报》《新中华报》《京津时报》等二十余家非同盟会系统报纸，在城南广和居举行集会，决定联合向大总统提出申诉。7月8日，《亚细亚报》在头版发表署名"侠民"的社说《呜呼暴民世界》：

> 呜呼吾民夙昔所畏怖之暴民世界已出现于今日矣！国家之法律已破坏撕灭，而无毫厘之（存）矣！神州陆沉，载胥及溺，吾辈尽然伤心，而曾不意暴民之猖狂专制，挟嫌聚殴，冀兴文字之狱，如前日国民公报事件之甚者也！
>
> ……夫以如此之明目张胆，强霸行为之现行犯，而警厅不闻即行拘禁，送至法庭，提起诉讼，其违法溺职，吾不暇深责，吾独悲夫吾民所恃为保障之法律，竟已澌丧殆尽，则此后之暴民，竟可任意打人毁物，而告无罪于天下矣！国之将亡，必有妖孽，呜呼，吾复何言？
>
> 就此一时推之，则来日之世界可知矣，人人皆可以殴人，而殴人者不科以罪，则必人人皆挟手枪炸弹以自卫，不转瞬

---

[1] 《申报》，1912年7月14日。

庄严灿烂之民国,将变为相残相杀之修罗场,而党争之极端,亦必至如法国山岳党将反对党一一上断头台而后快,呜呼,吾书至此,手颤笔枯,吾力竭矣,世有不甘于暴民之专制者,曷执吾言而熟思之。

持论较为中立的《申报》也发表评论,指出"曩者政府将行报律,论者犹以为非,今以私人而干涉报界之言论,并以野蛮行为而毁损言论者之身体财产,此真环球万国之所罕闻者也。而不意于吾国首善之地见之,不意于吾国堂堂同盟会干事及新闻记者辈见之"。[1]

白逾桓等人的举动,同盟会在京代表刘揆一、胡瑛等人并不赞成,章太炎也曾发言谴责,但是同盟会系报纸并未就此罢手。7月7日,又有同盟会系《民国报》记者冲入《大自由报》报馆,"肆口谩骂,谓汝等连日诋毁唐绍仪,剌剌不休,究系何故,抛掷茶杯,并碎其客厅中之家具,后经巡警入而干涉,始行散去"。[2]

同盟会的暴力举措并非一时冲动,支持这些举动的是相当明晰的"舆论归一"的思路。在以孙中山为首的革命党人看来,报纸如果不能"言论一致",只能看作舆论的失控,最终会导致革命的失败。孙中山好友郑贯公于清末主持《中国日报》《有

---

[1] 《国民公报总理被辱感言》,《申报》,1912年7月10日。
[2] 《亚细亚日报》,1912年7月7日。

所谓报》时，曾对报纸作为机关喉舌的功能进行过系统的论述。他在《拒约须急设机关日报议》中指出："此报之设，非徒开民智，鼓民气，使抵制之普及已也。若只欲开智鼓气，使抵制普及，则到处演说可，到处以图画使触目惊心亦可。然则必急急于设机关报者何居？"对于尚未掌握国家政权的政党而言，机关报要担负起国家政权的种种功用：

由是观之，则虽具无形国家政府之性质之位置，而实无政治上种种之衙署之人员也，有报纸则有之。报纸能宣布公理，激励人心，何异政令告示？报纸能声罪致讨，以儆效尤，何异裁判定案？报纸能密查侦察，以显其私，何异侦察暗诬讼冤，何异律师？报纸能笔战舌争，何异军人？由是观之，则报纸与会之关系重要如此，岂可不设？岂可不急设？

出于对清政府封禁和"野蛮之暴动"的担心，郑贯公同时也强调办机关报"报律不能不先认定也"，[1] 实则已开要求舆论统一之先河。武昌起义爆发后，章太炎提出"革命军起，革命党消"，遭到孙中山的严厉批判："而吾党偏怯者流，乃唱为'革命军起，革命党消'之言，公然登诸报纸，至可怪也。此不等不明乎利害之势，于本会所持之主义而亦懵之，是儒生阘茸之言，无一粲之值。"同时强调"引舆论为一途，亦吾党进

---

1 郑贯公：《拒约须急设机关日报议》，《有所谓报》，1905年8月14日。

行上不能已之事"。[1] 组织南京临时政府后，孙中山曾要求报界"今日认定宗旨，造成健全一致之言论",[2] 南京临时政府发布暂行报律，与同盟会报人捣毁敌党报馆，其目的都在于控制舆论方向，拒绝任何不利于己的言论，甚至不惜采用暴力手段。

相比之下，亲共和—进步党的报纸表现温和得多。以《亚细亚日报》为例,[3] 该报虽然对同盟会政治人物如陈其美、谭人凤等时加批评，但很少对敌系报纸的直接攻击。在答辩天津《国风日报》的指责时，《亚细亚日报》反而摆出较为中正公允的面目：

> 贵报近日对于本报屡事丑诋恶骂，谓本社中个人与杨度氏有关系，因袁氏不用杨氏，故著论痛骂袁氏，本报窃谓贵报误矣。贵报今日但论本报之评袁氏有当否可耳，若牵及于个人与杨度之关系，并推及于杨不见用于袁，是失其立论之本旨矣……政体大定，报业林立，政党繁生，固知将来论战必不能免，然区区之心，窃愿同业力持大体，勉为政策主张上之辩论，不愿为个人之攻击……如此往来笑骂，永无已时，于国家有何利益，于社会有何补救，岂不令智者笑人，识者

---

[1] 孙中山：《中国同盟会意见书》，《孙中山全集》第1卷，第578页。
[2] 孙中山：《在广州报界欢迎会的演说》，《孙中山全集》第2卷，第356页。
[3] 《亚细亚日报》，1912年3月10创刊，由薛大可主编，本为亲共和党的报纸，后被袁世凯收买，成为袁的御用报纸。

伤心,而彼此皆有失其代表舆论之价值乎?[1]

《国民公报》事件发生后,北方各军队继起发难,认为天津与北京的《国风日报》"丑诋袁大总统,并及各军队,谓其破坏共和,阴行专制",开会集议,"宜照日前打国民公报例打之"。此事后来在冯国璋等人调停下平息,责令两报停止对政府及军队的攻击。对于敌系报纸的遭遇,《亚细亚日报》发表评论,于幸灾乐祸之余,仍然不赞成以激烈手段对付报馆:"国风日报对于大总统种种诬蔑,罪有应得,北方军队义愤勃发,实行保障共和,亦为可嘉。但对于此事,如不满意,可请愿控诉于司法机关,或该管官厅,令其更正,若欲野蛮手段对待,则违背法律甚,非本报所期望于爱国之军人之本意也。"[2]

共和—进步党一系报纸之所以较为温和,一方面与两党的实力对比有关。共和—进步党的前身是清末的立宪派。民元以后,同盟会自恃创立共和有功,颇为骄矜,而立宪派则底气不足,低调退让。在是否欢迎梁启超归国的问题上,两党亦大起争端,尽快梁启超再三声明"不入政界,不入政党",仍然无法避免同盟会方面的攻讦。据罗瘿公的说法,《国民公报》报馆被毁,起因也是《国民公报》对梁启超归国表示同情,同盟

---

[1] 《告天津国风日报》,《亚细亚日报》,1912年4月14日"时评"。
[2] 《军人与国风日报》,《亚细亚日报》,1912年7月11日。

会"积愤无所泄,乃施毒手"。[1]非同盟会政党高唱"不党主义",正是对同盟会党同伐异的一种抵制。

另一方面,共和—进步党报纸的舆论观与国民党报系有着颇大的差异。相较于动辄流血起义的革命党人,立宪派更看重所谓"黑血"即舆论的作用。其代表人物梁启超在清末曾大肆鼓吹舆论的功用,他对"舆论"的定义是:"夫舆论者何?多数人意见之公表于外者也。是故少数人所表意见,不成为舆论;虽多数人怀抱此意见而不公表之,仍不成为舆论。"梁对于舆论的力量,正如他对小说的评价一样,抬高到了骇人听闻的地步:"舆论者,天地间最大之势力,未有能御者也……舆论一成,则虽有雷霆万钧之威,亦敛莫敢发。"因为舆论代表着"社会制裁力",任何人想在政治上有所作为,"苟反抗于舆论,必不足以成事"。因此梁启超断言:"夫立宪政治者,质言之则舆论政治而已……盖地方自治诸机关以及谘议局、资政院,乃至将来完全独立之国会,凡其所讨论设施,无一非舆论之返照。"[2]而舆论的代表,则莫过于"能纳一切,能吐一切,能生一切,能灭一切"的报馆:"舆论之所自出,虽不一途,而报馆则其造之之机关之最有力者也。"梁启超率先提出了"言论独立"

---

[1] 罗瘿公致梁启超信,丁文江、赵丰田编:《梁启超年谱长编》(上海:上海人民出版社,1983),第642页。

[2] 以上观点参见梁启超多篇评议舆论的文章:《清议报一百册祝辞并论报馆之责任及本馆之经历》《敬告我同业诸君》《国风报叙例》《读十月三日上谕感言》,《饮冰室合集》文集第3册、第4册、第9册。

的观点,强调"报馆者,非政府之臣属,而与政府立与平等地位者也"。[1] 梁启超的舆论观,在民元前后,得到了大多数新式知识分子的附和,成为舆论界的主流观点。[2]

不过,立宪派的舆论观,并非照搬西方的自由主义新闻理念。虽然梁启超曾经高唱"思想自由、言论自由、出版自由"这三大自由"实惟一切文明之母,而近世世界种种现象皆其子孙也",[3] 但在政治运作层面讨论舆论时,梁启超将舆论划分为健全舆论(积极舆论)和不健全舆论(消极舆论)两种:"舆论之足以为重于天下……非舆论之可贵,而其健全之为可贵",因为不健全舆论会将社会引入歧途,"盖以瞽相瞽,无补于颠扑,以狂监狂,只益其号咷。俗论妄论之误人国,中外古今,数见不鲜矣"。他认为健全舆论必须具备"五本":常识、真诚、直道、公心、节制。梁启超说,常识、真诚、直道是"成全之要素",公心和节制则是"保健之要素"。所谓"公心",是指要排除党派思想,同时也反对"自命为袒护国民,而于政府之所设施,不问是非曲直,不顾前因后果,而一惟反对之为务",

---

[1] 梁启超:《敬告我同业诸君》,《饮冰室合集》文集第4册。

[2] 如一篇署名"虫缘"的文章《谨告言论界》称:"共和政体之国家,则简直为舆论的产出物,且即以舆论为生活长养之资料者也。舆论之活动力,固无时无地不能直接间接以支配国家者也,以故,国家而苟为共和也,言论之为物,直可谓为存亡生死之唯一关键,而其势力之巨且速,则雷霆万钧,无以过焉。"这篇文章发表在民初影响极大的章士钊主编的《独立周报》上。见《独立周报》2年7号,1913年2月23日。

[3] 梁启超:《清议报一百册祝辞并论报馆之责任及本馆之经历》,《饮冰室合集》文集第3册。

而"节制"则必须避免"不导之以真理,而惟务拨之以感情,迎合佻浅之性,故作偏至之论"等"舆论之病征"。梁启超的结论是:"夫健全舆论云者,多数人之意思结合,而有统一性、继续性者也。非多数意思结合,不足以名舆论;非统一、继续,不足以名健全。"[1]

表面上看,保留"健全舆论",去除"不健全舆论",确乎可以让舆论"为国家之福",然而,判定"健全"与"不健全"的标准为何?梁启超的"健全舆论观"核心在于"统一、继续",而只有在国家利益的指向和政府运作的保证下,舆论统一才成为可能。有论者指出:"梁启超所理解的公共舆论排斥非国家主义取向的各种利益集团的参与,他追求的是'有机之统一与有力之秩序'……他更深一层的期望在于,通过启蒙,甚至凭借开明专制,可以改变固守私利的党派陋习,从而扩张国家主义舆论的空间。对于各种'大抵皆恶'的'势力'(它们往往是公共舆论的主动攻击者),梁启超也坚持批判原则,但他已经把它们划在健全的公共舆论范围之外。梁启超在对抗与启蒙同化这两极之间往往省略了通过何种政治途径实现'统一'与'秩序'目标的两难问题。在他的设想中,这两极是相通的,它们最后都体现和落实为建立理想政府的启蒙。"[2] 在立

---

1 梁启超:《国风报叙例》,《饮冰室合集》文集第9册。
2 张翔:《报业与现代民族国家的建构:梁启超报业观略论》,《开放时代》2001年第5期。

宪派看来，舆论反对政府，是因为政府的不良，舆论并非天然站在政府的对立一面，因此立宪派最不愿看到的，是舆论内部的争斗。1911年，北京发生资政院封查《公论实报》事件，《国风报》的时评痛心疾首地指出：

> 而今之政府外假预备立宪之名实，则事事与立宪相反对。然则资政院所可视为唯一之敌者，当在政府；报馆所可视为唯一之敌者，亦当在政府，而以现在政府势力之顽强，国民势力之薄弱，使资政院与报馆相提携，合力以抵抗政府，犹惧不胜，若复鹬蚌相持，令政府坐收渔人之利，则不特资政院与报馆同归与失败，而其所以贻误宪政者，亦非浅鲜矣。[1]

由此观之，梁启超"统一性、连续性"的健全舆论观，与主张"言论一致"的孙中山，甚至高度控制舆论的袁世凯，出发点虽然不同，但同样要求整合舆论，以符合国家的总体利益。民初舆论由喧哗走向沉寂，除了政治环境的高压，舆论界内部的自我整合，以及由此产生的派系争斗，使舆论之间的正常争辩，演化成"所争在两派势力之消长"，也是一个非常重要的因素。

---

[1] 柳隅：《资政院与报馆之冲突》，《国风报》第 2 年第 3 号，1911 年 2 月 22 日。

西方新闻学者指出，在现代社会里，并非如人们想象的那样，自由主义新闻理论占主流地位，恰恰相反，在大多数国家，集权主义理论"奠定了报刊制度的基础"。而且，集权主义理论"并非都是以权力、贪欲或个人扩张为基础的，许多理论是真诚地想解决一些深奥的问题——国家的性质，人与国家的关系，真理的性质"，"不论所采取的是什么样的学术方法，也不问动机如何，结果都是造成一个有组织的社会制度，在这个制度下，公众通信工具被指派担负特殊的任务，并且要受到控制，使它不致妨碍国家实现自己最终的目的"。[1]

用集权主义理论去对照民初各派知识分子的舆论观，可以发现它们几乎都具备共同的特性：在民族国家的建构过程中，即终结了种族革命（排满）之后，新式知识分子致力于建立一个"自己的政府"，面对立宪政治即将大功告成的假象，他们放弃了清末"第四种族"与政府对抗的职责，而代之以探讨如何利用舆论为己方的政治理想服务，"公众通信工具内容的评价与考查，是按它对于实现既定目标的贡献来决定的。公众通信工具的功能不是去决定或怀疑这些目标。那种功能是属于运用政治权力的个人或团体的"。[2]

---

[1] 斯拉姆等著：《报刊的四种理论》（北京：新华出版社，1980），第18页。
[2] 斯拉姆等著：《报刊的四种理论》，第29页。

身份转型:"超然各党之间,主持一团舆论"

1912年6月28日,罗瘿公致信尚在日本的梁启超,主张其归国,但是"办报不入政党,不入政界,以言论潜养势力,俟潜力雄大,不愁不得总理,且可稳固"。7月初,罗瘿公再度致书梁启超,反对他归国后即组党的想法:"舆论对公甚钦敬,若据以党魁,不特未来者却步,已来者必引去,以其无实力,而树同盟之敌,更树共和之敌,必不足以自存",罗希望梁启超归国后继续办类似《国风报》的刊物,"超然各党之间,主持一团舆论"。梁启超在此句后注云:"佛、志、若并同此旨,鄙人则最主此说。"[1]

办报而不参政,是以梁启超为首的立宪派知识分子在跨入民国后的共同选择。民国成立后,虽然袁世凯被选为大总统,但是以开国元勋自命的南方同盟会员仍然在政府中占据大量重要位置,并借此打压立宪派。曾经追随过清末立宪运动的李大钊形容当时革命党人的面目是:"骄横豪暴之流,乃拾先烈之血零肉屑,涂饰其面,傲岸自雄,不可一世,且悍然号于众曰:'吾为尔民造共和幸福也。'呜呼!吾先烈死矣!豪暴者亦得扬眉吐气,击柱论功于烂然国徽下矣。"[2] 罗瘿公也在给梁启超的

---

[1] 罗瘿公致梁启超信,丁文江、赵丰田编:《梁启超年谱长编》,第642、643页。
[2] 李大钊:《大哀篇》,《言治》月刊第1年第1期,1913年4月1日。

信中说：同盟会"实力虽退而虚声犹盛，暴徒乃日多"。[1]面对革命党人的凌人盛气，立宪派采取了以退为进的政治策略。有论者指出"研究系"作为清末立宪派的代表，在重新整合和分化后，完成了在新形势下的身份转型：

> 自1898年戊戌维新到辛亥革命这十多年间，中国士绅阶层经历了立宪与革命的分化整合，后来在民初政治中，与梁启超合作的士绅，多数是清预备立宪运动中要求立宪的各省领袖。他们在百日维新至辛亥革命运动这一段时间中，在国内填补中国改良运动的空白；这些人带着维新的精神跨入民国，而且在后来他们不得不退出主要政治舞台的时候，又以他们操纵的传媒机构、文化机构及清末以来的感召力、社会关系等因素，继续存在于新文化运动的主题当中。[2]

虽然梁启超、汤化龙等立宪派知识分子从未真正放弃进入政界的尝试，但在袁世凯和同盟会的双重打压下，他们的政治空间明显较清末大为缩小，此种不利的政治地位反过来促使这些不得志的知识分子（也包括革命党人中的失意者）实现从政治精英向文化精英的转型，这一转型过程也是他们逐步与公共

---

[1] 罗瘿公致梁启超信，丁文江、赵丰田编：《梁启超年谱长编》，第642页。
[2] 彭鹏：《研究系与五四时期新文化运动》（广州：中山大学出版社，2003），第21页。

传媒相结合，甚或部分具备"公共知识分子"身份的过程。从民国创立到"五四"前后，知识分子的身份转型可以用一个序列予以代表：梁启超（徐佛苏、章士钊）——黄远庸（薛大可、林白水）——邵飘萍（张季鸾、胡政之）。

梁启超对舆论的高度推崇，以及立宪运动在清末舆论界的声势，使梁和梁的追随者在政治地位不占优势的情形下，试图将其舆论界的声望转化为政治资源，以之与革命党人相抗衡，通过"主持舆论"来"超然众党"。

早在清末革命派与改良派论战之时，梁启超就尝试在舆论观方面超越两党之争，他一方面承认报纸可以为不同的利益集团服务："有一人之报，有一党之报，有一国之报，有世界之报。"但同时指出，目的不同，代表着报纸价值等级的差异，"世界之报""以全世界人类之利益为目的者"，是报纸的终极归属。他认为《时务报》《知新报》只是"一党报"，《清议报》"在党报与国报之间"，他希望中国的报纸有朝一日能"全脱离一党报之范围，而进入于一国报之范围，且更努力渐进以达于世界报之范围"。[1] 在梁启超及其追随者看来，报纸的职能在于"监督政府，引导社会"，民元以来的舆论界由于"党见太深"，不能发挥应有的作用。《独立周报》上有文章这样批评当时的舆论界：

---

1 梁启超：《清议报一百册祝辞并论报馆之责任及本馆之经历》，《饮冰室合集》文集第3册。

> 夫革命以来，报纸之种类骤增，然若尽取而读之，则见其多以攻击异己为能。前清报纸之称报馆记者，不过斯文败类，甚或号为逆贼，犹以人类视之，且仅罪及其一身也。今则两报之于诟也，狗彘之名，可上笔端，家庭之私，任意污蔑。……其能稍自振拔不为已甚者，亦多昧于公私之界，其相争之，常不在政策而在党员，甚至胪举罪状，摘抉阴私，有若刑庭控诉之词，复似法官判断之语，以是互相告讦，聚讼不已，国人见之可哭，外人见之尤可笑也。一日争之不足，而日日争之，一报争之不足，而有数十他报以阿附之，此所以流毒甚远，贻祸甚深。

这位批评者甚至认为，民国创立后报纸暴增并非一件好事，因为增加的报纸大多只是"由各党及各私人之借以为攻击异己之机关耳"。[1]

梁启超于1912年7月归国，国内知识界对其寄予了很大的期望，主要是看重他"主持舆论"的声望和能力。梁启超归国初发表的演讲，俨然以舆论家自命："鄙人二十年来，固以报馆为生涯，且自今以往，尤愿终身不离报馆之生涯也。"这种身份自认，很大程度上有为立宪派争一席之地的意味。在北京报界欢迎会上，他提出辛亥革命的成功，是"黑血革命"即报纸宣传的成果：

---

1 叶景莘：《论党见与报纸》，《独立周报》2年7号，1913年2月23日。

去秋武汉起义，不数月，而国体丕变。成功之速，殆为中外古今所未有。南方尚稍烦战事，若北方则更不劳一兵、不折一矢矣。问其何以能如是，则报馆鼓吹之功最高，此天下公言也。世人或以吾国之大，革数千年之帝政，而流血至少，所出代价至薄，诧以为奇，岂知当军兴前军兴中，哲人畸士之心血沁于报纸中者，云胡可量。然则谓我中华民国之成立，乃以黑血革命代红血革命焉可也。

梁启超还批驳了革命党对立宪派的政治阻遏："若谓前此曾言立宪之人，当共和国体成立后，即不许其容喙于政治，吾恐古往今来普天率土之共和国，无此法律。"[1]

然而梁启超并不真的甘以舆论家自居，在他看来，舆论仍然是一种工具，"民意"也是可以制造和引导的。舆论之所以有用，是因其可以作为"政党之后援"。早在清末，梁启超就期盼中国能有"豪杰"与舆论结合，经历"舆论之敌——舆论之母——舆论之仆"的不同阶段，以"成立时代之事业"。[2] 梁的同志抱持着同样的信念，《国风报》的一篇评论指出：

凡政治必借舆论之拥护，而始能存立。岂惟立宪政体，

---

[1] 梁启超：《鄙人对于言论界之过去及将来》，《庸言》1卷1期，1912年12月1日。此系梁启超在1912年10月22日北京报界欢迎会上的演说词。
[2] 梁启超：《饮冰室自由书·舆论之母与舆论之仆》，《饮冰室合集》专集第2册。

即专制政体亦有然。所异者则专制政体之舆论为消极的服从，立宪政体之舆论为积极的发动而已。盖自古未有舆论不为积极的发动而能进其国于立宪者。[1]

因此在民元前后，梁启超和立宪党人表现出与袁世凯联手的急迫要求，他们认为只有这样，才可能将前者的舆论声望与后者的政治实力结合起来，以取得政治上的霸权。清廷未退位时，梁启超就表示："吾自信，项城若能与我推心握手，天下事大有可为。虽然，今当举国中风狂奔之时，急进派之所最忌者，惟吾二人。"[2]民国建立后，梁启超致书袁世凯，提出了著名的"开明专制策"：

既以共和为政体，则非有多数舆论之拥护，不能成为有力之政治家。此殆不烦言而解也。善为政者，必暗中为舆论之主，而表面自居舆论之仆，夫是以能有成。……夫开明专制与服从舆论，为道若大相反，然在共和国非居服从舆论之名，不能举开明专制之实。[3]

将"服从舆论"作为"开明专制"的推行手段，可见梁启

---

1 沧江：《读十月初三日上谕感言》，《国风报》第1年第26号，1910年11月7日。
2 丁文江、赵丰田编：《梁启超年谱长编》，第569页。
3 梁启超：《致袁项城书》，丁文江、赵丰田编：《梁启超年谱长编》，第617页。

超的身份自认更倾向于以舆论为工具的政治家,而非旨在代表民意的舆论家。

1912年12月1日,《庸言》在天津出版,封面赫然印着"新会梁任公先生主干"的字样,杂志内容以政论为主,撰稿者基本上为进步党成员。《庸言》受到了国内知识界的欢迎,第一号印一万份,立即售罄,续定者尚有数千份,到了1913年4月,每期杂志"已销行一万五千份矣"。[1]

在解释为何在清末反对钳制言论而在民国主张舆论一致时,梁启超称"专制时代之舆论,不过立于辅助之地位,虽稍庞杂而不为害。立宪时代之舆论,常立于主动之地位,一有不当而影响直波及于国家耳",[2] 并声称他在清末办报是为了"灌输国民以政治常识","无日不与政府宣战",《庸言》则转而着重于舆论与政府的互动。梁启超一向主张办报应"浸润"和"煽动"两种方式并用,前者适用于"教导与扑责"政府,后者则适用于"响导民众"。实际上,这两种办报方针很难同时共存,"浸润"的方式要求"持论务极公平,不偏于一党派",[3] 而"煽动"的手段

---

[1] 梁启超:《与娴儿书》,丁文江、赵丰田编:《梁启超年谱长编》,第661、668页。

[2] 梁启超:《国风报叙例》,《饮冰室合集》文集第9册。这一说法与孙中山的观点不谋而合,孙中山认为:"报纸在专制时代,则利用攻击,以政府非人民之政府也;报纸在共和时代,则不利攻击,以政府乃人民之政府也。"见《对粤报记者的演说》,《孙中山全集》第2卷,第349页。

[3] 梁启超:《新民丛报章程》,丁文江、赵丰田编:《梁启超年谱长编》,第252页。

"宜以极端之议论出之，虽稍偏激焉而不为病"，甚至"不习则骇，变骇成习""以乙为鹄，指甲趋乙"。[1] 民元前后，梁启超的办报兴趣明显从"响导国民"转向"监督政府"，他虽然承认"浸润与煽动相反对，此二者皆为鼓吹舆论最有力之具"，但明显更倾向于采用"浸润"的言论策略："煽动之收效速，浸润之收效缓。顾收效速者，如华严楼台，弹指旋灭。收效缓者，如积壤泰华，阅世愈坚。"[2] 到了办《庸言》时，梁启超进一步反对"偏至之论"，主张报刊要沿袭诗经之义，采取"矢志必洁，而称物惟芳，托体虽卑，而择言近雅"的"风人之旨"。[3]《庸言》的命名也体现了这一思路，在创刊号的《序》中，梁启超解释道：

> 庸之义有三：一训常，言无奇也；一训恒，言不易也；一训用，言其适应也。振奇之论，未尝不可骤耸天下之视听，而为道每不可久，且按诸实而多阂焉。天下事物，皆有原理原则。其原理之体常不易，其用演为原则也，则常以适应于外界为职志。不入乎其轨者，或以为深赜隐曲，而实则布帛菽粟，夫妇之愚可与知能者也。言之庞杂，至今极矣，而其去治理若愈远，毋亦于兹三义者有所未惬焉。此庸言报之所为作也。[4]

---

[1] 梁启超：《敬告我同业诸君》，《饮冰室合集》文集第4册。
[2] 梁启超：《国风报叙例》，《饮冰室合集》文集第9册。
[3] 梁启超：《说国风》（下），《饮冰室合集》文集第10册。
[4] 《庸言》1卷1号，1912年12月1日。

论者每谓梁启超入民国后言论磨减锋芒、趋于保守,是思想变化所致,实则为梁启超对言论策略进行调整,以在新环境中保持"主持舆论"的地位。

梁启超虽然宣称归国后"立言之宗旨"仍是"浚牖民智,熏陶民德,发扬民力,务使养成共和法治国民之资格",[1]然而,从《庸言》第一卷看来,更像是一份进步党讨论政治方针与经济政策的机关杂志。尤其在梁启超入熊希龄内阁后,《庸言》上连篇累牍地发表《政府大政方针宣言》《整理中国税法议》《经济上政府之执掌》等文章,几乎有变为政府传声筒的嫌疑。梁启超的这种办刊方式可以帮助他顺利进入政界,却很难承担公共舆论的传播与批判功能。随着1913年梁启超加入共和党、入阁任司法总长、币制局总裁,"政治立场倾于维持政府"(张东荪语),明显与他"超然众党"的宣言相违背,《庸言》对知识界的影响力也不断衰减。1914年1月,梁启超将《庸言》移交给黄远庸编辑,编辑部也随之移到北京。

黄远庸接替梁启超主办《庸言》后,立即着手改变这份刊物的风格,希望让《庸言》焕发出"新生命"。他在相当于"改刊辞"的《本报之新生命》一文中再次强调"不党"的立场:"极力保持言论独立之精神,与一切个人关系及党派无涉",并针对之前杂志的偏向问题指出:

---

1 梁启超:《鄙人对于言论界之过去及将来》,《庸言》1卷1号,1912年12月1日。

吾曹此后将力变其主观的态度，而易为客观。故吾曹对于政局，对于时事，乃至对于一切事物，固当本其所信，发挥自以为正确之主张，但决不以吾曹之主张为唯一之主张，决不以一主张之故，而排斥其他主张。且吾曹有所主张，以及其撷取其他之所主张之时，其视综合事实而后下一判断之主张，较之凭恃理想所发挥之空论，尤为宝贵，若令吾人所综合事实，尚未足令吾人下笔判断之时，则吾人与其妄发主张，贻后日之忏悔，不如仅仅提出事实，以供吾曹及社会异日之参考资料，而决不急急于有主张。[1]

黄远庸好友林志钧后来评述黄远庸的政论特点是坚持新闻记者的立场："远庸所发的政论，全用评判的态度，所根据的材料，比较的也很正确，绝不肯'信口开河'的乱说。他常常发感慨，以为新闻记者，须尊重彼此之人格，叙述一事，要能恰如其分，调查研究，须有种种素养，同时号称记者的这些人，那一个够得上这个资格。"[2] 黄远庸的报人立场是明确而坚定的，他甚至尝试改变《庸言》立场鲜明的政论刊物性质，表示"于政治的记述之外，凡社会的理论及潮流与社会事实，当为此后占有本报篇幅之一大宗也"。在他的努力下，《庸言》第二卷的

---

[1] 黄远庸：《本报之新生命》，《庸言》第 2 卷 1、2 号合刊，《远生遗著》卷一，第 19 页。

[2] 林志钧序，《远生遗著》序，第 5 页。

政治色彩显著减弱，人文方面的内容大大增加。

黄远庸与梁启超一样，赞同舆论应该保持"超然不党"的立场。与梁启超不同的是，黄远庸没有强烈的从政欲望，一生始终保持了"不入政界"的信念。除了于清末短期任职邮传部员外郎，黄远庸一直以报人名世。据闻1909年黄自日本归国，"同里李盛铎告之曰：'吾见欧士之谙近世掌故者，多为新闻撰述家。以君之方闻博涉，必为名记者。'而远庸从事新闻记者之业，实基于此"。[1] 由此可见，黄远庸的自我身份认同也倾向于西方式的新闻记者。

民元以后，黄远庸虽然与进步党保持着亲密关系，却对当时政党报纸党同伐异的习气深恶痛绝，他认为"既成一党，诚不能不于本党之人略有隐恶扬善之谊，然今日政党之甘为万恶之傀儡，则国家之忧也"。政党报纸充斥的后果，"各党以图取势力故，遂不能不于稍有势力者，皆牢笼之，至其人之清流浊流，不暇计也"。有政党利益的顾忌，舆论就失去了批判的立场和能力，对此黄远庸表示"必有超然不党之人，主持清议以附于忠告之列，其言无所偏倚，或有益于滔滔之横流于万一。记者诚非其人，特有志焉而已"。[2] 为此，他一再登报声明："自今以往，余之名字誓与一切党会断绝连贯的关系。"[3]

---

1 钱基博：《现代中国文学史》（长沙：岳麓书社，1986），第483页。
2 黄远庸：《不党之言》，《少年中国周刊》，民国元年12月19日，《远生遗著》卷一，第19页。
3 黄远庸：《忏悔录》，《远生遗著》卷一，第133页。

黄远庸主张言论独立与尊重事实的立场，在民初记者中独树一帜，从而为他赢得更多的舆论资源。[1] 经过民国初年乌烟瘴气的政党报纸大战，读者和商业报纸都试图在北京寻找一名具有公信力的记者。黄远庸"初尝为北京《亚细亚报》撰文，兼为上海《东方日报》通信，《东方日报》停刊，乃为《时报》通信，后又为《申报》通信"，戈公振称其为"报界之奇才"[2]。黄远庸取得如此地位，当然并不仅因为"其理解力及文字之组织力，实有过人处"，他自觉远离政治的立场也使他的言论更顺利地为各方面接受。袁世凯一再要求黄远庸发表赞成帝制的文章，并逼他出任上海《亚细亚报》总撰述，也是看中黄的新闻"极能吸引读者"。1915年12月27日，黄远庸在旧金山被误以为他是帝制派的当地华侨刺杀，不仅国内新闻界认为是"至可痛惜之事"，政界与文化界中人也"咸奔走告语，太息弥襟，谓此才之不易得也"。[3]

黄远庸的独特意义，在于其能兼跨政党报纸与商业报纸两个领域，而基本保持报人的独立身份。民初的舆论界出现截然两分的态势，各政党办的机关报与组成社会金字塔基的中下层社会基本没有关系，而《申报》《新闻报》等商业报纸对政局影响力甚微。黄远庸对于政党报纸完全基于个人关系或政党利

---

[1] 其时黄远庸、刘少少、丁佛言三人有"新闻界三杰"之称，后两人都深陷政党报系之争，作为新闻记者的成就远不如黄远庸。

[2] 戈公振：《中国报学史》，第151页。

[3] 钱基博：《现代中国文学史》，第483页。

益发言，却口口声声"代表民意"的状况，表示痛心疾首："今日中国无平民，其能自称平民，争权利争自由者，则贵族而已矣。农工商困苦无辜，供租税以养国家者，所谓真平民也，则奴隶而已矣……此其人，口不能为文明之言，身不能享共和之福，皆以供百万贵族之奴隶狼藉而已。非大总统及政府之所能顾念而珍惜，非舆论机关之所屑为代表而呼吁，非彼堂堂政客之所屑为调查而研究。何则？以其为奴隶而非平民也。"[1]因之，黄远庸一方面参与对政党机关报的改造，一方面为《时报》《申报》等商业报纸撰写通讯，试图重新整合分散的舆论资源。黄远庸在民初报人中率先指出"新闻可大别为社会的及政治的二种"，对于大众报纸来说，"夫新闻以报道真正之事实为主"，[2]也并不一定要关乎政治："所谓新闻者，不必尽为朝章国故也，市井琐屑，街谈巷议，皆一一作新闻观。"[3]黄远庸事实重于结论、新闻超越政治的写作风格，为当时报纸中的"创格"，更符合代表中下层社会的大众报纸的要求，以致有人称"我国报纸之有通讯，实以黄远生为始"。[4]

论者每以黄远庸上袁世凯的条陈与梁启超《致袁项城书》

---

1 黄远庸：《平民之贵族奴隶之平民》，《远生遗著》卷一，第3页。
2 冯国和：《记黄远生的新闻思想及其新闻实践》，转引自徐培汀、裘正义：《中国新闻传播学说史》，第242页。
3 黄远庸：《新闻日记》，《远生遗著》卷四，第128页。
4 宋云彬：《民初名记者：黄远生》，转引自徐培汀、裘正义：《中国新闻传播学说史》，第243页。

并举，同样视为民初知识精英舆论观的污点，其实两者宗旨有所不同。黄远庸1913年7月上大总统的条陈略谓："宜由警厅组织特种机关，专司检阅报纸，从法律干涉，并择要编辑为侦探材料。一面组织新闻通讯机关，整齐一切论调、纪事等语。"[1] 条陈内容似乎在主张舆论专制，但结合黄远庸的舆论观便可发现，他的目的在于呼吁舆论法治化。黄远庸认为，要消弭党争、实现真正的平民政治，只有将中国变成一个"法治之国"。他在《个人势力与国家权力之别》一文中开章明义称："法治之国之要素无他，在祛除个人势力，而以国家权力范四民于法律之内而已。"国家权力由议会制定的宪法赋予，个人无由置喙，"国家对于人民有若干若干之权限，以分配之于总统，分配之于议院，分配之于司法机关。故其机关有权力，而其机关之个人则无权力。"黄远庸还举例说，法治国家决不允许个人势力存在，法律一旦制定，必须人人服从，即使大总统袁世凯在大街上便溺，警察也同样会抓住他，罚款数额与平民相等。[2] 因此黄远庸的条陈，是希望用法律来管理混乱不堪的舆论局面。如果仅仅为了控制舆论，则早在1912年7月，袁世凯就已经"嘱秘书厅将京中各报分流别派列成一表，以便政余浏览云"，[3] 而内务部对黄远庸所上条陈的答复也仅为"查本部阅报，早已

---

1 《新闻界人物》（一）（北京：新华出版社，1983），第56页。
2 黄远庸：《个人势力与国家权力之别》，《远生遗著》卷一，第15页。
3 《亚细亚日报》，1912年7月10日。

派有专员，即警察厅亦有专员司阅报纸"，对黄的建议不予采用。可见黄远庸的条陈并非为了袁世凯个人攫取权力服务，而是希望将舆论界纳入法治的轨范之内。当然，追求这种理想的舆论环境，在民初的政治环境中无异痴人说梦。

黄远庸的悲剧也正根源于此。他试图坚持超然不党的报人立场，代表"三万万九千九百万之国民"发言，然而在公共舆论极不发达的民国初年，他无法真正摆脱政治斗争和权力威胁，也缺乏足够的舆论资源去改善越来越糟的政局。正如他自己所说："政治家无主张以战胜舆论，则最后之手段，唯有专制。"[1]在这样的舆论环境里，很难坚持纯粹西方报人那样的独立身份，担任新闻记者变成了"一大作孽事"："以今法作报，可将一无辜良善之人，凭空诬陷，即可陷其人于举国皆曰可杀之中。盖一人杜撰，万报誊写，社会心理薄弱，最易欺蒙也。至于凭臆造论，吠影吠声，败坏国家大事，更易为矣。"面对号称自由而实不自由的舆论环境，黄远庸发出无奈的哀叹："余于前清时为新闻记者，指斥乘舆，指斥权贵，肆其不法律之自由，而乃无害。及于民国，极思尊重法律上之自由矣，顾其自由不及前清远甚，岂中国固只容无法律之自由，不容有法律之自由乎？"[2]

黄远庸在去世前的一系列文章中，痛切地表达民初知识分

---

[1] 黄远庸：《国人之公毒》，《远生遗著》卷一，第150页。
[2] 黄远庸：《忏悔录》，《远生遗著》卷一，第132、133页。

子"有人撮弄，作诸动作"的悲哀，也开始反思民初知识精英身份转型过程中无力突围的深层原因，如他指出"社会心理薄弱""国民之笼统主义"等问题，希望能够借助"文艺之改革"来改造国民性。不过，黄远庸没有指出阻碍民初报人由政党喉舌向公共舆论家转化的另一重大因素：经济不独立。

1921年，已基本退出政界的梁启超在为《时事新报》写"出版五千号纪念辞"时，饶有感触地阐发了经济问题对言论独立的掣肘：

> 吾侪从事报业者，其第一难关，则在经济之不易独立。报馆恃广告费以维持其生命，此为天下通义。在产业幼稚之中国，欲恃广告所入以供一种完善报纸之设备，在势既已不可能，而后起之报为尤甚。质言之，则凡办报者，非于营业收入以外，别求不可告人之收入，则其报殆不得自存。……同人等殊不敢以清高自诩，但酷爱自由，习而成性，常觉得金钱何来？必自势力。无论受何方面金钱之补助，自然要受该方面势力之支配，最少亦受牵掣。

梁启超哀叹，由于经济力量的限制，他理想中"言论独立"的报纸多少年来一直没有出现，不是胎死腹中，就是中道夭折。[1]

---

[1] 梁启超：《时事新报五千号纪念辞》，《饮冰室合集》文集第13册。

1912年章士钊在上海创办《独立周报》，也曾做出将政论报纸商业化的努力。《独立周报》出版后，反响不错，"印数千份，现已售完，要求再版者仍络绎不绝"。然而到1912年底，这份杂志仍不免在经费上有捉襟见肘之叹："惟本报创办之始，原欲增进国民之常识，是以取价特别从廉，而消费之巨，亦为向来丛报所无。"[1] 报价无法上涨，增多收入只有添加广告一途。《独立周报》于1913年初刊登了招商的启事：

> 本报自发行以来，销路愈批愈远，广告愈过愈多。盖登日报告白，随阅随弃而不存。登本报告白则阅者可以留置案头，朝夕展玩，且装订成册，虽为日既久，仍可发生效力，此愈于登日报告白一也；登日报告白，逐日计字，消费甚多，登本报则收价既廉，登本报一期即抵登日报一礼拜，此胜于登日报告白又一也。今本社为便利刊登告白诸君起见，从下期起添设（论前广告）一栏，每期刊列在纪事前，取费照普通告白例加倍，一开卷即可寓目，所费无多，而效力尤巨，商界诸君，有欲利市三倍者，幸勿误此好机缘也。[2]

一份政论刊物，广告却颇有欲与日报争雄之志，在民初报刊界甚为少见。《独立周报》后因政治原因停刊，但知识精英

---

[1]《本报特别启事》，《独立周报》1年12期，1912年12月8日。
[2]《本报启事二》，《独立周报》2年5期，1913年2月9日。

仍在延续这种跨越政党报纸与商业报纸分野的努力。

1915年7月，邵飘萍在北京创立第一个民间自办的通讯社"新闻编译社"。1918年10月5日，邵飘萍宣布辞去《申报》特派记者，集资创办《京报》，这是民元以来不多见的没有政治背景的华资报纸。邵飘萍在发刊词《本报因何而出世乎》中称："必使政府听命于正当民意之前，是即本报之所为作也。"[1] 他又在回顾《京报》创办过程时表示："愚个人既素无党派关系，更不欲以特殊势力为报纸之后盾，根基薄弱，而言论尚较自由。盖《京报》创刊之志趣，非有政治之目的，惟以愚个人既乐从事于新闻之业，欲以《京报》供改良我国新闻之试验，为社会发表意见之机关。"[2] 邵飘萍在清末办启蒙报纸，后赴日本留学，归国后历任《申报》《时事新报》《时报》主笔，经历与黄远庸相仿。他认识到要保持报人的独立身份，就必须有独立的舆论机构与固定的读者群为后盾。在邵飘萍手里，华资报纸完成了政党报纸向商业报纸的转化，《京报》创刊后，最高发行量达六千多份，俨然北京一份大报，两年后即自建两层楼报馆，在北京华资报纸中独一无二，足以说明邵飘萍经营的手段。[3] 更重要的是，邵飘萍与孤军奋战的黄远庸不同，他"十分重视利用和依靠社会力

1　飘萍：《本报因何而出世乎》，《京报》，1918年10月5日。

2　飘萍：《京报三年来之回顾》，《京报》，1922年10月9日。

3　方汉奇：《纪念邵飘萍（代序）》，《邵飘萍选集》（北京：中国人民大学出版社，1987）。

量"，担任北京大学新闻学讲师，创办《京报副刊》《莽原》等23个副刊，有效地建立了文人集团与公共舆论之间的联系。正是遵循邵飘萍的榜样，1926年吴鼎昌、胡政之、张季鸾联手创办新记《大公报》，使新式知识分子在公共领域中发挥了独立的作用，真正完成了政治人物向"公共知识分子"的身份转型。

集团重组：新文化运动的源流

辛亥革命以前，新式知识分子大致分为革命派与立宪派两个集团。进入民国后，知识分子集团出现相当剧烈的分化。从政治姿态而言，可分为孙中山领导的革命党人、依附袁世凯的政府支持者与主张调和的折中派。二次革命之后，袁世凯帝制自为的野心逐渐展露，于是以反袁与否为标尺，新式知识分子再度分裂为两派。自袁世凯称帝，历经护国战争、张勋复辟、护法运动，对政治的厌倦感和失败感弥漫于整个知识界。这种情绪可以1914年陈独秀致章士钊的信作为代表："自国会解散以来，百政俱废，失业者盈天下，又复繁刑苛税，惠及农商，此时全国人民，除了官吏兵匪侦探，无不重足而立，生机断绝，不独党人为然也。国人唯一之希望，外人之分割耳。"[1]

---

[1] 陈独秀致记者信，《甲寅杂志》1卷2号，1914年6月10日。

政治上的失意迫使大多数知识精英把自己的兴趣点从政治参与转向文化关怀。袁世凯政府对言论的禁制，使得通过舆论影响政治的途径几乎断绝。政治上备感无力的景况下，知识精英更加看重仅有的舆论阵地。少数几个依托海外或租界独立发言的精英刊物，成为因厌倦政治而希望寻找新道路的知识精英们集结的旗帜。

1915年，一位读者致信章士钊，称"国内日报虽多，然足引起人之注意者殊少。不足当呼者之目，以鄙人之私意测之，其足当此者，惟足下所撰之贵杂志，及梁任公所撰之《大中华》杂志"。[1]此时，日后被认为是新文化运动标志的《青年杂志》刚在上海出版了它的创刊号，其真正对全国产生影响，则须等到1917年陈独秀入北大之后。1914—1917年，梁启超和章士钊担当着知识精英集结者的角色。

梁启超的《大中华》仍然近于研究系的机关报。其撰稿者多为民初政治界、舆论界的风云人物。梁启超为《大中华》撰写的开篇题为《吾今后所以报国者》谓"自今以往，除学问上或与二三朋辈结合讨论外，一切政治团体之关系，皆当中止，乃至生平最敬仰之师长，最亲习之友生，亦惟以道义相切靡，学艺相商榷；至其政治上之言论行动，吾决不愿有所与闻，更不能负丝毫之连带责任"。[2]从中可以看出政治挫败对于研究系

---

[1] 王燧石：《呼者》，《甲寅杂志》1卷10号，1915年10月10日。

[2] 《大中华》1卷1期，1915年1月。

的打击何等巨大，而《庸言》发行人吴贯因发表在《大中华》第1卷第7号的《在野之政治家》，"可看作进步党人为自己在这一个民国政治中的身份所做的一种心理补偿"。[1]从人员构成上、杂志内容上看，《大中华》都没有表现出太多的"新"的因素，而研究系（进步党）作为知识分子集团，对整个知识界的影响也已渐次势微。虽然后来其党员如蓝公武、张君劢、张东荪等，多有参加新旧思潮论战者，但都以个人身份出现，而研究系基本上采取了旁观姿态。

相比之下，章士钊与《甲寅》吸引了更多的"边缘知识分子"。

《甲寅》的创办，使因政治原因被迫远离公共领域的知识分子有一块阵地，重新进行政治反思和文化建设。《甲寅》初创刊时主编者利用自身的人际、地缘关系，作者多为同盟会员或湖南同乡，随着杂志影响力的增大，新的作者不断加入，使《甲寅》转变成一份知识界的公共刊物[2]。然而《甲寅》并非一个同人杂志，其作者群也被看作一种权宜的集合。它的凝聚力量来自反袁的共同政治立场与主编章士钊"有容""尚异"的调和主张。《甲寅》的作者们以个人的名义参与政治与文化的讨论，其中出现的分歧与对立，日后更衍变为五四前后众声喧

---

[1] 彭鹏：《研究系与五四时期新文化运动》，第44页。
[2] 不断有读者来信，称赞《甲寅》是唯一不受政府或某一政党控制的论坛。见《甲寅》1卷2号"通讯"，《新青年》2卷1号、2号"通信"。

哗式的文化论战。准确地说，《甲寅》更像是一个过渡的平台，1914—1915年为知识精英的重新整合和边缘知识分子的崛起提供了适合的空间。

据统计，在《甲寅》上发表政论三篇以上者，有秋桐（章士钊）、渐生（疑为陆鸿逵）、运甓（章勤士）、易白沙、汪馥炎、杨超、张东荪、周鲠生，发表政论一至二篇的作者有张重民、放鹤（金天翮）、CC生（陈独秀）、李大钊、高一涵、CZY生（杨昌济）、刘蕴和（刘少少）、诏云（文群）、潘力山、后声（赵正平）、叔雅（刘文典）、李剑农、皮宗石、劳勉、梁漱溟、易培基，在《甲寅》上撰写"通讯"的除了上述作者，尚有吴敬恒、曹亚伯、张尔田、郁嶷、李寅恭、张继、胡适、陶履恭、白坚武、蒋智由、何震生、王九龄、黄远庸、张效敏、陈嘉异、孙毓坦等人。[1]《甲寅》作者群中，从年龄观察，年龄最大为吴敬恒与蒋智由，49岁，年龄最小的为梁漱溟，21岁，大多数为35岁以下的青年。[2] 从教育背景观察，作者群共计40人，确定有留日经历者达27人，有留英美者10人（含留日、留英双重身份者），无留学经历者仅6人。从经历上考察，《甲寅》作者绝大多数参与了清末的革命运动或立宪运动，政治上均持反对袁世凯的立场。

---

1 杨琥：《民初进步报刊与五四新思潮》，北京大学博士论文（未刊）。
2 40名作者中，30—35岁者有13名，25—30岁者有10名，25岁以下者有5名，青年作者比例为70%。

综上，《甲寅》作者群具备三个特点：一是包容性，作者中既有同盟会系的陈独秀、吴稚晖、张继，也有进步党系统的张东荪、黄远庸，青年作者中既有北洋法政系的李大钊、郁嶷、白坚武，也有研究系的李剑农、周鲠生，还有无党派的胡适、皮宗石等；二是精英性，这部分知识分子接受过完整的新式教育，多数有留学经历，并与民初舆论界有密切的关系；三是边缘性，作者群中虽不乏吴稚晖、蒋智由、张继等党派知名人士，但主要还是由在民初政坛处于边缘地位或崭露头角的独立知识分子构成。

已经有多位论者指出，《甲寅》作者群与后来的《新青年》作者群有很大程度的重合。[1] 事实上，当时不少读者即将《新青年》视为《甲寅》的延续与替代。[2] 如果将《甲寅》—《新青年》看作一个有承续关系的刊物系列，则从《甲寅》到《新青年》，经历了一个从"公共刊物"到"同人刊物"的过程。

章士钊办《独立周报》，基本是同人刊物性质，并且将"每册四万余言，几于全体由社员撰述"作为一个可资炫耀的特色，以自别于囿于党争的机关刊物。《独立周报》的作

---

[1] 参见陈万雄：《五四新文化的源流》（北京：三联书店，1997）、朱成甲：《李大钊早期思想与近代中国》（石家庄：河北人民出版社，1989）等书。

[2] 贵阳一青年："幸大志出版，而前之爱读甲寅者，忽有久旱甘霖之快感。谓大志实代甲寅而作也。"《新青年》2卷1号"通信"。另见《新青年》2卷2号王醒侬等人来信。

者采取聘用制,"以重金延绩学之士为撰述员",反映出办刊者的商业化努力。[1]《甲寅》则完全放弃了同人刊物的限制:"本志非私人所能左右,亦非一派之议论所得垄断,所列论文,一体待遇,无社员与投稿者之分,任何意见,若无背于本志主旨,皆得发表,惟所主张,作者各负其责,任真名别号,随意用之。"[2]《青年杂志》第一卷采取了同样的征稿策略,固然可说是"带有明显的《甲寅》印记,自家面目并不突出",[3]在当时的环境中,实属势所必然。二次革命失败后,大多数知识分子处于思想的消沉期,更对民初政党机关刊物党同伐异的习气深以为恨,此时办刊,如不大开方便之门,吸引各路豪杰共襄盛举,根本无法获得足够的人才资源,遑论整合知识精英从事文化建设?可以说,没有《甲寅》《青年杂志》时代的广泛吸纳,也就没有《新青年》后来的同人集团。

《甲寅》的作者群虽然显得比较芜杂,但是其中的核心作者有着共同的特点:(一)具有留学日本或英美的教育背景;(二)有报刊从业经历。现将这些核心作者列表介绍如下(排列按在《甲寅》上发表文章先后):

---

1 《本馆特别启事》,《独立周报》1年12期,1912年12月8日。
2 《本志宣告》,《甲寅》1卷1号,1914年5月10日。
3 陈平原:《思想史视野中的文学》,陈平原、山口守主编:《大众传媒与现代文学》(北京:新世界出版社,2003),第190页。

姓名	生卒年	籍贯	留学背景	报业经历
章士钊	1881—1973	湖南长沙	英国苏格兰大学、爱丁堡大学	主笔《国民日日报》《民立报》《独立周报》
吴稚晖	1865—1961	江苏武进	游学日、英、法	《苏报》编辑、《中华新报》创办人
张重民	1883—1950	四川成都	游学日本	《民立报》记者、《雅言》撰稿人
章勤士	?—1924	湖南长沙	游学日本	留日时参加梁启超组织的政闻社
陈独秀	1879—1942	安徽怀宁	游学日本	主办《安徽俗话报》《国民日报》
郁嶷	1890—?	湖南澧县	日本早稻田大学	《言治》编辑、撰稿人
李大钊	1889—1927	河北乐亭	日本早稻田大学	《言治》编辑、《民彝》编辑
高一涵	1884—1968	安徽六安	日本明治大学	《民彝》编辑
汪馥炎	1891—1940	江苏武进	日本东京政法大学	《中华杂志》撰稿人
李寅恭	1884—?	安徽合肥	英国剑桥大学	《独立周报》撰稿人
杨超	1885—1966	湖南长沙	日本、英国伦敦大学	《太平洋》撰稿人、《东方杂志》编辑
张继	1882—1947	河北沧县	游学日本	《民报》发行人、编辑

续表

姓名	生卒年	籍贯	留学背景	报业经历
杨昌济	1871—1920	湖南长沙	日本、英国爱丁堡大学	《独立周报》撰稿人
刘少少	1870—1929	湖南善化	游学日本	《帝国日报》《湖南公报》《公言》《亚细亚日报》编辑
潘力山	1888—1927	四川开县	日本早稻田大学	《雅言》《大中华》撰稿人
周鲠生	1889—1971	湖南长沙	日本早稻田大学	《太平洋》撰稿人
蒋智由	1865—1929	浙江诸暨	游学日本	《新民丛报》编辑
李剑农	1880—1963	湖南邵阳	日本早稻田大学、英国伦敦政治经济学院	《民国日报》《中华新报》《太平洋》编辑
黄远庸	1885—1915	江西九江	日本中央大学	《少年中国》编辑、《时报》《申报》《东方杂志》记者、《庸言》主编
刘叔雅	1889—1958	安徽合肥	游学日本	《民立报》记者
胡适	1891—1962	安徽绩溪	美国康奈尔大学、哥伦比亚大学	《竞立旬报》编辑、撰稿人、《中国留学生季刊》编辑
易白沙	1886—1921	湖南长沙	游学日本	《甲寅》编辑、《青年杂志》撰稿人

如果考察一下这些作者在《甲寅》停刊后的去向，《甲寅》作者群的意义就更为明显了。章士钊、陈独秀、吴稚晖、杨昌济、李大钊、高一涵、胡适、易白沙、李寅恭、刘叔雅都成为《新青年》的重要作者，章士钊、陈独秀、胡适、李大钊、高一涵、杨昌济、刘少少、潘力山、周鲠生、刘叔雅都曾任教于北京大学（还包括当时尚年轻的梁漱溟、皮宗石），其余如重民、郁嶷、汪馥炎都在国内其他大学任教。《甲寅》核心作者群可谓尽一时之选，在之后很长一段时间内，他们仍是中国文化圈中的精英人物。

这些作者能会聚到《甲寅》的旗下，与他们对舆论的看法比较一致有关。清末民初的新式知识分子，舆论观大都受日本、英国报业的影响，而有留学背景的新闻从业者，则更是大部分以日本、英国的报业现状为理想目标。

在英国，1785年创刊的《泰晤士报》（The Times）用一个世纪的时间达到了它的巅峰，一家报纸甚至评论道："毋庸置疑，这个国家被《泰晤士报》统治着。"它的主编邦斯被英国首相称为"最有权力的人"。[1]自晚清以来，中国的报人一直将《泰晤士报》为代表的"高级报纸"作为报纸的楷模。王韬曾说过："如英国之《泰晤士》，人仰几如泰山北斗，国家有大事，皆视其所言以为准则。盖主笔所持衡，人心之所趋向也。"[2]康

---

[1] 中国社会科学院新闻研究所编：《七国传播事业》（重庆：重庆出版社，1988），第412页。

[2] 王韬：《论日报渐行于中土》，转引自《中国近代报刊史参考资料》（上），第227页。

有为也称："著名佳报，咸宜购取其最著而有用者，莫如英之《泰晤士》。"[1]

《甲寅》的代表人物章士钊即深受英国"高级报纸"观念的影响，他于1912年自英伦归国后，应于右任之邀，以非同盟会员身份担任同盟会系报纸《民立报》主笔，上任伊始，便公开反对同盟会在南方制造的"舆论专制"局面，认为与"英伦政治"的理念差别极大：

> 英伦政治之精髓，全在付反对者以批评之全能……握其机者厥为新闻。在政党政治之国，其新闻之言论，恒不期分为两党。党员与选民交通声气，每恃新闻为机关，有时政府之命运，且于新闻之论态决之……政府与国民呼吸相通，新闻从而切其脉，非政党政治曷克有此，亦非新闻之有价值曷克有此。[2]

章士钊与于右任相约：办报的原则是"务持'独立'二字不失"，"冀于同盟会炙手可热之时，以中道之论进之，使有所折中，不丧天下之望"。[3] 这种主张很难为主张"舆论归一"的同盟会主流接受，因此章士钊屡遭同盟会激烈分子谩骂甚至人

---

[1] 康有为：《上清帝第四书》，转引自徐培汀、裘正义：《中国新闻传播学说史》，第278页。

[2] 行严：《政党政治与新闻》，《民立报》，1912年7月9日。

[3] 秋桐：《章行严与杨怀中》，《独立周报》1年1期，1912年9月22日。

身威胁,[1]不得不离开《民立报》,另办《独立周报》。

章士钊在《〈独立周报〉发端》中称,这份杂志效仿的对象是他最爱读的英国周报《司佩铁特》[2],因为其主编"既名重一时,出其凌空之笔,描写政治社会种种状态,语语为人所欲出而不能出,其文遂深入人心,为人人所宝贵"。[3]可见章士钊的野心在于建立英美式的独立舆论即"高级报纸"。与梁启超主编的《庸言》不同,《独立周报》确实带有英式"高级报纸"的风格,背后没有党派的支持,一直保持着独立的立场,对于国内许多不满于无谓党争的知识分子吸引力颇大。

《甲寅》作者群的舆论观,基本上仍奉"高级报纸"为圭臬。以此为标准,他们对二次革命后的中国报界进行了严厉的批评。与民元前后不同,这种批评并不主要针对报纸阿附政党,而是指向报纸商业化的低俗倾向。尤其令这些知识精英不满的是北京的报纸:"始则逢迎政府,百计献媚,政府亦知异己者之已去也,权力之日膨胀也。于是对于报纸之言论,视之无关轻重。鸟尽弓藏,理所固然,继而业报纸者苦于销路日

---

[1] 如章士钊批评《民国暂行报律》,认为如真的实行,内务部次长居正"不难立碎于新闻记者之手","即愚不肖,亦当饱以一拳"。中华革命党夏重民等人大为恼火,称必须教训章士钊,"使之脑浆迸裂"。见无卯:《新闻条例》,《甲寅》1卷1号,1914年5月10日。

[2] 《旁观者》(Spectator),1828年在伦敦创办。"该刊以对政治社会问题和国际问题以及文学、艺术方面发表评论而著称。该刊深受有钱人喜欢,读者主要是年收入五万英镑以上的知识分子、议员和商业界人士。"见《七国传播事业》,第425页。

[3] 秋桐:《独立周报发端》,《独立周报》1年1期,1912年9月22日。

狭，支持维艰，于是将昔日揣摩政府之心理，移之揣摩社会一般人士之心理。社论既少，闲评遂多。偶检报纸，非叙京华之风月，即谈八埠之声歌丝竹，而外无复文章"，反而是"托庇外人范围之内"的上海报纸能够有少许议政的空间，比北京报纸"尚高一等"。[1]《甲寅》作者对舆论的要求，仍着重于"言论"，称"论政治首在改良社会，而谈社会又必以缔造舆论为先务耳……欲发展之，首在牖进国民政治之兴味"，他们很羡慕日本的舆论，因为"凡讨论政治法律各项专科之杂志，每科每种，发行号数有至数百余卷之多……于是政见不免分歧，利益或有冲突，因是各本其所信所持之具，而作政党攻错之资。"[2]这些言论表明，《甲寅》大多数作者心目中的"舆论"，仍是理想化的《泰晤士报》式的政论报纸。[3]他们相信，尽管中国的舆论环境不够理想，只要保持精英式的启蒙姿态与办报风格，随着国民政治兴趣和文化水准的提高，迟早可以"制造"出健全的舆论，"救济言论界之黑暗"，如张东荪所说："夫报律箝束言论不足畏也，当局者利用言论亦不足畏也……所可畏者，

---

1 刘陕：《新闻记者与道德》，《甲寅》1卷2号，1914年6月10日。

2 高一涵：《民福》，《甲寅》1卷4号，1914年10月10日。

3 这种理想化表现在论者完全过滤掉《泰晤士报》等"高级报纸"对新闻事实的强调，该报主编德兰曾在1852年指出："报纸的首要职责是尽快地、最准确地获得当前发生的种种新闻，迅速地将它传播出去，使之成为全民的公共财产……记者要向读者提供全部事实真相，而不是那些政府想让读者知道的东西。"见《七国传播事业》，第412页。

言论自身之道德隳落也。"[1]这种精英刊物的办报思路，在文化建设层面有其意义，但从大众启蒙的角度出发，却难免会陷入只限于精英圈传播而无法影响中下层社会的尴尬局面。后来戈公振批判这种"制造舆论"的观点时指出：

> 民主政治根据于舆论，而舆论之所自出，则根据于一般国民之公共意志。报纸者，表现一般国民之公共意志而成立舆论者。故记者之天职，与其为制造舆论，不如谓为代表舆论；更进一步言，与其令其起而言，不如令其坐而听。耳有所听，手有所记，举凡国民欢笑呻吟哭泣之声，莫不活跃纸上，如留音机器然，则公共意志自然发现，而舆论乃有价值而非伪造。报纸自报纸，国民自国民，政治自政治，固毫无关系也。[2]

---

[1] 张东荪：《言论之道德》，《中华杂志》1卷3号，1914年5月16日。
[2] 戈公振：《中国报纸进化之概观》，《国闻周报》4卷5期，转引自《中国近代报刊史参考资料》（上），第10页。

第五章 校园内外

新文化的登场

回顾新文化、新思潮成长的足迹，人们往往艳称"一校"与"一刊"的结合：1917年1月11日，北京大学校长蔡元培致函教育部，"请派陈独秀为北京大学文科学长"。15日，任命文告发布，陈独秀正式上任，《新青年》编辑部随之迁至北京箭杆胡同9号。对这一标志性事件象征的意义，研究者多给予极高的评价，如有论者指出：

> 比起晚清执思想界牛耳的《新民丛报》《民报》等，《新青年》的特异之处，在于其以北京大学为依托，因而获得丰厚的学术资源。创刊号上刊载的《社告》称："本志之作，盖欲与青年诸君商榷将来所以修身治国之道"；"本志于各国事情学术思潮尽心灌输"；"本志执笔诸君，皆一时名彦"，以上三点承诺，在其与北大文科携手后，变得轻而易举。晚清的新学之士，提及开通民智，总是首推报馆与学校。二者同为"教育人才之道""传播文明"之"利器"，却因体制及利益不同，无法珠联璧合。蔡元培之礼聘陈独秀与北大教授之参加《新青年》，乃现代史上具有里程碑性质的大事。正是这一校一刊的完美结合，使新文化运动得以迅速展开。[1]

由于《新青年》前两卷作者基本以皖籍同乡及《甲寅》同

---

[1] 陈平原：《思想史视野中的文学》，陈平原、山口守编：《大众传媒与现代文学》，第192页。

人为主，从思想史的角度，将"一校一刊"的结合视为新文化的"粉墨登场"，亦无不可。然而，从社会认知与接受的角度观察，这种结合对新文化运动的内部建设大有裨益，却并未对扩大新文化的影响产生立竿见影的效果。

《新青年》的发行状况，是一条颇有意思的变化曲线。1915年《青年杂志》初发行时，只有一千份的印数，其中还有部分属于赠阅；[1] 1916年3月改名《新青年》复出，销量仍未见佳；1917年初发行的第三卷已迁至北京出版，作者群实力大增，然而至1917年底，《新青年》仍然因"不能广行"而遭到群益书社"中止"的威胁，经过陈独秀等反复交涉才答允续刊；[2] 这份好不容易得以延续的刊物，至1918年夏依然是"销路闻大不佳"，以致鲁迅感叹"而今之青年皆比我辈更为顽固，真是无法"。[3]

转折出现在1918年底至1919年初，《新青年》的印数大幅上升，"销路均渐兴旺"，至五四运动前后，这份知识分子杂志的销量居然达到了一万五六千份！[4] 这是一个当时绝大多数

---

[1] 汪原放：《回忆亚东图书馆》（上海：学林出版社，1983），第30页。
[2] 鲁迅致许寿裳信（1918年1月4日），《鲁迅全集》第11卷，第345页。
[3] 鲁迅致许寿裳信（1918年5月29日），《鲁迅全集》第11卷，第350页。
[4] 这个数字来自亚东图书馆主持人汪孟邹的回忆，原话是"至民国六年销数渐增，最高额达一万五六千份"。见张静庐：《中国近代出版史料二编》编者注（上海：群联出版社，1954），有论者据此判断《新青年》北迁后销量立即有大幅度的攀升，可能是因为汪这句话语义不清所致，因此也有论者指出："实际上达到最高额是五四运动前后的事，这时只是销数逐渐增长的开始。"（李龙牧：《五四时期思想史论》，上海：复旦大学出版社，1990，第91页）参照其他史料，这应该是比较合理的推断。

北京的日报都无法企及的数字。在同人看来，这是表明"社会心理已转移向上"的"可喜之事"。[1]

这种变化的契机何在？我们试将 1918 年下半年至 1919 年上半年的一些文化事件排列出来，大概可以发现"新文化"从新式知识分子内部走向文化界乃至整个上层社会的轨迹：

1918 年春末，《新青年》4 卷 3 号刊出王敬轩（钱玄同化名）《给〈新青年〉编者》和刘半农《复王敬轩书》，即所谓"双簧信"；[2]

1918 年 6 月 30 日，李大钊、王光祈等人在北京成立少年中国学会；

1918 年 10 月 20 日，学生救国会机关刊物《国民》杂志社在北京欧美同学会成立；

1918 年 11 月 19 日，北京大学学生组织的"新潮社"成立；

1918 年 12 月 22 日，陈独秀、李大钊等创办时政评论刊物《每周评论》；

1919 年 1 月，《国民》杂志第一期出版；《新潮》杂志第一期出版；26 日，国故月刊社在北大教员刘师培宅成立；

1919 年 2 月 17 日，《新申报》开始分两日连载林纾小说

---

[1] 汪孟邹致胡适信（1919 年 4 月 23 日），中国社会科学院近代史所编：《胡适来往书信选》（上）（北京：中华书局，1979），第 40 页。

[2] 这一期刊物印明的出版时间是"3 月 15 日"，不过当年的《新青年》出版时间经常延期，与读者见面的时间应在春末夏初。

《荆生》,3月19—20日又连载林纾另一小说《妖梦》;

1919年3月4日,李大钊《新旧思潮之激战》在《晨报》发表,3月9日《每周评论》转载该文;

1919年3月,北京大学平民教育讲演团成立;

1919年3月18日,《公言报》发表林纾《致蔡鹤卿太史书》,同时刊出《请看北京学界思潮变迁之近状》;蔡元培《答林琴南书》刊于4月1日《公言报》;

1919年3月20日,《国故》月刊第一期出版;

1919年3月26日,北京大学当局以"私德太坏"为由,决定撤去陈独秀文科学长职。胡适后来指出"《新青年》的分化,北大自由主义者的变弱,皆起于此夜之会"。[1]

从这一连串的事件中,我们可以发现,新文化影响的扩大,与新文化阵营与外界的频密"对话"有关,通过舆论界的传播,新文化激起了文化保守阵营的反击,也为自己赢得了越来越多的支持者。

新文化传播的过程,可以大致分为三个方面:(一)李大钊、陈独秀借助其报业经验及与《甲寅》、研究系的关系,进入北京舆论界并成功地建构了自己的舆论阵营;(二)蔡元培及《新青年》同人与文化保守阵营的论战,刺激了社会对新文

---

[1] 胡适致汤尔和信(1935年12月23日),《胡适来往书信选》(中),第282页。

化的关注;(三)在《新青年》影响下成长的"学生一代",对全国学界风气改变的影响。

在多方面因素的共同作用下,新文化运动于1918—1919年在北京社会上拥有了浩大的声势和相当的影响力,并由此波及全国。我们不妨将这个时期视为新文化在中国社会的正式"登场亮相",本章讨论这一登场仪式是如何在舆论界、文化界和教育界等多种层面上共同完成的。

从启蒙到自启蒙

陈独秀在1915年创办《青年杂志》前,已经有了丰富的报业经验。早在1903年5月,他就与安徽几位同志发起"安徽爱国会",议决创设《爱国新报》,后因端方下令拘捕,陈独秀等人逃亡上海而未果;同年8月,陈独秀与章士钊在上海创办《国民日日报》,该报被称为"苏报第二";[1]1904年初,陈独秀回安徽创办《安徽俗话报》,同时为上海《警钟日报》撰稿。《安徽俗话报》至1905年停办,其间发行曾达到数千份,全国各大城市如南京、上海、镇江、扬州、武昌、长沙、南昌等地,均设有代派所,"一时几与当时驰名全国之《杭州白话报》相埒"。[2]

---

1 冯自由:《革命逸史》初集(北京:中华书局,1981),第135页。
2 房秩五:《浮渡山房诗存》,《安徽革命史研究资料》第1辑。这份有13个门类的报纸,除了两个负责教育、小说栏目的编辑,几乎由陈独秀一人独力包办。

二次革命之后，陈独秀应章士钊之邀，东渡日本协助编辑《甲寅》。1915年6月，陈独秀返国，一面参加反袁活动，一面筹备《青年杂志》的出版。

纵观陈独秀的舆论生涯，历经鼓吹革命、启蒙运动、政论杂志等多个阶段，最后落足于《青年杂志》的思想文化建设。有论者指出"陈氏早在光绪二十九年（一九〇三年）已不以单纯的排满革命为满足，并认为革命必须从学术文化与社会价值的检讨与传统的批判，以求国家民族的根本改造"，然而这种意见在清末民初不为时论所重，"直到帝制运动发生，张勋复辟，军阀相继攘权夺利，政局混沌，于是言论界和社会思潮开始有新的觉悟，知道若不从国民精神文化本身作彻底的检讨和改造，无济于事"，"于是陈氏遂得挟其所长，领导潮流，开展了一番轰轰烈烈的新文化运动"。[1] 这种论述强调时代风气变而陈独秀不变，未免过分高估了陈独秀的超前性。实际上，陈独秀的思想同样经历了转变的过程，他的思想转变与当时知识界的风气转移也息息相关。

笔者在第二章中讨论了晚清京沪白话报的异同，以《中国白话报》为代表的南方革命党人主办的白话报，启蒙深度远未达至社会下层，其对象始终是学生、商人和部分官吏。林獬曾将《安徽俗话报》列入比《中国白话报》浅近，"程度可以合

---

[1] 参见陈万雄：《新文化运动前的陈独秀》第6章"余论"（香港：中文大学出版社，1982）。该书还指出："由陈氏在言论界的一晦一显，也多少可见由辛亥革命到五四新文化运动中国思想史发展的条理。"

着妇女孩童的报",[1] 其实《安徽俗话报》的宗旨与《中国白话报》并无二致,虽然号称"用顶浅俗的话",目的却是让读者"通达学问,明白时事",它的读者,按照陈独秀1903在安庆藏书楼演说的对象,主要是"高等学堂、武备学堂、桐怀公学等校学生及社会爱国人士"。[2]《安徽俗话报》式的启蒙,仍然是知识分子精英对具有高等常识的"中等社会"的启蒙。陈独秀在《开办〈安徽俗话报〉的缘故》中设想这份报纸可以满足对社会各阶层的启蒙需求:

> 读书的人看了,可以长多少见识,而且本省外省本国外国的事体,没有一样不知道,这真算得秀才不出门能知天下事了。教书的人看了,也可以学些教书的巧妙法子。种田的看了,也可以知道各处年成好歹。做手艺的看了,也可以学些新鲜手艺。做生意的看了,也可以晓得各处的行情。做官的看了,也可以明白各地的利弊。当兵的看了,也可以知道各处的虚实。女人孩子们看了,也可以多认些字,学点文法,还看些有趣的小说,学些好听的歌儿。就是有钱的人,一件事都不想做,躺在鸦片烟灯上,拿一本这俗话报,看看里边的小说、戏曲和各样笑话儿,也着实可以消遣。做小生意的人,为了衣食儿女,白天里东奔西走,忙了一天,晚上闲空

---

[1]《通信》,《中国白话报》第11期,1904年5月15日。

[2] 唐宝林、林茂生:《陈独秀年谱》,第24页。

的时候，买一本这俗话报看看，倒也开心，比到那庙里听书，烟馆里吃烟，要好得多了。[1]

要求一份白话报纸具备传播新知、宣讲时事，甚至包含娱乐消遣的复合功能，只能是办报人一厢情愿的理想，不过，从中可以看出陈独秀很有气魄的个性，即章士钊所称"性伉爽"。[2]

陈独秀与章士钊经历相近，两人有过密切的交往与合作。他们的经历，可以作为清末民初一批新式知识分子的代表，其特点是始终在"从事革命"和"经营舆论"之间摇摆。陈独秀在晚清参加过暗杀团和"岳王会"，辛亥革命后两度任安徽都督府秘书，并因参加二次革命遭袁世凯政府缉拿。二次革命后，陈独秀力促汪孟邹将科学图书社移往上海，筹办"亚东图书馆"，他自己也一度打算"以编辑为生"，然而国内出版状况惨淡，"近日书业，销路不及去年十分之一……杂志销行，亦复不佳。人无读书兴趣，且复多所顾忌"，[3]不得不应章士钊之邀，前往日本协助编辑《甲寅》。

1915年6月，陈独秀返回上海，一面筹办《青年杂志》，

---

[1] 三爱：《开办〈安徽俗话报〉的缘故》，《安徽俗话报》第1期，1904年3月31日。
[2] 孤桐：《吴敬恒——梁启超——陈独秀》，《甲寅周刊》1卷30号，1926年1月30日。
[3] CC生：《生机》(致《甲寅》杂志记者)，《甲寅》1卷2号，1914年6月10日。

一面积极参加反袁活动。"教书"对于他来说只是隐匿和托庇的渊薮，因此当蔡元培聘请他为北大文科学长时，陈独秀居然回绝说："不干，因为正在办杂志……"在得到蔡"把杂志带到学校里来办好了"的承诺后，他仍然试图推荐胡适以自代，这种姿态正如章士钊推荐李大钊代替自己出任北大图书馆长一样，是他们这一批革命知识分子不能忘情于舆论和政治的表现。[1]有论者认为陈独秀"从《安徽俗话报》得到的'负方向'的舆论经验就是放弃对社会底层的普通民众的启蒙，而参与《甲寅》月刊的编辑则将他引向坚决的知识分子舆论立场"，从《安徽俗话报》到《甲寅》再到《青年杂志》的转向，从"俗话"向文言的转向，反映了陈所持的"还是一种知识分子精英心态下的舆论理想"。[2]

正如本书第四章提及的，二次革命之后，对政治的厌倦感和失败感是整个知识界的主调，大部分知识精英不仅是失掉了参与政治的机会，同时也对民元以后种种狂热的政治实践产生了根本性的怀疑。这种幻灭感与鲁迅1905年经历"幻灯片事件"后的感受相仿，思考进路也基本相似，[3]如黄远庸1914年提出："欲改革国家，必须改造社会。欲改造社会，必须改造

---

[1] 沈尹默：《我和北大》，《五四运动回忆录》续，第166页。

[2] 参见李宪瑜：《〈新青年〉杂志研究》第1章，北京大学博士论文（未刊）。

[3] "我们的第一要著，在改变他们的精神，而善于改变精神的是，我那时以为当然要推文艺，于是想提倡文艺运动了。……商量之后，第一步当然是出杂志。"鲁迅：《〈呐喊〉自序》，《鲁迅全集》第1卷，第418页。

个人",提倡从个人修养、独立自尊、神圣职业、人格主义等四方面入手改造个人。[1]他在1915年给章士钊的信中,指出"至根本救济,远意当从提倡新文学入手",并希望《甲寅》发动一场中国的文艺复兴运动。不过,章士钊拒绝了黄远庸的提议,认为还是应以政治改革为先。[2]

陈独秀对"政治革命"的反思基本上与黄远庸一致,"他认为中国还是军阀当权,革不成什么命,在中国进行政治革命没有意义,要从思想革命开始,要革中国人思想的命,因此他就写文章批判孔子,批判旧礼教"。[3]陈独秀的这种想法,与晚清鼓吹排满革命的启蒙意图固然大相径庭,与民初直接投入政治的力行思路也迥然不同,知识分子重新操持舆论的动力,从眼光向下"开民智"的启蒙热情,一变为对中国思想文化的弊端和自身文化位置的重新检讨,试图从根本上解决"任取何种新制度新文物以贯输之,而此等新有者皆随旧质而同化"的问题。[4]有论者将之总结为"以知识分子的身份,向知识分子发言,试图通过知识分子思想的交流与变革,达至社会问题的解决与社会进步"。[5]简而言之,是完成了从"启蒙"到"自启蒙"的转向。

---

1 黄远庸:《忏悔录》,《远生遗著》卷一,第134页。
2 黄远庸:《致甲寅杂志记者函》,章士钊:《答黄君远庸》,《甲寅》1卷10号,1915年10月10日。
3 刘仁静:《回忆党的"一大"》,中国社会科学院现代史研究室编:《"一大"前后》(北京:人民出版社,1980),第214页。
4 黄远庸:《国人之公毒》,《远生遗著》卷一,第154页。
5 李宪瑜:《〈新青年〉杂志研究》第1章,北京大学博士论文(未刊)。

这种转向并非少数先驱分子的自觉,而是整个知识界的时代风气。1915年梁启超在《大中华》发表了第一次脱离政治的宣言,强调今后"惟以道义相切靡,学艺相商榷",[1] 至1916年8月,从护国运动中抽身的梁启超又表示要"从社会教育上痛下功夫",1918年10月,梁启超再次向社会宣布:"吾自觉欲效忠于国家社会,毋宁以全力尽瘁于著述。为能尽吾天职,故毅然中止政治生涯。"[2] 研究系的其他人物也纷纷表示"断念政治",或全力办报,或专心著述,其动机正如张君劢在日记所言:"盖自来救国者,未有不先治己。方今海内鼎沸,已同瓦解。求所以下手之方而不可得,唯有先尽其在我,此治己之谓也。"[3] 后来与新文化阵营大有关系的《晨报》和《国民公报》,都由研究系成员主持,并非偶然。

不过,同样是从政治启蒙转向知识界内部的自启蒙,不同个人、不同团体选择的道路也距离甚远,如黄远庸和章士钊,就对"新文艺"作用的看法完全相反。研究系多关注具体的社会问题、教育问题,持论比较温和。他们注意到中国的"大患"在"学问不昌、道德沦坏",却很少从文化整体性的高度讨论问题。《新青年》能在五四时代大放异彩,确如陈万雄所说是"个人条件和社会条件相互凑泊的结果",其中有因缘际会的成

---

[1] 梁启超:《吾今后所以报国者》,《大中华》第1卷第1期,1915年1月。

[2] 丁文江、赵丰田编:《梁启超年谱长编》,第795、868页。

[3] 王世宪:《追忆君劢先生》,《传记文学》28卷3期。转引自彭鹏:《研究系与五四时期新文化运动》,第46页。

分（如蔡元培选择陈独秀为文科学长），以及人才资源的遇合（如李大钊、胡适与周氏兄弟的加盟），但陈独秀个人的性格特质和文化倾向，起到了关键性的作用。

《安徽俗话报》之所以于1905年9月停办，除了因"登载外交消息"，"为驻芜英领事要求中国官厅停办"，[1]陈独秀不愿与外界妥协的办报态度是另一重要原因。胡子承是当时安徽颇有声望的绅士，曾在《安徽俗话报》开办之初给予大力支持，他于1904年致信科学图书社，表示《安徽俗话报》"同人皆颇欢迎，而局外则多訾议"，主张"辞旨务取平和，万勿激烈"，因为"现在民智低下，胆子甚小，毋令伊惊破也"。胡还表示，因为陈独秀"血性过人"，希望汪孟邹等人和他"凡事商酌"，显然大家对陈独秀的脾气都很了解。然而汪孟邹和陈独秀商酌的结果，却是陈独秀负气而去，连最后一期报纸都不肯编完。[2]

陈独秀的性格，据他自己说是"有人称赞我嫉恶如仇，有人批评我性情暴躁，其实我性情暴躁则有之，嫉恶如仇则不尽然，在这方面，我和我的母亲同样缺乏严肃坚决的态度，有时简直是优容奸恶"。[3]鲁迅对陈独秀的描述为人熟知："假如将

---

1 房秩五：《浮渡山房诗存》，《安徽革命史研究资料》第1辑。

2 汪孟邹回忆说："仲甫的脾气真古怪哩，《安徽俗话报》再出一期，就是二十四期，就是一足年。无论怎么和他商量，说好说歹，只再办一期，他始终不答应，一定要教书去了。"见汪原放：《回忆亚东图书馆》，第16、17页。

3 陈独秀：《实庵自传》，《宇宙风》散文十日刊第51期，引自《未能忘却的忆念》（上海：上海古籍出版社，1999），第14页。

韬略比作一间仓库罢,独秀先生的是外面竖一面大旗,大书道:
'内皆武器,来者小心!'但那门却开着的,里面有几支枪,几
把刀,一目了然,用不着提防。"[1]陈独秀的传记作者称他"个
性鲜明,有棱有角,既刚烈又温情……他待人处事,胸怀坦诚,
但脾气暴躁,喜怒形于色,也难以容人。他缺乏政治家的灵活
性,尤其厌恶玩弄权术。他的优点与缺点都是外露的"。[2]章士
钊甚至感慨陈独秀是他"弱冠涉世,交友遍天下,认为最难交
者"。[3]这些描述都说明陈独秀性格的两面:一方面气势逼人,
富于开拓精神,且为人坦诚,喜怒形于色,另一方面刚愎自用,
用词夸张,好下断语,易趋极端。前者让陈独秀得以独力创办
《新青年》,并团结了一批不同性格、政治态度与文化倾向都差
异甚大的知识分子,也在时代条件配合下引发了社会革新的风
潮,后者则埋下了陈后来一意孤行、以致《新青年》团体分裂
的种子。

以陈独秀的性格,他对章士钊编辑《甲寅》秉持"调
和""有容"的方针自然难于认同。他在上海时写信给章士钊,
哀叹自己无以为生,"静待饿死",并感慨"国政剧变":"自国
会解散以来,百政俱废,失业者盈无下。又复繁刑苛税,惠及

---

[1] 鲁迅:《忆刘半农君》,《鲁迅全集》第6卷,第72页。

[2] 任建树:《陈独秀传:从秀才到总书记》(上)(上海:上海人民出版社,1989),第4页。

[3] 章士钊:《与黄克强相交始末》,《辛亥革命回忆录》第2集(北京:中华书局,1961),第149页。

农商。此时全国人民,除官吏兵匪侦探之处,无不重足而立,生机断绝,不独党人为然也。"陈独秀在信末下了一个断语:"国人唯一之希望,外人之分割耳。"章士钊将此信在《甲寅》上发表,并加按语,推崇此信"寥寥数语,实足写尽今日社会状态",但对于陈独秀"国人唯一之希望在外人之分割"的结论不满,认为"又何言之急激一至于斯也"。[1]其实"言之急激",正是陈独秀一贯的行文风格。他在《甲寅》发表的文字多是旧诗和文序,唯一的一篇政论《爱国心与自觉心》便引起了轩然大波。

《爱国心与自觉心》延续了《生机》中的思路,对"爱国"这一晚清以来被反复宣讲、无人怀疑的启蒙命题提出了质疑。晚清启蒙者试图教导民众区分"国家"与"朝廷"的差异,将自己的爱国热情奉献给"国家"而非靠不住的"朝廷",这一命题在当时具有很强的颠覆性,也取得了极大的效果,拒俄运动、国民捐运动都让启蒙者看到了"爱国"观念已深入民众的头脑,并激发起他们对时事的关注和对政府的审视(参见第二章)。而陈独秀首先挑战约定俗成的"国家"观念,认为"土地、人民、主权者,成立国家之形式耳",国家的实质应该是"为国人共谋安宁之幸福团体"。按照陈独秀的说法,中国根本没有这种"共谋福利之团体",所以"爱国"只是一种情感的

---

[1] CC生:《生机》(致《甲寅》杂志记者),《甲寅》1卷2号,1914年6月10日。

冲动（"情之属也"），以人民的智力，中国也根本没有"立国"的可能，共和、立宪，都非所宜。陈独秀在文末发出了惊世骇俗的结论：

> 然而则立国既有所难能，亡国自在所不免，瓜分之局，事实所趋，不肖者固速其成，贤者亦难遏其势。且更为情论之，亡国为奴，岂国人之所愿。惟详察政情，在急激者即亡国瓜分，亦以为非可恐可悲之事。国家者，保障人民之权利，谋益人民之幸福者也。不此之务，其国也存之无所荣，亡之无所惜。……海外之师至，吾民必且有垂涕而迎之者矣。[1]

此文发表后，收到十余封谴责诘问的读者来信，"以为不知爱国，宁复为人，何物狂徒，放为是论"。章士钊在为陈独秀辩护的文章中说明这是陈"故作危言，以耸国民力争自由"的"正言若反"的表达法，梁启超也承认"举国人睊睊作此想者，盖十人而八九也，特不敢质言耳"。[2] 李大钊则指出这篇文字的毛病在于"厌世之辞，嫌其泰多，自觉之义，嫌其泰少"，进而代陈独秀将"自觉之义"解释为"改进立国之精神，求一可爱之国家而爱之，不宜因其国家之不足爱，遂致断念于国

---

[1] 独秀：《爱国心与自觉心》，《甲寅》1卷4号，1914年11月10日。
[2] 章士钊：《国家与我》，《甲寅》1卷6号，1915年6月10日。

家而不爱,更不宜以吾民从未享有可爱之国家,遂乃自暴自弃,以侪于无国之民,自居为无建可爱之国之能力也"。[1] 经过众人的解释,对陈独秀的指责才逐渐平复下来,而且,随着"二十一条"的提出,民众对政府的痛恨达到极点,"许多人对于陈的观点,由原来的责骂、抗议,转变为接受和推崇了,爱国心'渐次为自觉心所排而去'"。据说,这种情形让陈独秀相信自己"办十年杂志,全国思想都全改观"[2]。

当一个社会的公众情绪没有达到极度的紧张时,读者很难接受陈独秀式的"危言",知识界读者尚且如此,一般的公众可想而知。这也许可以说明陈独秀为何在清末民初漫长的舆论生涯中,没有像他的朋友章士钊、刘师培那样建立自己的"言论界地位",他的文风过于激烈、言辞喜趋极端,很容易招致对手和读者的反感。不过一旦公众的情绪发生激变,陈独秀的愤激之辞却会散发出超乎意料的魅力,进一步将公众情绪推向白热化。

几个月后,远在大洋彼岸的留学生胡适也遭遇了周围群众的反对。中日交涉事起,中国留学生在美国也掀起了爱国排日的风潮。胡适本是其中出力甚多的一个,他数次致信《新共和国周报》《外观报》等美国报刊,为"中国有权力决定自己的

---

[1] 李大钊:《厌世心与自觉心》(致《甲寅》杂志记者),《甲寅》1卷8号,1915年8月10日。

[2] 出自汪孟邹的回忆。唐宝林、林茂生:《陈独秀年谱》,第65页。

发展"辩护。不过，胡适在交留美学生会议的信函中建议："吾辈远去祖国，爱莫能助，纷扰无益于实际，徒乱求学之心。电函交驰，何稗国难？不如以镇静处之。"结果是"会中人皆争嗤之以鼻"，连胡适的朋友任鸿隽都轻蔑地说："胡适之的不争主义又来了！"选举干部时，又有人用"今日须选举实行家，不可举哲学家"这样的话来表达他们对胡适的不满。[1] 胡适并没有因此退缩，他在1915年3月20日发出《致留学界公函》，批评《中国留美学生月刊》(*The Chinese Students Monthly*) 叫嚣"非战即死"是"爱国癫"，并重申前言："让吾等各就本分，各尽责职，吾辈之责任乃是学习……真正、最终解决之道一定是另有法门——它较吾人今日所想象者当更为深奥。余也不知其在何处，只知它不在哪些地方罢了。还是让吾辈做些冷静、客观之研究吧！"可以料想，在剧烈的辩论之后，胡适被他的同学们骂作"卖国贼"，他的言论是"不爱国的胡说八道"。[2]

比较陈胡二人的遭遇，我们会发现一个有意思的现象：陈独秀与胡适的主张实际上处于两个极端，一个用"危言"最大限度地刺激读者情绪，一个则要求"冷静的爱国主义"（这是胡适致留学界长信的标题）。前者在公众情绪尚算平静时被

---

[1] 胡适留学日记，1915年3月1日，曹伯言编：《胡适日记全编》第2卷，第67—68页。

[2] 胡适留学日记，1915年3月19日，曹伯言编：《胡适日记全编》第2卷，第99页。

读者骂为"狂徒",后者则被爱国热情高涨的同学斥作"卖国贼",是否可以说明,陈胡二人的言论姿态分别适应不同的公众情绪?在一个时时感受到亡国危机的时代,谁的姿态更易引起公众注目并为他们所接受,似乎是不言而喻的。

然而,《新青年》不能没有陈独秀的开辟草莱,也不能缺少胡适的共襄盛举。当陈独秀在信中表示对胡适"仰望足下甚殷"时,主要还是希望胡适"就所见闻论述美国各种社会现象"。[1]拥有西学背景的胡适,对于亟须欧美学术资源支持其文化建设的《新青年》,确实是一强有力的奥援。

在这之前,《青年杂志》已出满一卷,却并未得到预期的反响。周作人回忆当时的观感:"(《青年杂志》)也是普通的刊物罢了,虽是由陈独秀编辑,看不出什么特色来",而陈独秀"其时他还没有什么急进的主张,不过是一个新的名士而已"。[2]说陈独秀"没有什么急进的主张",自然是周作人的误会,只是当陈独秀1915年创办《青年杂志》之时,袁世凯对国内舆论采用极端的摧残手段,陈独秀自然难以发出如《爱国心与自觉心》式的"危言"。何况《青年杂志》最初的设想,似乎又要回到《安徽俗话报》时期的启蒙面目:"欲自知在国中人格居何等者乎?欲自知在世界青年中处何地位者乎?欲自知将来事功学业应遵何途径者乎?欲考知所以自策自励之方法者乎?

---

[1] 陈独秀致胡适信(1916年8月13日),《胡适来往书信选》(上),第4页。
[2] 周作人:《知堂回想录》,第333、355页。

欲解释平昔疑难而增进其知识者乎？欲明乎此，皆不可不读本杂志。"[1]而发刊词《敬告青年》，全从正面立论，实非陈独秀所长，放在同时的诸多杂志中，的确特色不足。《青年杂志》一卷一号上发表王庸工的来信，希望陈独秀"著论警告国人，勿为宵小所误"，他却答说："改造青年之思想、辅导青年之修养为本志之天职，批评时政，非其旨也。国人思想，倘未有根本之觉悟，直无非难执政之理由。"[2]此时的陈独秀，明显不愿将《青年杂志》办成《甲寅》式的政论刊物，但也没有找到一个文化批判的立足点，杂志刊文，多为泛泛之论。难怪1935年郑振铎为《中国新文学大系·文学论争集》撰写导言时，并不因《新青年》的成就而高看《青年杂志》一眼："当陈独秀主持的《青年杂志》于一九一五年左右，在上海出版时——那时我已是一个读者——只是无殊于一般杂志用文言写作的提倡'德智体'三育的青年读物。"[3]

郑振铎接着写道："后来改成了《新青年》，也还是文言文为主体的，虽然在思想和主张上有了一个激烈的变异。胡适的《改良文学刍议》（应为《文学改良刍议》。——笔者注），在一九一七年发表。这诚是一个'发难'的信号。可是也只是一种'改良主义'的主张而已……他还持着商榷的态度，还不敢

---

[1] "《青年杂志》出版广告"，《甲寅》1卷8号，1915年8月10日。
[2] 《国体问题》（答王庸工），《青年杂志》1卷1号，1915年9月15日。
[3] 郑振铎：《五四以来文学上的论争》，《中国新文学大系导论集》（上海：良友图书公司，1940），第55页。

断然的主张着非写作白话文不可。陈独秀继之而作《文学革命论》,主张便鲜明确定得多了。"郑振铎赞扬陈独秀:"他是这样的具有烈火般的熊熊的热诚,在做着打先锋的事业。他是不动摇,不退缩,也不容别人的动摇与退缩的!"[1] 据张国焘回忆,1917年前,"北大同学知道这刊物(《新青年》)的很少",直到《文学改良刍议》和《文学革命论》发表,"才引起同学们广泛的注意"。[2]

胡适的《文学改良刍议》,为陈独秀与《新青年》提供了一个适时的"议题"。当时国内知识界讨论最热烈的文化命题是"孔教"。陈独秀与黄远庸、蓝公武等人观点较为一致,认为孔教与帝制颇有关系,是"国人之公毒",从政治上反对"定孔教为国教",甚至主张"应毁全国已有之孔庙而罢其祀"。[3] 但在论及"古文与孔教"时,陈独秀似乎有力不从心之感,只能笼统地反对"文以载道",主张"结构之佳,择词之丽,文气之清新,表情之真切而动人"为"美文之要素",他甚至不反对"偶尔用典"。[4] 陈独秀的文学主张,远不如深受西方意象派影响的胡适来得清晰简明,难怪他读到《文学改良刍议》后觉得"快慰无似",并迫不及待地邀请胡适归国后共事及为

---

[1] 郑振铎:《五四以来文学上的论争》,《中国新文学大系导论集》,第56—57页。

[2] 张国焘:《我的回忆》(北京:现代史料编刊社,1980),第39页。

[3] 陈独秀:《再论孔教问题》,《新青年》2卷5号,1917年1月1日。

[4] 独秀:《答常乃惪(古文与孔教)》,《新青年》2卷4号,1916年12月1日。

《新青年》撰稿："足下回国必甚忙迫,事畜之资可勿顾虑。他处有约者倘无深交,可不必应之。中国社会可与共事之人,实不易得。"其实陈与胡此时也不过"神交颇契",思贤若渴之心,可见一斑。[1]

《文学革命论》比《文学改良刍议》"鲜明确定",主要不在于文学主张的陈述,而在于态度的激烈程度。《文学革命论》中充斥着"革命""推倒""宣战""排斥"之类决绝性的语词,确实让原意是"引起国中人士之讨论,征集其意见,以收切磋研究之益"的胡适吓了一跳。胡适主张"讨论既熟,是非自明",陈独秀则认为:"白话文学正宗之说,其是非甚明,必不容反对者有讨论之余地,必以吾辈所主张者为绝对之是,而不容他人之匡正也。"[2] 两人的分歧,一开始就显露了端倪。

虽然如此,陈独秀和胡适还是共同撑起了《新青年》这杆"革命之旗"。两人的长短互补,恰好可以使《新青年》呈现出复杂多元的面目,减弱"陈独秀先生主撰"的个人色彩,有利于《新青年》吸引不同的知识群体。有论者指出:"革命家的理想与勇气,得到学问家的性情及学识的滋养。以文学革命为例,胡适的'文学改良刍议',与陈独秀的'必不容反对者有讨论之余地',二者姿态迥异,互相补充,恰到好处。陈之

---

[1] 陈独秀致胡适信(1917年1月),《胡适来往书信选》(上),第6页。
[2] 独秀:《再答胡适之(文学革命)》,《新青年》3卷3号,1917年5月1日。

霸气，必须有胡之才情作为调剂，方才不显得过于暴戾；胡之学识，必须有陈之雄心为之引导，方才能挥洒自如。这其实可作为新文化运动获得成功的象征。"[1] 再加上李大钊、周氏兄弟、钱玄同、刘半农等人的襄助，新文学运动方能以多彩多姿的面貌，得到知识界普遍的关注。

舆论参与和空间拓广

在《新青年》同人中，李大钊与袁世凯去世后的政界保持着相对密切的联系，[2] 鉴于当时北京舆论界仍然保持"政党办报"的特色，他有机会参与到北京的"公众舆论"当中。1916年7月李大钊任《晨钟报》（由研究系创办的日报）的编辑部主任，1917年1月他又和章士钊、高一涵、邵飘萍合编《甲寅日刊》，同时继续为《新青年》撰稿。这样，李大钊拥有了双重的舆论身份：同时在知识分子刊物和公众报纸上发表言论。[3] 这段时间里，李大钊在《新青年》上发表文章不多，他对新文化新思潮的推动，更多地表现为文化理念的传播。

---

1 陈平原：《学问家与舆论家》，《读书》，1997年11期。

2 李大钊自日本归国时与张继同行，后与张继、孙洪伊、白坚武、汤化龙均有较多过从，他当时的政治立场介乎研究系和国民党之间。参见朱成甲：《李大钊早期思想与近代中国》，第349—359页。

3 这样的知识分子还包括蓝公武、张东荪等，大都来自研究系和甲寅派，他们言论的领域兼跨政治和文化两方面，李大钊是其中与新文化运动关系最密切的一个。

李大钊在《晨钟报》的创刊号上提出"晨钟之使命"在"青春中华之创造"。[1]李撰写的这篇发刊词,主题与他之前写作、稍后发表在《新青年》上的《青春》如出一辙,主张"青年之自觉,一在冲决过去历史之网罗,破坏陈腐学说之囹圄,勿令僵尸枯骨,束缚现在活泼泼地之我,进而纵现在青春之我,扑杀过去青春之我,促今日青春之我,禅让明日青春之我"。[2]不过,两篇文章立足点不太一样,《青春》是知识界内部的观点交流,有着自我启蒙和自我反思的特色,因此开头表示"每更节序,辄动怀思,人事万端,那堪回首",结尾则称"乘风破浪,迢迢乎远矣,复何无计留春、望尘莫及之忧哉"。在这篇文章中,李大钊借助佛家、道家和西方的学说,将"青春"的命题扩大到宇宙观、历史观、人生观的层面进行思考。[3]《〈晨钟〉之使命》则面向公众发言,着重在宣传和鼓动。李大钊指出"由来新文明之诞生,必有新文艺为之发声,而新文艺之勃兴,尤必赖有一二哲人,犯当世之不韪,发挥其理想,振其自我之权威,为自我沉醒之绝叫,而后当时有众之沉梦,赖以惊破",显然在为新文化的推广张目。他又以"青年德意志运动"为例,强调文化运动的兴盛可以使本民族"震耀世界,征服世界,改造世界而有余",鼓励海内青年"闻风兴起",表示自

---

1 守常:《〈晨钟〉之使命》,《晨钟报》,1916年8月15日。
2 李大钊:《青春》,《新青年》2卷1号,1916年9月1日。
3 参见朱成甲:《李大钊早期思想与近代中国》,第374—380页。

己愿意"执鞭以从之"。[1]这篇文章表达了李大钊对《晨钟报》的预期,希望它在自己手上成为超越政党分歧的"青年之友"。

李大钊在《晨钟报》开设"新思潮"专栏,介绍新思想与新人物,在当时的日报中也是绝无仅有的创举。专栏《奋斗之青年》第一篇即介绍"大新闻社长霍列士",开篇即称扬霍列士创办的"纽约脱利滨新闻社","日发数十万枚,一纸风行,洛阳纸贵,有紧急事件发生,虽千万里之遥,转瞬即有捷报。聘有人员,以数百计,其组织虽云一新闻社,而宛具政府之雏形。论其势力,且逾政府而上之"。这段话实际描画出了李大钊等新式知识分子心目中的理想报纸,在文章末尾李大钊感慨道:

> 方今报馆林立,而以青年独立奋斗所组创者,殆绝无而仅有。然而秋雨孤灯,沉沉斗室之中,亦安知无霍列士其人者,努力上进以求有成,斯不独个人之益,独立言论之价值,将于是乎求之矣![2]

李大钊以英美式的报业标准衡量当时国内报界,当然不能不感到异常的失望。在《晨钟报》任职不到一个月,他已经痛苦地认识到报纸的经济不独立,导致舆论的自由表达不可能实现:

---

[1] 守常:《〈晨钟〉之使命》,《晨钟报》,1916年8月15日。
[2] 守常:《奋斗之青年》,《晨钟报》,1916年9月3日。

> 报馆本来性质，在于营业。既为营业，则经济学上需要供给之原则，不可不一顾也。报馆愈多则供给愈增，即需要愈少。吾国民之普通知识，本极缺乏，供以文明国通常之报纸，已虞其销路之太狭，而今吾国都市中之报馆，其数乃远越乎各国。元二年之际，外人旅行吾国者，辄谓世界中都市之报馆，以北京为最多，莫不惊为奇异。今日之象，殆与元二年相同。以此营业，焉有不失败之理？吾同业诸公，千辛万苦之余，卒不免为经济所困，而呻吟于势力者之前，仰人鼻息，以供其驱策之用，是则可为痛哭者也。

在同一篇文章中，李大钊还谈到"社会与政治，既不能善用人才，以归于至当之途，而所谓人才者，又不善于自用，基此二因，已用者时有不安其位之思，未用者常怀用武无地之慨"。[1] 第二天（1916年9月5日），李即发表辞职启事，乘车离京。关于李大钊脱离《晨钟报》的内幕，高一涵曾说：

> 时汤化龙在沪，欲招纳人才为己助，并谓守常，誓欲十年在野，专司评政，因创《晨钟报》于北京，托守常与余为编辑，并谓言论绝对自由，不加干涉……因汤化龙到北京后即联合徐庶铮与孙洪伊相抗，以晨报为攻击孙洪伊工具，迫守常著论文，守常因与孙交至厚，直孙而曲汤。

---

[1] 守常：《新现象》，《晨钟报》，1916年9月4日。

汤怒，阴命人撤去守常论文，易以攻孙之论著。守常因此去职。[1]

在离职前一天的《晨钟报》上，李大钊发表了小说《别泪》，表达了他的立场和不得不离去的痛苦心情。《别泪》写"神京世族"华氏（指中国）"流衍日久，别为三支"："甲支专好结论官僚豪霸子弟，因之浸染恶习甚深；乙支习与游侠者游，好问人间不平事，间有流于躁暴者，但其奋斗勇往之精神，盖百折而不挠；丙支则多文弱书生，尚清谈，喜批评是非，文人墨客，常近接之。三支中甲乙二支，势力相埒而不相睦，而以丙支之势力为最微。于群相与谋，咸谓非亲近甲支，不足以自存。"这是李大钊为当时政局画的一幅形势图，"甲支"指北洋政府，"乙支"指南方革命党人，"丙支"指以梁启超、汤化龙为首的研究系。李大钊将自己化身为"华族丙支中一少年名迪穆者之未婚妻桐子"。桐子是孤女，寄居华家，许身迪穆，目睹丙支亲近甲支，"深以为不可"，但是身份所限，不便也无法干预，只好离去。桐子临别时向迪穆历数他之前"助异姓之豪强（指西方国家），倾轧同辈（暗指研究系帮助北洋政府反对南方）"的错误，质问迪穆为何又要重蹈覆辙。最后"祝君子此后之行动，勿过于随波逐流"，并表示"妾纵漂泊天涯，得闻君子忏悔之音讯，转徙穷途之身，仍当求所以效命于君子

---

[1] 高一涵：《李大钊同志传略》，《中央副报》60号，1927年5月23日。

之前矣"。在小说的结尾,李大钊让迪穆因为桐子的劝告,"不至从甲支之败子,同为异姓之豪强所误,陷于可怜之境",桐子也在艰难困苦中,向迪穆伸出了援手。[1]

李大钊在《晨钟报》的经历,反映了新文化提倡者试图参与和改造公众舆论的尝试。但是李大钊并未得到曾被许诺的"言论绝对自由",当时的舆论环境也很难接受新文化的理念。李大钊在不成功的实践后,仍然希望研究系这样的半政治半文化团体,能够摆脱对政治当局的依附,共同参与推进、传播新文化。因此李大钊离职后仍然和《晨钟报》保持联系。1919年初,已改名为《晨报》的《晨钟报》对第七版副刊大加改革,"增设《自由论坛》一门,欢迎社外投稿",征求"新修养新智识新思想之著作",这正是在李大钊的促进下做出的变革。[2]《晨报》后来果然如《别泪》预言的那样,在五四运动前后成为新文化新思潮的积极支持者。[3]

1917年1月28日,章士钊主编的《甲寅》日刊创刊,李大钊任编辑。因为从前《甲寅》月刊的影响,李大钊对《甲寅》

---

[1] 守常:《别泪》,《晨钟报》,1916年9月4日。

[2] "本报改良豫告",《晨报》,1919年1月31日。改革后的第七版实际由李大钊编辑,但他自己的稿件都署"大钊来稿","表明他并没有回到了那个政团去,有自己独立的立场",参见李龙牧:《五四时期思想史论》,第197页。

[3] 陈独秀在1919年5月7日致胡适信中提及:"整顿大学,对付两个日报、一个周报,恐怕是意中的事。""两个日报"应指《晨报》与《京报》。《胡适来往书信选》(上),第42页。

日刊寄予厚望，认为它是"天演中而有其生存之资者"，应该能"以其自身之努力，奋发我国民使之努力，以其自身之进化，开导我国民使之进化"。[1] 至1917年7月初张勋复辟，李大钊出亡上海止，李大钊在《甲寅》日刊发表政论多篇。有论者指出："李大钊在《甲寅》日刊的言论和在《晨钟报》的言论是有很大不同的。《晨钟》时期，李大钊强调的是理想主义，对于旧传统、旧势力的批判态度；而在《甲寅》日刊时期，李大钊所贯彻的则是面向实际、对于各种现实矛盾的调和态度。"[2] 表面上看来，李大钊的舆论立场从激进向温和后退了，实则体现了李大钊对"新""旧"两种文化在生活中如何并存的反思。作为新文化的提倡者之一，李大钊当然会对旧传统进行严厉的批判，但一旦涉足政治争论，就不可避免用"调和"即妥协的手段谋求较好的结果。拥有双重舆论身份的李大钊深切地感受到"吾侪际此新旧衔嬗之交，一切之生活现象，陈于吾侪之前者，无在不呈矛盾之观，即吾侪对于此种之生活负担，无在不肩二重之任"。[3] 李大钊认为，要打破这种二重负担的生活状态，只能"固新文明新生活之地位，以与旧文明、旧生活分对等之势力，而深养其锋，以迫旧文明旧生活与新文明新生活相妥协、

---

1 守常：《〈甲寅〉之新生命》，《甲寅》日刊，1917年1月28日。《李大钊全集》第2卷（石家庄：河北教育出版社，1999），第445页。

2 朱成甲：《李大钊早期思想与近代中国》，第414页。

3 这种理想与现实的冲突，李大钊的前辈如黄远庸、梁启超都深有体会，参见第四章。

相调和，否则征服之而已矣"。[1]

据高一涵回忆：由于李大钊在文章中攻击研究系和现政府，"只顾真理，不顾什么情面，不合心意的，他就要痛骂"，章士钊表示反对，结果只允许李大钊撰写国外新闻评论。[2]李大钊在《甲寅》日刊时期，政治思想与章士钊从接近到疏离，从赞颂"美者，调和之产物；而调和者，美之母也"，[3]到发表《辟伪调和》，批评研究系"不新不旧离于得半之位而专言调和"，"恒以谋自身势力伸张之便利而定其趋向"，[4]反映出李大钊的立场逐渐远离讲求妥协的政治活动，而偏向以批判为己任的新文化潮流。既然"旧文明旧生活"与"新文明新生活"无法妥协、调和，那就唯有以"沈雄之气力、奋斗之精神"去"征服之"而已。1918年2月，李大钊进入北大任图书馆主任，直到是年底与陈独秀共同创办《每周评论》，这一段时间，正是新文化阵营"深养其锋"的阶段。

1918年12月22日，《每周评论》在北京创刊。参与发起的有陈独秀、李大钊、高一涵、高承元、张申府、周作人等，后有胡适、彭一湖、张慰慈等人加入。《每周评论》每期四版，

---

1 李大钊：《矛盾生活与二重负担》，《宪法公言》第9期，1917年1月10日。
2 高一涵：《回忆五四时期的李大钊同志》，《五四运动回忆录》（上），第339页。
3 守常：《调和之美》，《甲寅》日刊，1917年1月29日。《李大钊全集》第2卷，第447页。
4 守常：《辟伪调和》，《太平洋》1卷6号，1917年8月15日。《李大钊全集》第2卷，第715页。

分为国外大事述评、国内大事述评、社论、文艺时评、随感录、新文艺、国内劳动状况、通信、评论之评论、读者言论、新刊批评和选论等专栏。

《新青年》同人另办一份周刊,是寻找一条"更迅速,刊期短,与现实更直接"的言论途径。[1]同时出版的《新青年》所刊登的广告是这样说的:

> 看《新青年》的,不可不看《每周评论》。
> 1.《新青年》里面,都是长篇文章;《每周评论》多是短篇文章。
> 2.《新青年》里面说的,《每周评论》多半没有;《每周评论》所说的,《新青年》里也大概没有。
> 3.《新青年》是重在阐明学理;《每周评论》是重在批评事实。
> 4.《新青年》一月出一册,来得慢;《每周评论》七天出一次,来得快。
> 照上边所说,两种出版物是不相同的。但是,输入新思想,提倡新文学,宗旨却是一样,并无不同。所以,看《新青年》的,不可不看《每周评论》。[2]

---

[1] 张申府:《五四运动的今昔》,《新文学史料》,1979年第3期。
[2] 《新青年》5卷6号,1918年12月15日。

强调"看《新青年》的，不可不看《每周评论》"，反过来则未必。《每周评论》与《新青年》最大的功能区别，在于《每周评论》进入了公众舆论的领域。在此之前，《新青年》虽然在北京大学编辑，印刷和发行却在上海，北京政府固然鞭长莫及，却也限制了新文化在北京的影响力，甚至同人也不能及时看到新出的刊物。[1] 而《每周评论》编辑所设在沙滩北京大学新楼文科学长办公室，印刷则交给《晨报》附设的印刷所代印，象征着新文化阵营试图在北京舆论版图占据一席之地。

高一涵在《每周评论》创刊号出版前致信胡适，向他解释创刊号稿件"好的不甚多"的原因："一来是因为警察厅很注意，所以头一回登些迂腐的议论；二来呢，因为昨日立案的批示才下来，今日就齐稿，也未免仓促些。所以无大精彩者，就是因为这两层。"[2] 陈独秀撰写的《每周评论发刊词》，比起《新青年》上的诸篇宣言，完全不提"输入新思想"和"提倡新文学"，只是表示"我们发行这'每周评论'的宗旨，也就是'主张公理，反对强权'八个大字"，[3] 的确显得"迂腐"。虽说为了逃避警厅检查，也多少包含了编者对《新青年》与《每周评论》受众群不同的考虑。

作为同人刊物，《新青年》早自四卷一号起，就已经"所

---

[1] "见上海告白，《新青年》二号已出，但我尚未取得。"鲁迅致周作人信（1919年4月19日），《鲁迅全集》第11卷，第361页。

[2] 高一涵致胡适信（1918年12月19日），《胡适来往书信选》（上），第20页。

[3] 只眼：《发刊词》，《每周评论》1号，1918年12月22日。

有撰译,悉由编辑部同人,公同担任,不另购稿"。[1]陈独秀后来这样阐述《新青年》这一编辑方针:

> 凡是一种杂志,必须是一个人一团体有一种主张不得不发表,才有发行的必要;若是没有一定的个人或团体负责任,东拉人做文章,西请人投稿,像这种"百衲"杂志,实在是没有办的必要,不如拿这人力财力办别的急着要办的事。[2]

《每周评论》则在"本报简章"中声明:"本报对于读者投稿,极其欢迎,但是一概没有报酬。"[3]欢迎投稿,表明《每周评论》是一个开放的舆论空间;拒绝付酬,既是自别于大众报纸的"营利性质",也可以降低办报成本。[4]

从此《每周评论》和《新青年》一起,成为新文化运动的两大舆论阵地。同人有任何稿件,或视其性质,分投两刊,或两刊并用,先后发表,以扩大影响。鲁迅在1919年2月给钱玄同的一封信中提及,陈大齐"有一篇短文,是回骂上海什么报的,大约想登在《每周评论》上,因为该评论出的快,而《新

---

1 《本志编辑部启事》,《新青年》4卷3号,1918年3月15日。
2 独秀:《随感录七十五·新出版物》,《新青年》7卷2号,1920年1月15日。
3 "本报简章",《每周评论》1号,1918年12月22日。
4 当时北京各大报的稿酬大约是"社说"每篇3元(500字以上),"译件"每300字1元,"小说"每1000字3元,"特别新闻"每则1元,"普通新闻"每则3角。见《征文启事》,《亚细亚日报》,1912年3月10日。

青年》出的慢"，鲁迅建议"该文可以再抄一篇，也登入《新青年》六卷二号《随感录》，庶几出而又出，传播更广，用副我辈大骂特骂之盛意"。[1] 当新文化的发展停留在学理讨论层面时，《新青年》尚可胜任往复辩难的载体，一旦需要在公众舆论领域与"旧文明旧势力""分对等之地位"，《每周评论》的快捷和影响则远在《新青年》之上。

另一条扩大新文化影响的管道，是亚东图书馆。汪孟邹创办的科学图书社，虽然给予《安徽俗话报》很大的助力，始终只是地方性的出版组织。1913年春，汪孟邹接受陈独秀的建议，到上海四马路惠福里筹办"亚东图书馆"。1917年，陈独秀与汪孟邹借蔡元培聘陈为北大文科学长一事，北上为亚东图书馆招股，成绩相当不错："约可得十万余元，南方约可得数万元，有现金二十万元，合之亚东、群益旧有财产约三十万元，亦可暂时勉强成立。"[2] 北京招得的股份占总资金的三分之一，可见陈独秀的北上对《新青年》和亚东图书馆意义之重大。

亚东、群益合并一事，后因故流产。此时，《新青年》和商务印书馆、中华书局等上海主流出版机构的关系相当紧张，商务出版的《东方杂志》、中华出版的《灵学丛志》，以及商务附设的《教育杂志》《学生杂志》《妇女杂志》，无一不遭到

---

1 鲁迅致钱玄同信（1919年2月16日），《鲁迅全集》第11卷，第359—360页。
2 陈独秀致胡适信（1917年1月），《胡适来往书信选》（上），第6页。

新文化同人的痛切抨击。[1]这种抨击自然是基于文化理念差异的对"旧文明"的批评，但有论者指出新文化与上海出版界的抵触"极大地限制了他们对商务以至新兴都市上海经历了几十年发展所占有的现代化资源的认识"，因为后来的事实证明，这些主流出版机构都不乏调整和适应新文化潮流的意愿和能力。[2]

双方对立的形势，给了负责发行新文化刊物的群益书社和亚东图书馆很大的压力。1918年10月5日，汪孟邹在致胡适信中谈到《新青年》一再延期出版的原因，是因为上海各印刷所如商务、中华、民友，均因《新青年》"好花头太多，略较费事"而不愿代印。即使群益书社做出"如可如期，决不惜费"的承诺，仍遭到多数印刷所的"一意拒绝"，[3]从中不难看出有意气用事的成分。不过，《新青年》并不打算妥协，他们希望培养和壮大自己的发行机构。

1919年初，亚东图书馆迁至上海五马路棋盘街，算是走出了"弄堂"。这一举措当然得益于陈独秀的鼓励与坚持，而

---

1 参见百年：《斥"灵学"》，以及同卷钱玄同、刘半农撰写的《随感录》，《新青年》4卷5号，1918年5月15日。陈独秀：《质问"东方杂志"记者》，《新青年》5卷3号，1918年9月15日。陈独秀：《再问"东方杂志"记者》，《新青年》6卷2号，1919年2月15日。罗家伦：《今日中国之杂志界》，《新潮》1卷4期，1919年4月1日。

2 参见陈方竞：《多重对话：中国新文学的发生》第2章（北京：人民文学出版社，2003），第111—113页。

3 胡适档案，存中国社会科学院，转引自唐宝林、林茂生：《陈独秀年谱》，第87页。

陈独秀在北京大学的地位，使亚东图书馆取得了北京大学出版部在上海的经理权，更是一个至关重要的因素。[1] 亚东图书馆由此在五四运动前后成为"一个专门代派最新的期刊的新书店"，"五四"后又代印中国国民党机关刊物《建设》、少年中国学会机关刊物《少年中国》等，影响日益扩大。不过，由于和商务、中华等主流出版机构的关系紧张，亚东图书馆和新文化的影响多半局限于学生界。据汪原放回忆，新文化报刊之中，以《每周评论》销量最好：

> 《每周评论》某一期不曾到，问的人已经很多；到了寄到发售的时候，一下子可以卖光的。每期只有八开的一个单张，只不过卖几个铜板，青年学生没有买不起的。记得那时寄到的，也有几百张，只不过从来不曾有过上千张的时候。[2]

《每周评论》有自己固定的支持者，跟商务印书馆每月上万元的杂志销售额相比，《每周评论》的销量体现了新文化在上海的弱势地位，然而销量与影响力又不完全成正比，关于这一点，我们将在下节讨论。

---

1 陈独秀对汪孟邹说："你要死，只管还缩在弄堂里；你要活，一定要上马路！"汪原放接着指出："如果仲翁不曾担任北京大学文科学长，如果不推荐亚东经理北京大学出版部的书籍，我的大叔还是不敢断然的搬上五马路的。"汪原放：《回忆亚东图书馆》，第37页。

2 汪原放：《回忆亚东图书馆》，第46页。

"崇新"与"重少":文化的权势转移

检视五四时期的文献,在提倡新思潮新文学的"先生一代"的笔下,洋溢着扑面而来的"青年崇拜"的气息。这种崇拜里既延续了近代以来牢植于中国知识分子心中的对"新"的喜爱和追求,也包含着"先生一代"在空谷足音的寂寞中,寻求青年同盟者和培养接班人的努力。"寻找新青年"成了五四时期一个持续而热烈的命题。

1915年9月,陈独秀将自己独力创办的传播新知、呼吁改革的杂志取名为《青年杂志》。这时陈独秀36岁,在当时的概念里已入中年,这份刊物当然不是针对他的同龄人,而是试图让他和他的同道者不为社会认知和接受的新思想,在青年中传扬和光大。在《青年杂志》的发刊词《敬告青年》中,陈独秀俨然把社会对待青年的态度抬到了民族性的高度:"窃以少年老成,中国称人之语也;年长而勿衰,英美人相勖之辞也,此亦东西民族涉想不同,现象趋异之一端欤?"因此他推论出除旧布新的使命必须由青年担任:

> 青年之于社会,犹新鲜活泼细胞之在人身。新陈代谢,陈腐朽败者无时不在天然淘汰之途,与新鲜活泼者以空间之位置及时间之生命。人身遵新陈代谢之道则健康,陈腐朽败之细胞充塞人身则人身死;社会遵新陈代谢之道则隆盛,陈腐朽败之分子充塞社会则社会亡。

他几乎是用尽了全副的热情在向理想中的"青年"呼吁："予所欲涕泣陈词者，惟属于新鲜活泼之青年，有以自觉而奋斗耳！自觉者何？自觉其新鲜活泼之价值与责任，而自视不可卑也。"[1]

李大钊在《青春》一文中，明确地将自己一代人和未来的"新青年"之间，划分了一道绝对的界限：

> 吾人当于今岁之青春，画为中点……中以前之历史，白首之历史，陈死人之历史也。中以后之历史，青春之历史，活青年之历史也。青年乎！其以中立不倚之精神，肩兹砥柱中流之责任，即由今年今春之今日今刹那为时之起点，取世界一切白首之历史，一火而摧焚之，而专以发挥青春中华之中，缀其一生之美于中以后历史之首页，为其职志，而勿逡巡不前。[2]

虽然他也承认"白首中华者，青春中华本以胚孕之实也；青春中华者，白首中华托以再生之华也"，但终归以前是"废落"，以后便是"开敷"。在五四时期，以"青年／老年"来对应"新／旧""优／劣"的想象，已经成为一代人的共识。正如舒衡哲（Vera Schwarcz）描述的那样："在中国的这方面，

---

[1] 陈独秀：《敬告青年》，《青年杂志》1卷1号，1915年9月15日。
[2] 李大钊：《青春》，《新青年》2卷1号，1916年9月1日。

年龄被设想为所有智慧的源泉，选拔年轻人作为社会创造力最宝贵的后备，实际是把传统压在他们肩上。"[1]

这种对青年的想象，远可以追溯到晚清一代的知识分子，如梁启超就认为"新民为今日中国第一急务"："然则苟有新民，何患无新制度，无新政府，无新国家！"（《新民说》）他进一步将"国之老少"与"人之老少"相比较：

> 老年人常思既往，少年人常思将来。惟思既往也故生留恋心，惟思将来也故生希望心；惟留恋也故保守，惟希望也故进取；惟保守也故永旧，惟进取也故日新。惟思既往也，事事皆其所已经者，故惟知照例；惟思将来也，事事皆其所未经者，故常敢破格。老年人常多忧虑，少年人常好行乐。惟多忧也故灰心，惟行乐也故盛气；惟灰心也故怯懦，惟盛气也故豪壮；惟怯懦也故苟且，惟豪壮也故冒险；惟苟且也故能灭世界，惟冒险也故能造世界。老年人常厌事，少年人常喜事。惟厌事也，故常觉一切事无可为者；惟好事也，故常觉一切事无不可为者。[2]

对"少年"的期许源自对"新"的渴望，难怪梁启超将

---

[1] 施瓦支（舒衡哲）著、李国英等译：《中国的启蒙运动：知识分子与五四遗产》（太原：山西人民出版社，1989），第106页。

[2] 梁启超：《少年中国说》，《饮冰室合集》文集第1册。

"新"与"少年"混为一谈。"崇新"和"重少"并举的思想,自晚清以降,逐渐深入人心,刘鼐和(少少)曾为"中国之未来"下过一断语:

> 新中国处今新世界中,其未来之新事业、新功名,足以空古今而震寰宇者,有如矿产,随在皆是。所须惟确有新知识新能力之新人物耳。[1]

在刘少少看来,仅具有"新知识新能力"是不够的,还必须是"新人物",才能建立"新事业新功名"。"老年"与"少年"的区别不仅在于自然年龄的差异,也象征着不同的价值判断,正呼应着严复所译《天演论》中高倡的"世道必进,后胜于今"。有论者分析这种思潮出现的时代背景:

> 近代中国不论思想社会,总之都呈正统衰落、边缘上升的大趋势。社会变迁既是思想演变的造因,也受思想演变的影响。西潮冲击之下的中国士人,由于对文化竞争的认识不足,沿着西学为用的方向走上了中学不能为体的不归路。自身文化立足点的失落造成中国人心态的剧变,从自认居世界文化的中心到承认中国文化的野蛮,退居世界文化的边缘。结果,从思想界到整个社会都形成一股尊西崇新的大潮,可

---

[1] 刘鼐和:《勖报》,《甲寅》1卷6号,1915年6月10日。

称为新的崇拜……崇新自然重少。从逻辑上言,中国传统既然黑暗,则越年轻当然受害越少也越纯洁,故少年才代表着中国未来和希望。[1]

五四时期的"先生一代",几乎都是读着《新民丛报》和《天演论》长大,自然深受这种青年观的影响,他们也曾经试图成为梁启超所说的"中国少年",但历史好像没有给他们这个机会。民元以后,他们目睹时局的"换汤不换药",对自己一代人大为失望,自然而然萌发出所谓"中间物"意识,认为己辈积习过深,只能自觉地扮演一个"呐喊者"的角色,而将改造社会的希望寄托在"新青年"身上,冀图唤起"青年"来捣毁这"铁屋子",因为只有青年才能"利刃断铁,快刀理麻,决不作迁就依违之想"。他们的自我期许,正如鲁迅所说:

> 论到解放子女,本是极平常的事,当然不必有什么讨论。但中国的老年,中了旧习惯旧思想的毒太深了,决定悟不过来。譬如早晨听到乌鸦叫,少年毫不介意,迷信的老人,却总须颓唐半天。虽然很可怜,然而也无法可救。没有法,便只能先从觉醒的人开手,各自解放了自己的孩子。自己背着

---

[1] 罗志田:《知识分子的边缘化与边缘知识分子的兴起》,《权势转移:近代中国的思想、社会与学术》(武汉:湖北人民出版社,1999),第234—235页。

因袭的重担,肩住了黑暗的闸门,放他们到宽阔光明的地方去;此后幸福的度日,合理的做人。[1]

"光明/黑暗"不过是"新/旧"的另一种表达,"老人"的"原罪",即他们与旧的东西有着割舍不断的联系。即使像陈独秀那样决绝的论断:"要拥护那德先生,便不得不反对孔教、礼法、贞节、旧伦理、旧政治。要拥护那赛先生,便不得不反对旧艺术、旧宗教。要拥护德先生,又要拥护赛先生,便不得不反对国粹和旧文学",[2] 仍然有论者从中看出了"连续说出的几个'不得不',就分明告诉我们他那种忍痛割爱的矛盾心态。只是为了更新更美的未来,过去的一切才都可割舍"。[3] "先生一代"的历史使命,不过是"在有些警觉之后,喊出一种新声;又因为从旧垒中来,情形看得较为分明,反戈一击,易制强敌的死命。但仍应该和光阴偕逝,逐渐消亡,至多不过是桥梁中的一木一石,并非什么前途的目标,范本",他们的希望,寄托在"更有新气象"的"学生一代"身上。[4]

笔者在第二章已经提及,南方革命党人对启蒙白话报的经营,表面上大谈"中国最不中用的是读书人","不过嘴里头

---

1 鲁迅:《我们现在怎样做父亲》,《坟》,《鲁迅全集》第1卷,第133页。
2 陈独秀:《本志罪案之答辩书》,《新青年》6卷1号,1919年1月15日。
3 罗志田:《新的崇拜:西潮冲击下近代中国思想权势的转移》,《权势转移:近代中国的思想、社会与学术》,第66页。
4 鲁迅:《写在〈坟〉后面》,《鲁迅全集》第1卷,第289页。

说一两句空话，笔底下写一两篇空文，除了这两件，还能够干什么大事呢？"¹ 但是实际上，这些报纸仍然"十有八九成替党派中人及学生社会说法"，而它们的读者"尤以学生社会为多数"。² "学生"在晚清俨然已经成了一个极为重要的独立的社会阶层，"介于上等社会、下等社会之中间，为过渡最不可少之人"，因为他们被认为是已经崩溃决裂的上等社会的"继起者"，又要担当"下等社会之指向针"。³ 无怪张继强调："学生为一国之原动力，为文明进化之母。以举国无人之今日，尤不得不服于学生诸君。"⁴

这种认识延续到民元以后。陈独秀答允出任北大文科学长后，亚东图书馆的同人议论道：

"陈仲翁任北京大学文科学长好得多了，比搞一个大书店，实在要好得多。"

"学堂、报馆、书店都要紧，我看，学堂更要紧。"⁵

---

1 白话道人：《"中国白话报"发刊词》，《中国白话报》1期，1903年12月19日。
2 《中国白话报》8期、11期，1904年3月31日、5月15日。
3 李书城：《学生之竞争》，《湖北学生界》2期，1903年2月。转引自张枬、王忍之编：《辛亥革命前十年间时论选集》卷一上（北京：三联书店，1960），第457页。
4 自然生（张继）：《读"严拿留学生密谕"有愤》，《苏报》，1903年6月10日。转引自张枬、王忍之编：《辛亥革命前十年间时论选集》卷一下（北京：生活·读书·新知三联书店，1960），第685页。
5 汪原放：《回忆亚东图书馆》，第36页。

大家似乎都了解，在报纸、学堂、演说这"传播文明三利器"中，学堂最能实现李大钊说的"深养其锋"。周策纵在分析民初学生群体的特性时指出："自从20世纪初年，中国学生就比西方民主国家的学生特别有一种更活跃的政治和社会意识。他们比较更乐于参加公共事务和尝试政治改革……无论任何有损国家和文化自尊心的事，都会使中国学生比其他团体更加敏感……因为旧制度显得如此无望，趋新和现代主义对青年人的吸引力就增强了。"[1]学生是当时社会最有文化活力的一群，同时学校的小环境可以提供丰厚的文化资源，这对尚不被社会主流接纳的新文化知识分子构成了巨大的吸引力。

如果说，陈独秀接受蔡元培的邀请还有些半推半就，李大钊进入北大更像是主动渗入。1918年2月，章士钊向蔡元培推荐刚从上海归来的李大钊，代替自己担任北大图书馆主任。蔡元培答应了他的请求，但李大钊没有欧美留学的文凭，只担任图书馆主任，不能兼教授，还有些浅薄的同事瞧不起他。章士钊回忆："守常志在得北大一席，以便发踪指示，初于位分之豪华，同事不合理之情绪，了不屑意。由今观之，守常一入北大，比于临淮治军，旌旗变色，自后凡全国趋向民主之一举一动，从五四说起，几无不唯守常之马首是瞻。"[2]足见李大钊对

1　周策纵著、陈永明等译：《五四运动史》，第135—136页。
2　章士钊：《李大钊先生传》，转引自北京大学图书馆编：《李大钊史事综录》（北京：北京大学出版社，1989），第175页。

此职位的重视，力争借此获得校园内的文化领导权。

李大钊进入北大的时间也有着标志性的意义。在他之前，《新青年》的作者群中进入北京大学的已经有陈独秀、陶孟和、陈大齐、钱玄同、周作人、胡适、刘半农、沈尹默、杨昌济、刘叔雅、王星拱等，然而在1918年前，新文化在校内的势力还没有彰显。[1]

但到了1918年，情势大变，桐城一派已完全失势，而新派教授则一跃成为最引人注目的群体，"自胡适氏主讲文科哲学门后，旗鼓大张，新文学之思潮亦澎湃而不可遏"。[2] 不过，以刘师培、黄侃为首的旧派仍然还得到一些学生的拥护，在北大的思潮鼓荡中占据一席之地。另外当然还有许多"介乎二派者"或二派之外者，如同为旧派却大肆鼓吹"春秋大义"的辜鸿铭，主讲印度哲学而发起孔子研究会的梁漱溟，持文化调和主张的朱希祖，主张无政府主义的李石曾、吴稚晖之类，但都不成阵营，只是参与构成北京大学"众声喧哗"的特殊氛围。

---

[1] 中国文学门教授（也是中文门负责人之一）朱希祖1917年11月5日的日记写道："近来北京大学文科教授主持文学者，大略分为三派：黄君季刚与仪征刘君申叔主骈文，而刘与黄不同者，刘好以古文饬今文，古训代今义，其文虽骈，佶屈聱牙，颇难诵读；黄则以音节为主，间饬古字，此一派也。桐城姚君仲实，闽侯陈君石遗主散文，世所谓桐城派者也。今姚、陈二君已辞职矣。余则主骈散不分，与汪先生中、李先生兆洛、谭先生献，及章先生（太炎）议论相同。此又一派也。"完全没有提及新派。见朱偰：《五四运动前后的北京大学》，《五四运动亲历记》（北京：中国文史出版社，1999），第290页。

[2] 《请看北京学界思潮变迁之近状》，《公言报》，1919年3月18日。

1919年3月18日,《公言报》上刊登了《请看北京学界思潮变迁之近状》,描述了北京大学的基本思想状况:

> 国立北京大学自蔡孑民任校长后,气象为之一变,尤以文科为甚。文科学长陈独秀氏,以新派首领自居,平昔主张新文学甚力。教员中与陈氏沆瀣一气者,有胡适、钱玄同、刘半农、沈尹默……顾同时与之对峙者,有旧文学一派。旧派中以刘师培氏为之首。其他如黄侃、马叙伦等,则与刘氏结合,互为声援者也。……盖学生中固亦分旧新两派,而各主其师说者。二派杂志,旗鼓相当,互相争辩,当然有裨于文化;第不言忘其辩论之范围,纯任意气,各以恶声相报复耳。[1]

对于这段文字,虽然当事人如蔡元培、刘师培、胡适都予以否认,但参诸其他资料,《公言报》所说的大体是事实。

尤其是在李大钊任北大图书馆主任后,北大图书馆管理方法和购置新书的数量、时效都大为改观,[2] 学生里读外国书、讨论新知的风气也渐渐兴盛起来。其时师生聚会和讨论主要有两个场所,一个是汉花园北大一院二层楼上的国文教员休息室,

---

[1] 《请看北京学界思潮变迁之近状》,《公言报》,1919年3月18日。
[2] 参见《图书馆寄存图书简章》《修正图书馆借书规则》《北京大学总务处图书部试行条例》等资料,北京大学图书馆编:《李大钊史事综录》(北京:北京大学出版社,1989),第179—189页。

钱玄同等时常在这里，另一个是一层楼的图书馆主任室，主人是李大钊。

  在这两个地方，无师生之别，也没有客气及礼节等一套，大家到来大家就辩，大家提出问题来大家互相问难。大约每天到了下午三时以后，这两个房间人是满的。所以大家称二层楼这个房子为群言堂（取群居终日言不及义语），而在房子中的多半是南方人。一层楼那座房子，则称之为饱无堂（取饱食终日无所用心语），而在这个房子中则以北方人为主体……这两个房子里面，当时确是充满学术自由的空气。大家都是持一种处士横议的态度。谈天的时候，也没有时间的观念。有时候从饱无堂出来，走到群言堂，或者从群言堂出来走到饱无堂，总以讨论尽兴为止。

李大钊的主任室更有图书便利的好处，吸引了许多教授和学生（新潮社、国民社的成员居多）去那里阅读和讨论。一时之精英，荟萃于此，切磋琢磨，持疑问难，这样方便的场所和热烈的讨论氛围，确实是北京大学史无前例的。难怪罗家伦感慨道："当时的文学革命可以说是从这两个地方讨论出来的，对于旧社会制度和旧思想的抨击也产生于这两个地方。"[1]

---

1 罗家伦：《蔡元培时代的北京大学与五四运动》，台湾《传记文学》54卷5期，1978年5月，转引自《五四运动亲历记》，第59页。

1918年11月19日,新潮社成立。《新潮社成立启事》宣称:这是一个"同人集合同趣"组成的社团,主旨是"专以介绍西洋近代思潮,批评中国现代学术上、社会上各问题为职司"。[1]当时北京大学学生中时常讨论的一个话题是"如何救国",各派学生的意见很不一致:

第一,不少同学主张由爱国人士逐渐展开活动,获得人民支持,将来这些爱国者能够进入国会掌握政权,形成政治上的新风气,救国才有办法。第二,醉心于新文化运动的人物认为还应当加强新文化运动,才是救国的正当途径。第三,一般激进的同学们,包括我自己在内,则认为应当搞直接行动,打倒卖国贼和亲日派。同学们往往成群地聚集在寝室里辩论这一问题。[2]

新潮社正是由一班"醉心于新文化运动"的青年组成的,他们集中于北大文学院(含中国文学门、英国文学门和哲学门),这正是新文化同人在北大影响力最大的领域。[3]傅斯年、

---

1 《北京大学日刊》,1918年12月3日。
2 许德珩:《为了民主与科学》(北京:中国青年出版社,1987),第46页。
3 当时为北大法科一年级学生的陶希圣日后回忆称:"我们一般学生的风习是除上课问学之处,不进教授的门……李大钊是在北大图书馆。图书馆的职员在学生中间没有说话乃至交往的地位。"考虑到当时北大的校舍分为几处,文科与法科相隔有一定距离,新文化影响力的差异完全可以存在。陶希圣:《潮流与点滴》(台北:传记文学出版社,1964),第42页。

罗家伦等人在北大学生中颇有影响力，他们对新文化的归附，令正在为新文化的推广奔走呼号的"先生一代"欣喜莫名，"不自信有这样的法力"。[1] 从蔡元培到陈独秀、胡适，都对新潮社的领袖者青眼有加。[2] 他们对俨然"青年版"《新青年》的《新潮》，给予了最大限度的支持。胡适代新潮社向文科学长陈独秀陈情，本来说好由学校出资办《新潮》，但是北大杂志团体方兴未艾，"一时出了几个，更有许多在酝酿中的"，校方不可能一一补助，但又不能过失公平，"于是乎评议会议决了一个议案，一律改为垫款前三期"，[3] 但是傅斯年等人写信给评议会，强调《新潮》销路很好，而且学校答应《新潮》出资在前，议案在后，最终评议会同意维持以前的方案，即"发行由北大出版部负责，印刷由该部附设的印刷局负责"，"银钱出入由学校会计课负完全责任，社的干事概不经手银钱"。[4] 李大钊还从图书馆的房子里拨出一间来作为新潮社的编辑部。

---

[1] 陈独秀甚至问教过傅斯年的周作人："他们可不是派来做细作的么？"周作人：《知堂回想录》，第377页。

[2] 如傅斯年是北大学生中第一个向《新青年》投稿的，"蔡元培、陈独秀都很看重他"。顾颉刚：《回忆新潮社》，张允侯等编：《五四时期的社团》（二）（北京：三联书店，1979），第125页。

[3] 这个决议似乎有在《新潮》和《国故》之间达到一种平衡的意味。但是教师公选出来的评议会中，文科方面几乎全是新派（文科的评员是胡适、陈大齐、沈尹默、马裕藻），表决时自然会偏向被认为是新派学生代表的新潮社。"本校布告"，《北京大学日刊》，1918年10月23日。

[4] 参见傅斯年：《新潮之回顾与前瞻》，《新潮》二卷一期"附录"，1919年10月20日；李小峰：《新潮社的始末》，《五四运动回忆录》（续），第201页。

由于校方和师长的鼎力支持，《新潮》经费相当充足和稳定，以致引起了同为北大学生主办的《国民》杂志的编辑者的愤怒。[1]

在1918年10月13日《新潮》的预备会上，发起者讨论决定刊物的中文名采用罗家伦提出的"新潮"，英文名就用徐彦之提出的"THE RENAISSANCE"（文艺复兴）。傅斯年说这两个名字"恰好可以对译"，只不过是一厢情愿的说法，因为"新潮"和"文艺复兴"分明是两个不同的名词。罗家伦后来对此有一个解释：

> 按照"新潮"两字的意义，译作"NEW TIDE"。但是我们印在书面上的英文译名是"THE RENAISSANCE"，是西洋史上的一个重要时代的名词，就是"文艺复兴"，是欧洲在中古黑暗时代以后，解除种种经院教条的束缚，重行研究罗马，尤其注重在希腊文化的时期。这是西方文化最早的曙光。[2]

---

[1] 新潮社的经费，据顾颉刚回忆，蔡元培"每月由北大四万元的经费中拨出两千元来给他（傅斯年）办杂志"，但许德珩则说新潮社"每月向北京大学领取四百大洋，作为《新潮》的基金"。顾颉刚当时不在北京，许德珩不属新潮社，两人的说法都未必可靠，但其他当事人没有提及具体数额。顾颉刚：《回忆新潮社》，《五四时期的社团》（二），第125页。许德珩：《为了民主与科学》，第40页。

[2] 金耀基：《从"五四批判"到"批判五四"》，《启蒙的价值与局限》（太原：山西人民出版社，1989），第34页。

定中文名为"新潮",大概来自1904年创刊的日本启蒙杂志《新潮》,那是一个"旨在恢复和深化十九世纪启蒙学者的精神"的刊物。[1]

胡适后来提及此事,认为当时新潮社成员选择的中英文名字"可能是受我的影响","他们显然是觉得在北京大学所发起的这个新运动,与当年欧洲的文艺复兴有极多的相同之处"。胡适认为两者的相同之处在于:(1)"对新语言、新文字、新(文化交通)工具的需要——也就是新的自我表达的工具之需要",即"文学革命";(2)"对人类(男人和女人)一种解放的要求",也就是对解放妇女和个人权利的要求,即"家庭革命"。[2]

《新潮》追随和模仿《新青年》,但他们对《新青年》呼吁的政治改革并不感兴趣,而更关注对旧家庭旧道德的批判和对文字语言的改良,这份刊物的三个原则是:(一)批评的精神;(二)科学的主义;(三)革新的文辞。这正对应着《新青年》广告上声明的四种主义:(一)改造国民思想;(二)讨论女子问题;(三)改革伦理观念;(四)提倡文学革命。

《新潮》出版之后,《新青年》同人对之大加揄扬,如鲁迅在致好友许寿裳信中称:

---

[1] 舒衡哲著、李国英等译:《中国的启蒙运动:知识分子与五四遗产》,第38页。
[2] 唐德刚译注:《胡适口述自传》,第172页。

大学学生二千，大抵暮气甚深，蔡先生来，略与改革，似亦无大效，惟近来出杂志一种曰《新潮》，颇强人意，只是二十人左右之小集合所作，间亦杂教员著作，第一卷已出，日内当即邮寄奉上（其内以傅斯年作为上，罗家伦亦不弱，皆学生）。[1]

《新潮》几乎是立刻就取得了迅捷而广泛的影响：《新潮》一卷一号1月13日送到北大出版部，14日新潮社即发表启事，称"甫经出售，半日即罄，以致后来者未能购得，同人等殊为抱歉"。以后各期，按李小峰的说法，"虽然一直没有向学校会计课结算过，但多多少少有些利润是肯定的。因此在经济方面，可说是一帆风顺"。[2]《新潮》一卷一、二号一直出到三版，"初版只印1000份，不到10天要再版了，再版印了3000份，不到一个月又是三版了，三版又印了3000份。以后亚东书局拿去印成合订本又是3000份"。[3]《新潮》各地的代销处也日渐增多，"个人、学校、报社、图书馆、教育会、学校附设的贩卖部等经销代销的居多数，甚至有绸缎庄代销的"[4]，"在南方的

---

1 鲁迅致许寿裳信（1919年1月16日），《鲁迅全集》第11卷，第357页。
2 李小峰：《新潮社的始末》，《五四运动回忆录》（续），第201页。
3 罗家伦：《蔡元培时代的北京大学与五四运动》，台湾《传记文学》54卷5期，1978年5月，转引自《五四运动亲历记》（北京：中国文史出版社，1999），第59页。
4 李小峰：《新潮社的始末》，《五四运动回忆录》（续），第210页。

乡间都可看到"[1]。内地青年将《新潮》作为传播新文化的工具，"已经翻阅得破破碎碎了，还是邮寄来，邮寄去"[2]，到1919年10月，《新潮》全国代卖处竟达四十余处，以至于有书商"仿冒品牌"[3]。

五四运动前夕，《新潮》的影响力较之《新青年》未遑多让，甚或骎骎乎居其上。胡适晚年回忆《新潮》，认为傅斯年、罗家伦等学生"年轻但是却相当成熟"，《新潮》"表现得甚为特出，编写皆佳。互比之下，我们教授们所办的《新青年》的编排和内容，实在相形见绌"[4]。这话看似过誉，但《新潮》与《新青年》相比，确有自身的特色，简言之，为"面向学生"和"更为激进"两项。

《新潮》一直以学生刊物的面目出现，《新潮发刊旨趣书》给自己的定义是："《新潮》者，北京大学学生集合同好撰辑之月刊杂志也。"《新潮》发起者的设想，是用这份杂志"一则以吾校真精神喻于国人，二则为将来之真学者鼓动兴趣"，这样可以养成"自别于一般社会"的学校风气，最终达到通过大学的思潮去影响社会的目的："本此精神，循此途径，期之以十

---

[1] 顾颉刚：《回忆新潮社》，《五四时期的社团》（二），第125页。

[2] 钦文：《五四时期的学生生活》，《五四运动回忆录》（下），第984页。

[3] 《新潮》2卷4期上登出"特别启事"，谓"乃本年六月底上海泰东书局始另有所谓'新潮丛书'之广告发现，与本社《新潮丛书》名目虽混淆，其实并非一事。再另有命名'上海新潮社'者，与本社毫无关系，其出版品当然与本社无涉"。

[4] 唐德刚译注：《胡适口述自传》，第173页。

年，则今日之大学，固来日中国一切新学术之策源地；而大学之思潮，未必不可普遍国中，影响无量。"[1]

他们为这份刊物规定的"四大责任"，处处以《新青年》为榜样，又时时注意自己学生刊物的特色，除了要"导引此块然独存之中国同浴于世界文化之流"和谈论社会"因革之方"，《新潮》的责任还包括"鼓动学术之兴趣"和"发愿协助中等学校之同学"，"造成战胜社会之人格"。前面两种责任，实际就是《新青年》的"文学革命"和"社会改良"，后面两种，才是《新潮》的独到之处。两者读者定位的差别，正如李小峰所说："《新青年》的读者偏重在大青年、高级知识分子；《新潮》的对象，主要是小青年、中学生。"[2]

由于《新潮》较《新青年》更为激进，所以甫一出版，便遭到了守旧势力的反击。罗家伦后来也回忆说："我们一班朋友，又办了一个月刊叫《新潮》，以'初生牛犊不畏虎'的精神，支持这个主张，更为积极，于是愈触犯了卫道先生们的大怒。"[3]

而这种激进的姿态，最为当时的青年学生所欢迎，比较典型的个案是《浙江新潮》。这个由杭州青年学生创办的新文化杂志原名《双十》，显然是受了《新潮》的影响才改名为《浙江新潮》。据发起者之一施存统写给《新潮》的信上称："同学

---

[1] 《新潮发刊旨趣书》，《新潮》1卷1号，1919年1月1日。

[2] 李小峰：《新潮社的始末》，《五四运动回忆录》（续），第201页。

[3] 罗家伦：《对五四运动的一些感想》，《逝者如斯集》（台北：传记文学出版社，1967），第3页。

关于新文学新思想也极注意。大概看过《新青年》和《新潮》的人，没有一个不被感动；对于诸位，极其信仰。学白话文的人也有三分之一。"施存统在《浙江新潮》第三期上发表的《非孝》，也显而易见受到了《新潮》上刊载的《万恶之原》和《对于旧家庭的感想》的触动。但是，《浙江新潮》的办刊宗旨比《新潮》更为激进，"发刊词"称：

> 本周刊的目的，无非想把人类从黑暗变为光明，从伪道变为真理，从兽性变为人道……我们认"禁止""唾骂"，就是本报的大传播；我们又认"监狱""刑场"就是社员的极乐土。"权力"的干涉，"众愚"的反对，我们都不要顾，我们只晓得饮我们得旨趣罢了。黑暗，伪道，兽性的势力，一日不灭，本报的旨趣，一日不变。[1]

这份杂志在浙江引起了轩然大波，竟至弄到刊物查封、军警围校的地步。

论及新文化在"五四"前的推广与播散，"北京大学平民教育讲演团"同样是这一进程中的重要尝试。前者成立于1919年3月23日，发起动机是"以吾国平民识字者少，能阅印刷品出版物者只限于少数人，欲期教育之普及与平等，自非

---

[1] "发刊词"，《浙江新潮》1期，1919年11月1日。《五四运动在浙江》（杭州：浙江人民出版社，1979），第76页。

从事演讲不为功"。[1] 这个组织利用北京市立各讲演所对北京市民进行讲演，纪念日或节日也在街头、寺庙露天讲演。就形式而言，他们接续了自清末《京话日报》在北京发起的下层社会启蒙传统，甚至将其推广到长辛店、丰台等郊区农村。平民教育演讲团持续的时间很长，一直到1925年都还有活动，但演讲活动的高潮是在五四事件之后的一年内，爱国运动激起的狂热为学生演讲提供了大批的听众和支持者。但在大部分时间内，讲演团重蹈了清末下层社会启蒙运动的覆辙：他们试图带给民众"普通常识"，如"家庭与社会""人生之要素""都市人民当注重工商业""国民应尽之责任"等，[2] 北京的民众，尤其是乡村听众"多半听不懂，与他们的生活又没有关系，所以他们对之不感兴趣"，讲演团员在检讨时指出，讲演效果差的原因主要是"讲演者不知道农民生活状况，这种讲演没有和他们切身实际结合起来，讲与不讲，和他们没有多大关系"。[3] 无论如何，面对平民的讲演增加了学生们对于民间社会的认识，间接开启了"五四"后"到民间去"的再启蒙思潮。

《新青年》同人将新思潮新文化带入北京大学，北大学生中的激进青年，接纳新思潮新文化后，再以各种组织形式向外

---

[1] "北京大学平民教育讲演团征集团员启"，《北京大学日刊》，1919年3月7日。

[2] "平民教育演讲团纪事"，《北京大学日刊》，1919年4月11日。

[3] 朱务善：《北大平民教育讲演团在"五四"前后所起的作用》，《五四时期的社团》（二），第253页。

辐射传播，这些思潮和文化在"学生社会"中传递和扩散，使全国的边缘知识青年在失去了以科举方式进入政治事务的管道后，又看到了另外一条参与社会和政治运动的可行道路。而知识精英在无法与大众沟通的情况下，亦借由受新文化运动影响的边缘知识青年作为中介，向大众散播自己的思想和主张。大批边缘知识分子对新文化运动的追随，决定了新文化日后在社会层面的胜利，但几乎同时，新文化运动的始作俑者也逐渐丧失了对运动方向的控制，一旦出现适宜的机会，充当社会领导者、左右社会和政治运动走向的不再是知识精英，而是边缘知识分子中的佼佼者。正如有论者指出的那样："边缘知识青年自身受时代激进趋势的影响，其激进也随时代而进步；而且他们一旦激进起来，其速度又比老师辈更为迅猛。"以致屡屡出现了"老师跟着学生跑"的现象。"如果把民初新战胜旧这一现象看成一座冰山，则其水面之下隐伏着远更宽广的社会变迁。换言之，思想方面新旧之争的表面胜负之下实隐伏着更深层次的社会权势转移。"[1]

---

[1] 罗志田：《知识分子的边缘化与边缘知识分子的兴起》，《权势转移：近代中国的思想、社会与学术》，第239页。

第六章 「五四」前夕

新旧论争与多方博弈

有论者在讨论清末传播业的发展时指出："清末传播业得到相对有利的发展环境，是由于统治秩序出现过渡性紊乱。而造成紊乱的根本原因，一是新旧矛盾，二是中外冲突。"[1]

这一论断也适用于五四运动前夕的舆论界，新闻史家对这一时期的描述是："新文化运动时期，除了文化思想的启蒙以外，表现在社会上的便是群众运动的频繁，包括学生运动、工人运动和妇女运动。新文化运动时期的报纸和杂志，其较有影响力者，除对例行事务加以报道和评论外，其主要的关怀，便是对群众的诉求，以及对文化思想的启蒙。"[2]

新旧文化的冲突日益加剧，源自新文化、新思潮在社会层面的逐渐显影，引发支持者与反对者的对峙与辩驳；而外交事务的失利激发知识分子和民众的不满，则呼应着晚清以来国势的不振和政府的无能，以及"爱国"主题在民众中的传播和深化。一方面，传媒反映社会动态与民众心态；另一方面，传媒也对于读者心理和运动趋向进行着引导和塑造。传媒在政府、知识者和民众之间充当中介的角色，并以各自不同的信息传达和言论姿态，代表不同的利益集团与公众群体，共同构建这一动荡时期的舆论环境。

---

[1] 桑兵：《清末民初传播业的民间化与社会变迁》，华中师范大学中国近代史研究所编：《辛亥革命与20世纪中国》（武汉：湖北人民出版社，2001），第532页。

[2] 张玉法：《新文化运动时期的新闻与言论，1915—1923》，《"中央研究院"近代史研究所集刊》23期，1994年6月。

第六章 "五四"前夕：新旧论争与多方博弈

全国中文报纸的总数，在五四运动前夕不断增长，1919年达280家，比1915年增长16%。而重要的报刊，几乎都集中于北京、天津、上海三地：

> 此三地的中文报纸，1915年占中文报纸总数的31%，1925年占21%。代表性的报纸，北京有《顺天时报》《晨报》《京报》《益世报》等，天津等有《大公报》《益世报》等，上海有《申报》《新闻报》《时报》《时事新报》《民国日报》《商报》……当时的中国新闻界，系由数百种报纸、期刊，以及为此数百种报纸、期刊工作的人员所构成，但能领导新文化运动，其影响力较大者，则为较为出色的少数报刊、少数报人、以及少数记者和少数评论家。[1]

传媒的立场，会由于因应不同的问题而做出相应的调整。"新旧文化冲突"中的对立阵营，在涉及"中外冲突"时便可能分化与重组。本章考察这一时期的北京舆论环境，以"新旧论争"作为中心点，解析政府、学校、大众报纸、同人刊物等多方博弈的过程，以期呈现新文化的传播与舆论环境的互动。

---

[1] 张玉法：《新文化运动时期的新闻与言论，1915—1923》。

"保存机关"的苦心

自1916年底蔡元培出长北大,至1919年初,北京各种报纸对北京大学的举动基本上都采取正面客观的报道方式,北京大学也保持着一贯的谨小慎微,校园内外并无大的波澜发生。不过,随着新文化新思潮的日益向外拓展,外界对北京大学的关注也开始升温。1919年1月13日。北京报界联合会致函北京大学,要求"贵校凡有发交各报馆发布之件,即希赐下,以便传播",并具体要求"二十七份",以便所属的每家报馆都可以得到一份。[1]

蔡元培入主北大之初,便立志"改造大学为纯粹研究学问之机关",[2]他曾在归国后接受各政团招待时,"老实揭出不涉政界之决心",得到与会者的一致同情,让他很是欣慰。[3]在《北京大学月刊发刊词》中,他公布了建设北京大学的三种方针。(一)大学是一种学术研究的机构。"研究"不仅是指"输入欧化",而且要创造一种新文明;不仅要"保存国粹",而且要"以科学方法来揭发国粹的真相"。(二)学生不应当"专残守

---

[1] "北京报界联合会致本校函",《北京大学日刊》,1919年1月13日。

[2] 蔡元培:《复吴敬恒函》(1917年1月18日),高平叔编:《蔡元培全集》第3卷(北京:中华书局,1984),第11页。

[3] 蔡对此评价说:"可见今之政客,其头脑亦似较前几年为清醒矣。"蔡元培致汪兆铭函(1917年3月15日),《蔡元培全集》第3卷(北京:中华书局,1984),第26页。

己",而"应于专精之余,旁涉种种有关系之学理"。(三)大学里应保有思想学术自由,各种分歧繁多的理论,都可以"樊然并峙于其中","此思想自由之通则,而大学之所以为大也"。但也是在这篇文章中,蔡元培提到发行《月刊》的另一个理由是"释校外学者之怀疑":

> 吾国承数千年学术专制之积习,常好以见闻所及,持一孔之见。闻吾校有近世文学一科,兼治宋元以后之小说曲本,则以为排斥旧文学,而不知周秦两汉文学,六朝文学,唐宋文学,其讲座固在也;闻吾校之伦理学用欧美学说,则以为废弃国粹,而不知哲学门中,于周秦诸子,宋元道学,固亦为专精之研究也……论者知其一而不知其二,则深以为怪。今有《月刊》以宣布各方面之意见,则校外读者,当亦能知吾校兼容并收之主义,而不至以一道同风之旧见相绳也。[1]

从本心来讲,蔡元培倾向于新派,但是身为一校之长,不得不维持新旧并立、不偏不倚的局面。周作人曾分析蔡元培对"古今中外(新旧)"的处理方法:"古今中外,都是要的,不管好歹让它自由竞争,这似乎也不很妥当。但是在那个环境里,非如此说法,'今'与'外'这两种便无法存身,当作策略来

---

[1] 蔡元培:《北京大学月刊发刊词》,《北京大学月刊》1卷1号,1919年1月,《蔡元培全集》第3卷,第211—212页。

说，也是必要的"。[1] 在校内诸般事务上，也尽量采取调和中庸的态度，即如《北京大学月刊》创立后，教员中关于月刊登载的论文用横行书写还是直行书、是否加标点符号大起争执——这实际上展露了各派对新文化的态度，蔡元培只得将两者"分而治之"：

> 月刊形式已由研究所主任会公决，全用横行，并加句读问命等记号，但诸先生中亦有以吾国旧体文学形式一改，兴趣全失为言者。鄙人亦以为然，惟一册之中半用横行，自左而右，半用直行，自右而左，则大不便于读者。今与诸先生约，凡科学性质之文，皆用横行，送各研究所，编入普通月刊，其文学性质之文，有不能不用直行式者，请送至校长室，由鄙人编辑为临时增刊。[2]

蔡元培不希望社会对北京大学提倡新思潮新文化的误解，妨碍他"整顿北大"的进程。他对自己的演说词在报纸上出现错漏不太在意："日报所揭，时有讹舛，以其报仅资一阅，即亦无烦更正"，[3] 但是一旦报纸上出现对北京大学不利的传闻，蔡元培会立即以北大名义予以澄清。1918年10月，京沪报纸

---

[1] 周作人：《知堂回想录》，第523页。
[2] "蔡元培启事"，《北京大学刊》，1919年1月9日。
[3] 蔡元培：《致〈新青年〉记者函》（1917年2月19日），《新青年》3卷1日，1917年3月15日。

盛传北京大学出现无政府主义组织，北京大学立即在多份报纸上刊登广告，以正视听：

> 本月十一日上海《时事新报》有"北京大学之无政府主义"一文，北京之《新民报》《公言报》亦转载之，其所依据者仅实社自由录中有"本社通信暂寄北京大学太侔君"十二字耳。本校正在调查太侔究为何人，今见十八日顺天时报有实社广告言"太侔早已南旋，实社通讯处已移设上海"，是不特实社与本校从无关系，即太侔个人与本校亦久已断绝关系，各报所载，显系误会，特此声明。[1]

对于教员或学生参与政治、社会运动，蔡元培多次强调他的反对态度。蔡元培在《我在北京大学的经历》一文中谈道："我对于学生运动，素有一种成见，以为学生在学校里面，应以求学为最大目的，不应有何等政治的组织。其有年在二十岁以上，对于政治有特殊兴趣者，可以个人资格参加政治团体，不必牵涉学校。"[2] 这种观念导致了1918年夏蔡元培因北京各校学生到总统府请愿，首次提出辞去北大校长一职。

对于教职员，蔡元培无法干涉他们的社会活动，但蔡在进

---

[1] "北京大学广告"，《公言报》，1918年10月20日。
[2] 蔡元培：《我在北京大学的经历》，《东方杂志》31卷1号，1934年1月1日。《五四运动回忆录》（上），第177页。

入北大一年后，重新发起了民国元年吴稚晖、李石曾、汪精卫等组织的"进德会"。[1] 在解释"乙种会员"（蔡元培本人即此种会员）为何要在不嫖、不赌、不娶妾之外，加上不作官吏、议员的戒条时，蔡元培表示："官吏议员二戒，在普通社会或以为疑，而大学则当然有此。教育者专门之业学问者，终身之事委身学校，而索情阁院用志不纷之谓。"这个组织的目的除了"律己""谢人"，主要还是为着"止谤"，表明蔡元培寄希望于用模范和自律的方式隔绝教职员从政之路，同时借以平息外界对北京大学教职员的种种指责。[2] 进德会成立后，果然产生了宣传的效果，"颇惹时人之注意，不特京沪各报曾转载宣言书而评论之"，连东京《日支时论》都将宣言译出，并加引言表示敬佩之意。[3] 而蔡元培在回答林纾气势汹汹的质问时，也表示"对于教员，以学诣为主……其在校外之言动，悉听自由，本校从不过问，亦不能代负责任"。[4]

蔡元培唯恐北京大学与政治活动、社会舆论有所牵涉的用意，北大师生中多有能体会其苦心者。《北京大学日刊》即

---

[1] 蔡元培甚至向进德会的两名发起者吴稚晖、汪精卫发出来北大任教的邀请，意在"延聘学生之模范人物，以整饬学风"，或"以真正之国粹，唤以青年之精神"。《蔡元培全集》第3卷（北京：中华书局，1984），第11、26页。

[2] 蔡元培："北京大学之进德会"，《北京大学日刊》，1918年1月19日。

[3] "进德会报告"，《北京大学日刊》，1918年3月16日。

[4] 蔡元培：《致公言报并答林琴南君函》，《公言报》，1919年3月18日。

明文拒绝谈论"现时政治"的文章,[1] 其他校内刊物也从不涉及具体政治问题,一来是关注对象与社会报刊不同,二来也避免当局借机向蔡元培和北大施压。而热衷于谈论政治事务的《国民》,虽然由北大学生主办,却得不到校方的支持。蔡元培虽然为《国民》创刊号撰写"序",后来还曾"捐银拾元",但是要求国民杂志社"社址不要设在北大"。[2] 就文化态度而言,《国民》其实远不如《新潮》激进,足见蔡元培并不以激进与否,而是以其性质是否溢出"研究机关"范围作为判断标准,一旦关乎政治,他强调参与者"个人资格""不必牵涉学校"。作为对蔡元培努力区隔大学内外的回应,《新青年》在1919年2月刊出了一则重要启事:

> 近来外面的人往往把《新青年》和北京大学混为一谈,因此发生种种无谓的谣言。现在我们特别声明:《新青年》编辑和做文章的人虽然有几个在大学做教员,但是这个杂志完全是私人的组织,我们的议论完全归我们自己负责。和北京大学毫不相干。此布。[3]

---

1 "本刊启事":"凡不犯下列各项之稿件无论论者译者或纪事者均在欢迎之列:(1)谈论现时政治及宗教问题。(2)攻击他人。"《北京大学日刊》,1919年1月28日。
2 许德珩:《回忆国民社》,《五四时期的社团》(二),第39页。
3 《〈新青年〉编辑部启事》,《新青年》6卷2号,1919年2月15日。

陈独秀在《每周评论》刊出"京沪各报关于北京大学谣言的评论"时,也慎重地加了按语道:"迷顽可怜的国故党,看见《新青年》杂志里面,有几个大学教习做的文章,他们因为反对《新青年》,便对大学造了种种谣言,其实连影儿都没有。"[1]

另一方面,北京大学对于校内的新旧对峙,也不愿舆论界有所揭涉。1919 年 1 月 26 日于刘师培宅成立的国故月刊社,其创始原委是"慨然于国学沦夷,欲发起学报,以图挽救","以昌明中国固有之学术为宗旨"。[2] 这份刊物研究"国粹",使用文言,指导教师又多属于北大教师中的旧派,因此一经成立,刊物尚未出版,就被人指认为目的在于反对新文化:

> 顾同时与之(《新青年》)对峙者,有旧文学一派。旧派中以刘师培氏为之首。其他如黄侃、马叙伦等,则与刘氏结合,互为声援者也。加以国史馆之耆老先生,如屠敬山、张相文之流,亦复而深表同情于刘、黄……顷者刘、黄诸氏,以陈、胡等与学生结合,有种种印刷物发行也,乃亦组织一种杂志,曰《国故》。组织之名义出于学生,而主笔致之健将,教员实居其多数。盖学生中固亦分旧新两派,而各主其师说者也。[3]

---

[1] 只眼:"关于北京大学的谣言",《每周评论》13 号,1919 年 3 月 16 日。
[2] 《发起始末》,《国故》1 期,1919 年 3 月 20 日。
[3] 《请看北京学界思潮变迁之近状》,《公言报》,1919 年 3 月 18 日。

《国故》与《新潮》的对立的确存在，但以如此方式将校园内部的歧见曝光于公众媒体之上，却是北京大学和国故月刊社都不愿看到的局面。3月21日《北京大学日刊》发表蔡元培《答林君琴南函》，22日，国故月刊主编之一刘师培的《刘师培致公言报函》发表在《公言报》上，同时刊出的还有《国故月刊致公言报函》，两封函件又于3月24日同时刊发于《北京大学日刊》，显然有向全校师生澄清之意。刘师培的信称自己"虽主大学讲席，然抱疾岁余，闭关谢客，于校中教员素鲜接洽，安有结合之事？"又声明"《国故》月刊由文科学员发起，虽以保存国粹为宗旨，亦非与《新潮》诸杂志互相争辩也"。《国故月刊社致公言报函》更是连篇累牍，极力分辩：

> 《国故》月刊纯由学生发起……嗣以社中尽属同学，于稿件之去取未便决定；又因同学才识简陋，恐贻陨越，箴规纠正，端赖师资；故敦请本校教员及国史馆职员为总编辑及特别编辑。而社中编辑十人，则全为学生。由此以观，则学生为主体，教员亦不过负赞助上之职务耳……至于本社成立之初，同人尝立一规律，以研究学术，实事求是，不得肆击他人，亦不得妄涉讪骂；至今恪守，罔敢逾越……要之同人组织《国故》，其宗旨在昌明国学，而以发挥新义、刮垢磨光为急务。并非抱残守缺，姝姝奉一先生之言；亦非故步自封，驳难新说。

紧接着详细阐述创刊宗旨与立社过程，态度之急切，言辞之啰唆，想必让《公言报》编者又好气又好笑，索性破费版面，再来添一段点评：

> 至国故月刊之出现，本报诚至为赞成。当时仅摭拾传闻，以为刘申叔主持其事，当必有可观。不意刘氏既有声明。而本报昨接该社更正来缄一通，累数百言，既酸且冗。其实本报不过对于该社内部组织不甚明了，何至谓为荧惑观听。且诸君既以昌明国学为己任，而寻常启事，已拖沓如此，何以发挥新义，刮垢磨光？诚恐非《新青年》《每周评论》之敌手。本报厚爱国故月刊，故不觉谆切言之，想秉笔诸公必能相谅。[1]

刘师培和国故月刊社如此急于剖白，可能因为刘师培和蔡元培、陈独秀私交都不错，[2] 同时也不愿将北京大学卷入新旧论战的漩涡。北大校内，无论新旧两派，对蔡元培将北京大学与政治环境隔离的努力，在这一点上有所共识。

1919年4月，北京大学提前实行教务长制，取消文理科

---

[1] 《公言报》，1919年3月22日。
[2] 辛亥革命成功后，蔡元培与章太炎等人曾呼吁当局特赦投靠端方、出卖同志的刘师培，陈独秀与刘则"两人感情极笃，背后也互相尊重，绝无间言"(《陈独秀先生印象记》)，刘师培因筹安会一事留有骂名，是陈独秀延聘他进北京大学的。转引自陈万雄：《五四新文化的源流》，第52页。

学长，新文化主将陈独秀因此基本脱离北大。蔡元培之所以决定将陈独秀撤职的经过，据胡适的回忆是这样的：

> 三月廿六夜之会上，蔡先生颇不愿于那时去独秀，先生（指汤尔和）力言其私德太坏，彼时蔡先生还是进德会的提倡者，故颇为尊议所动。我当时所诧怪者，当时小报所记，道路所传，都是无稽之谈，而学界领袖乃视为事实，视为铁证，岂不可怪？嫖妓是独秀与浮筠都干的事，而"挖伤某妓之下体"是谁见来？及今思之，岂值一噱？当时外人借私行为攻击独秀，明明是攻击北大的新思潮的几个领袖的一种手段，而先生们亦不能把私行为与公行为分开，适堕奸人术中了。

胡适感叹蔡元培和汤尔和不免"狭隘"，汤尔和的回信也自称"以陈君当年之浪漫行为置之大学，终嫌不类，此乃弟之头巾见解，迄今犹自以为不谬"。[1] 如此说来，蔡元培竟是完全因为小报宣扬陈独秀"私德太坏"而撤去陈的文科学长，这未免让人有点难以相信。因为就在八九天之前，蔡元培还在答林纾信中宣称："嫖、赌、娶妾等事，本校进德会所戒也，教员中间有喜作侧艳之诗词，以纳妾、狎妓为韵事，以赌为消遣者，

---

[1] 胡适致汤尔和信（1935年12月28日），《胡适来往书信选》（中），第290页。

苟其功课不荒，并不诱学生而与之堕落，则姑听之。"[1] 照胡适信中看来，陈独秀嫖妓一事，由来已久，人所共知，何以蔡元培会在这个时候突然头巾气发作，做出明知对新文化阵营大不利的决定？

傅斯年的回忆提供了另一种说法："北洋政府对蔡先生大施压力与恫吓……有一天晚上，蔡先生在他当时的一个谋客家中谈此事，还有一个谋客也在。当时蔡先生有此两谋客，专商量如何对北洋政府的。其中那个老谋客说了无穷的话，劝蔡先生解陈独秀先生之聘，并要约制胡适之先生一下，其理由无非是要保存机关、保存北方读书人一类似是而非之谈。"[2] "谋客"应指汤尔和与沈尹默。虽然傅斯年称蔡元培拒绝了汤尔和的建议，但从后来事实的发展来看，蔡元培至少部分接受了这个办法。北洋政府显然不会因为陈独秀"私德太坏"而给予北京大学压力，只有从新旧论争波及北大的角度才能理解蔡元培这一举动。

1919年3月，议员张元奇持《新青年》《新潮》两种刊物往教育部，以"实为纲常名教之罪人"为由，要求取缔这两种刊物，否则"将由新国会提出弹劾教育总长案，并弹劾大

---

[1] 《致公言报函并答林琴南函》，《蔡元培全集》第3卷（北京：中华书局，1984），第271页。

[2] 傅斯年：《我所景仰的蔡先生之风格》，《中央日报》，1940年3月24日。转引自高平叔编：《蔡元培年谱长编》第2卷（北京：人民教育出版社，1999），第182页。

学校长蔡元培氏","而尤集矢于陈独秀"。[1]之后,大总统徐世昌数次约见教育总长傅增湘和蔡元培等人,"磋商调和新旧两派冲突之法"。傅增湘于3月26日奉徐世昌嘱致函蔡元培,称"自《新潮》出版,辇下耆宿,对于在事员生不无微词","乃在因批评而起辩难,因辩难而涉意气,倘稍逾学术范围之外,将益启党派新旧之争,此则不能不引为隐忧耳"。傅增湘还针对《新潮》的激进态度指出:"凡事过于锐进,或大反乎恒情之所习,未有不立蹶者。"傅斯年代蔡元培撰写的答信,同样强调"局外人每于大学内情有误会之处,然若持《新潮》《国故》两相比拟,则知大学中笃念往昔,为匡掖废坠之计,实亦不弱于外间耆贤也",并承诺"勉励诸生,为学问之竞进,不为逾越轨物之行也"。[2]傅增湘的措辞虽然客气,隐含的压力其实甚大。蔡元培纵然先表示教员学生从事政治活动"不必牵涉学校",后又声称"北京大学一切的事,都在我蔡元培一人身上,与这些人毫不相干",[3]却难以阻挡当局和舆论联手对北京大学施加的压力。蔡曾经对人表示:"如其他们竟以无道行之,则等他下'上谕'革职。到那时候,当将两年来办

---

[1] 《申报》,1919年4月1日。后此弹劾案果然提出,因附和者少,未能通过。见高平叔:《北京大学的蔡元培时代》,《北京大学学报(哲社版)》,1998年第2期。

[2] 蔡元培复傅增湘函(1919年4月2日),《蔡元培全集》第3卷(北京:中华书局,1984),第285—286页。

[3] 傅斯年:《我所景仰的蔡先生之风格》,《中央日报》,1940年3月24日。转引自高平叔编:《蔡元培年谱长编》,第182页。

学之情形和革职的理由撰写成英、法、德文，通知世界各国。"[1]预想到这步田地，可见当时局势之严重。驱逐陈胡等教授，解散北京大学，虽然不过是"谣言"，但揆诸情势，"也许那谣言竟有实现的可能，假如不是'五四运动'的发生"[2]。

作为对陈独秀的补偿，蔡元培仍聘其为教授，并给假一年。汤尔和日记中记载4月11日"途中遇陈仲甫，面色灰败，自北而南，以怒目视"[3]，可见陈独秀对校方的决定甚为不满。不过陈始终未在公开场合对北大有任何微词，看来他也能够理解蔡元培的苦衷。

胡适与傅斯年对此事记述的分歧，似乎可以理解为：蔡元培迫于内外压力，不得不做出妥协，但是他不愿北京大学独立办学的形象受到破坏，也不愿陈独秀的去职被看作北京大学对新文化的压制，故以陈独秀个人行为与进德会规条相违背为借口，给校内校外一个可以接受的解释。陈独秀去职之后，蔡元培仍然可以继续他对新文化的支持。胡适指责蔡元培"不能把私行为和公行为分开"，却不知以"私行为"为依据，比"公行为"的社会影响要小得多，这也是汤尔和"保存机关、保存

---

[1] 钱玄同日记，1919年1月7日，转引自周天度：《蔡元培传》（北京：人民出版社，1984）第159页。

[2] 郑振铎：《五四以来文学上的论争》，《中国新文学大系导论集》（上海：良友图书公司，1940），第62页。

[3] 胡适手抄汤尔和日记和跋，《胡适来往书信选》（中），第283页。

北方读书人"的用意所在。[1]

陈独秀离开北大，对新文化阵营的打击不言而喻，4月7日汪孟邹致函胡适："仲甫去职，已得他来讯，旧党当然以为得势，务望兄等继续进行，奋身苦战，不胜盼念之至。"[2]胡适多年后念及此事，犹引以为恨："独秀因此离去北大，以后中国共产党的创立及后来国中思想的左倾，《新青年》的分化，北大自由主义者的变弱，皆起于此夜之会。独秀在北大，颇受我与孟和的影响，故不致十分左倾。独秀离开北大之后，渐渐脱离自由主义者的立场，就更左倾了。"他认为蔡元培"因'头巾见解'和'小报流言'而放逐了一个有主张的'不羁之才'"。[3]胡适不在其位，恐怕难以想象局势的危殆给蔡元培造成的巨大压力，同样也不能完全理解蔡元培尽力将北京大学与政治冲突剥离，以维持教育事业的一片苦心。五四运动后，蔡元培离京南下，并特撰《不肯再任北大校长的宣言》，展露了他当时内心的苦痛：

---

[1] 笔者认为，汤尔和作为陈独秀入北大的推荐人，对个中缘由应该非常清楚，他面对胡适的责难，其实有所暗示："又弟意当时陈君若非分道扬镳，则以后接二连三之极大刺激，兄等自由主义之立场能否不生动摇，亦属疑问。但此义料兄必不承认也。至如造孽一层，亦正难说。"明显陈独秀去职有丢卒保车之意。《胡适来往书信选》（中），第291页。

[2] 唐宝林、林茂生：《陈独秀年谱》，第97页。

[3] 胡适致汤尔和信（1935年12月23日、1936年1月2日），《胡适来往书信选》（中），第282、294页。

我绝对不能再作不自由的校长：思想自由，是世界大学的通例……北京大学，向来受旧思想的拘束……我进去了，想稍稍开点风气，请了几个比较的有点新思想的人，提倡点新的学理，发布点新的印刷品……用我的理想来批评，还算是半新的……那知道旧的一方面，看了这点半新的，就算洪水猛兽一样了……于是教育部来干涉了，世界有这种不自由的大学么？还要我去充这种大学的校长么？[1]

"新旧论争"的意义转换

1919年以前，新文化尚未为社会普遍认识，而整个知识界的文化等级感，还处于旧学问系统的笼罩之下。陈独秀受聘北大文科学长，校内啧有烦言，说"陈先生只会写几篇策论式的时文，并无真才实学；到北大任教尚嫌不够，更不要说出任文科学长了"。蔡元培等人不得不强调陈独秀"精通训诂音韵学"，"高一涵先生甚至说仲甫先生讲文字学，不在太炎先生之下"，陈独秀这才坐稳了位置。[2] 李大钊初入北大，因无留学文凭，"浅薄者流，致不免以樊哙视守常"[3]。连新文化阵营中的

---

[1] 此宣言后经人劝阻，未曾公开发表。高平叔编：《蔡元培年谱长编》第2卷，第216页。

[2] 罗章龙：《陈独秀先生在红楼的日子》，《新华文摘》，1983年8月。

[3] 章士钊：《李大钊先生传》，转引自北京大学图书馆编：《李大钊史事综录》（北京：北京大学出版社，1989），第175页。

"学生一代",也未必瞧得上师长们的学问。新潮社创始人之一张申府在1918年给胡适的信中,就表达过对《新青年》同人学问的不满:

> 《新青年》第四号中,独秀、玄同都把本西学讲中学的奚落了几句,崧年弱,闻声而避,直不敢谈此事矣……特西学虽进,未尝废旧闻,彼以毁谤古书为事者,也望他回省回省才好。[1]

新进的留学生群体,对新文化团体的看法亦不见佳。张奚若1919年3月致胡适的一封信可作此派代表。张奚若说他读了《新青年》《新潮》《每周评论》后,觉得"论调均差不多","读后感触是喜是悲,是赞成,是反对,亦颇难言"。张声明他并不是不赞成革新,而是觉得新文化同人的议论"一知半解、不生不熟","《新青年》中除足下外,陶履恭似乎还属学有根底,其余强半皆蒋梦麟所谓'无源之水'"。他甚至认为这些"维新家"比旧势力还要可怕:

> 尝思将来回国做事,有两大敌:一为一味守旧的活古人,二为一知半解的维新家。二者相衡,似活古人犹不足畏。

---

[1] 张申府致胡适(1918年5月5日),《胡适来往书信选》(上)(北京:中华书局,1979),第11页。

> 此等维新家大弊,在对于极复杂的社会现象,纯以极简单的思想去判断。换言之,即只知其一,不知其二;发为言论,仅觉讨厌,施之事实,且属危险。[1]

新文化阵营同人的学问、资历和影响力,都未得到社会的承认。当他们试图寻找一个在公众媒体上论战的对象时,却处于鲁迅所谓"不特没有来赞同,并且也还没有人来反对"的尴尬境地。[2] 钱玄同提出"桐城谬种""选学妖孽",固然是"为文学革命找到了对象",[3] 但只有单方面的喊打喊杀,很难造成论战的气氛与巨大的影响,所以才有了钱玄同、王敬轩的"双簧信"。

"王敬轩"的来书和刘半农的答书中,各有一大段是关于林纾译文的。之所以选择林纾作为靶子,大约是因为林纾以桐城古文译西洋小说,在公众中影响较大,而从旧学问系统的眼光看来,他又算不得一个纯正的学者。[4] 新文化同人虽然反对"旧思潮旧文化",但对旧派学人还是保留着相当的敬意。陈独秀曾经在一封信里谈道:

---

[1] 张奚若致胡适(1919年3月13日),《胡适往来书信选》(上),第30—31页。
[2] 鲁迅:《〈呐喊〉自序》,《鲁迅全集》第1卷,第419页。
[3] 唐德刚译注:《胡适口述自传》,第153页。
[4] 参见罗志田:《林纾的认同危机与民初的新旧之争》,《权势转移:近代中国的思想、社会与学术》,

北京大学教员中，像崔怀庆（瑾）、辜汤生、刘申叔、黄季刚四位先生，思想虽说旧一点，但是他们都有专门学问，和那班冒充古文家、剧评家的人，不可同日而语。[1]

"冒充古文家、剧评家的人"无疑是指林纾和他的学生张厚载。早在1917年，林纾就因在《民国日报》上发表《论古文之不宜废》，被胡适嘲笑"不能道其所以然"[2]。刘半农在《答王敬轩》中，更是对林纾的译作极尽挖苦之能事："若要用文学的眼光去评论他，那就要说句老实话，便是林先生的著作，由'无虑百种'进而为'无虑千种'，还是半点儿文学的意味也没有！"并举周作人《域外小说集》对比，嘲笑林纾不仅不懂外文，连古文功底亦不够格。[3]像这种谑近于虐的战法，不仅同人如胡适认为"不是正人君子做的"，林纾想必也深为不忿，且认为《新青年》过于刻薄，才会有《荆生》《妖梦》这样的"游戏笔墨"出笼。

1919年2月17日，林纾在《新申报》上发表小说《荆生》，这篇玩弄影射技巧的"游戏笔墨"成为五四运动前最大的一场新旧论战的导火索。"许多人都相信这些故事的目的是向军阀求援，要他们干涉北大行政，尤其是隐含着徐树铮，因为他是

---

[1] 《关于陈独秀的一封信》，《近代史研究》，1986年第3期。
[2] "通信"，《新青年》3卷3号，1917年5月1日。
[3] 刘半农：《答王敬轩书》，《新青年》4卷3号，1918年3月15日。

安福系最能干的领导人物,又是极崇拜林纾的人。"[1]

林纾小说中的"荆生"究竟是谁?3月9日《每周评论》发表《荆生》时,陈独秀按语说得清楚:"这一篇所说的人物,大约田其美指陈独秀,金心异指钱玄同,狄莫指胡适,还有那荆生自然是那《技击余闻》的作者自己了。"不过按语又指出:"甚至于有人想借武人政治威权来禁压这种鼓吹。前几天上海新申报上祭出一篇古文家林纾的梦想小说就是代表这种武力压制政策的。"[2] 同期"选论"转载3月5日《晨报》上李大钊《新旧思潮之激战》一文,同样以《荆生》为旧思潮的代表:

> 那些旧人见了,尚且鬼鬼祟祟,想用道理以外的势力,来铲除这刚一萌动的新机。他们总不会堂皇正大的立在道理上来和新的对抗。在政治上相见,就想引政治以外的势力;在学术上相遇,就想引学术以外的势力……
>
> 我今正告那些顽旧鬼祟、抱着腐败思想的人!你们应该本着你们所信的道理,光明磊落的出来同这新派思想家辩驳讨论。公众比一个人的聪明质量广、方面多,总可以判断出来谁是谁非。你们若是对于公众失败,那就当真要有个自觉才是。若是公众袒右你们,那个能够推倒你们?你们若是不

---

[1] 刘复:《初期白话诗稿编者序》,转引自周策纵著、陈永明等译:《五四运动史》,第91页。

[2] "杂录(想用强权压倒公理的表示)",《每周评论》12号,1919年3月9日。

知道这个道理,总是隐在人家的背后,想抱着那位伟丈夫的大腿,拿强暴的势力压倒你们所反对的人,替你们出出气,或是作篇鬼话妄想的小说快快口,造段谣言宽宽心,那真是极无聊的举动。须知中国今日如果有真正觉醒的青年,断不怕你们那伟丈夫的摧残;你们的伟丈夫,也断不能摧残这些青年的精神。[1]

李大钊的文字尚有分寸,用一"或"字将"拿强暴的势力压倒你们所反对的人"与"作篇鬼话妄想的小说快快口,造段谣言宽宽心"两种行径做了区隔。这说明新文化阵营一开始并未坐实《荆生》是向当权者乞援。从林纾后来的表现来看,也难以指认他的本意便是"武力压制"。李大钊要求"旧人""本着你们所信的道理,光明磊落的出来同这新派思想家辩驳讨论",林纾就真的发表了《致蔡鹤卿太史书》,同蔡元培你来我往地激辩起来。林纾敢于跳出来与新文化阵营公开辩论,正说明他对自己的文化理念抱有巨大的信心,并无须借助政治势力的帮助。

《荆生》确属林纾一时激愤之作,遭到不少人的批评。他也很快就在报纸上承认了自己的失误:"老朽之不慎于论说,中有过激骂詈之言,仆知过矣……仆今自承过激之斥,后此永远改过,想不为暗然。敝国伦常及孔子之道仍必力争。当敬

---

[1] 守常:《新旧思潮之激战》,《晨报》,1919年3月4日—5日。

听尊谕,以和平出之,不复谩骂。"[1]对此,已离开北大的陈独秀撰文表示:"林琴南写信给各报馆,承认他自己骂人的错误,像这样勇于改过,到很可佩服。"[2]这说明新文化阵营本心并不介意《荆生》的唐突,他们两个月前揪住林纾的这篇小说不放,实在有别的原因。

1919年的新旧文化之争,较之1918年"双簧信"发表时又有不同。《每周评论》出版后,影响固然大大扩展,但是反对之声也渐多起来。不过,这些反对的声音不是通过公众舆论的方式表现,而是经由政治管道向新文化的根据地北京大学施压,关于"当局要求北京大学驱逐陈独秀等教员"的谣言在京沪报纸上广为传播。由于政治特有的暗箱运作方式,新文化阵营除了不断声明"与北京大学毫不相干",很难有机会经由媒体向公众展示自身的危机感与悲情成分,以博取社会的同情和支持。林纾的《荆生》正好为他们提供了将新文化的危机公开化的一个契机。

当时文化地位较高的旧派学者,如章太炎、刘师培、黄侃、严复,都不屑于与新文化团体的后生小辈在公众媒体上针锋相对[3]。严复认为林纾与陈胡之争也是争所不当争:

---

1 《林琴南先生致包世杰先生书》,《新申报》,1919年4月5日。
2 只眼:《随感录·林琴南很可佩服》,《每周评论》17号,1919年4月13日。
3 私下的抨击当然是有的,如黄侃喜欢在上课时骂新文化,骂一般新的教员附和蔡子民,说他们"曲学阿世"。周作人:《知堂回想录》,第523页。

> 北京大学陈胡诸教员主张文白合一，在京久已闻之，彼之为此，意为西国然也。不知西国为此，乃以语言合于文字，而彼则反是，以文字合于语言……须知此事，全属天演，革命时代，学说万千，然而施之人间，优者自存，劣者自败，虽千陈独秀，万胡适、钱玄同，岂能劫持其柄，则亦如春鸟夏虫，听其自鸣可耳。林琴南辈与之较论，亦可笑也。[1]

实际上，基于旧学问体系中严格的等级观念，林纾从未正面与陈独秀、胡适等"新进少年"交锋，他选择了直接质问前清翰林、北京大学校长蔡元培（这也是一种自高身份的表现）。但是，由于后者政治地位、学术地位都远高于自己，林纾采用了发表于报章的公开信形式，整封信显得痛切而收敛，信末还特地注明"不必示复"。林纾这封信，既昭示了蔡元培崇高文化地位对新文化的荫庇之功，也表明了无论如何辩白，世人仍是将"新文化"与"北京大学"牢牢地绑在一起。

有论者指出，林蔡论争以蔡胜林败告终，但林的失败"恰是在'地位'上而不是在'主张'上：

> 蔡元培的答书集中在否认北大存在林所指责的"覆孔孟，铲伦常"和"尽废古书，行用土语为文字"两点上，但蔡丝毫没有提到林的观念本身有何不妥。假如蔡的辩驳是成立的，

---

[1] 严复致熊纯如信（1919年7月25日），《严复集》第3册，第699页。

则北大所为正是在林所希望的方向上,只是程度还不够罢了。所以,如果从观念上看,应该说是林纾的主张取胜才对。[1]

蔡元培在给林纾的答书中只是辩白北京大学并无"覆孔孟、铲伦常"之举,并一再强调新文化同人的旧学功底,并未正面应对林纾的责难。在新文化的同情者中,也有人对蔡元培的态度表示不满:"蔡先生讲学数十年,智勇足为大多数人的景仰,而观其此信,尚不敢为真理大义创释放思想之论。"[2] 蔡元培的答复无疑是出自保护北大的低调姿态,但确实未能从道理上说服和击败林纾。

另一方面,《新青年》同人也未像对"王敬轩"那样,在学理上与林纾辩论,以使公众"判断出来谁是谁非"。林纾的失败原因主要在于"旧派资格不够",所以新文化阵营不断嘲笑他是"婢学夫人","不旧不雅","当作保守派,当做旧的,来和我们对抗,我说句不客气的话,恐怕有点不配"。[3] 蔡元培在答书中也处处暗示林纾的旧学不足,其小说家身份也很难担当起"卫道"的重任。[4]

---

1 罗志田:《林纾的认同危机与民初的新旧之争》,《权势转移:近代中国的思想、社会与学术》,第 281 页。
2 志拯:《思想革命中之北京大学》,《每周评论》19 号"特别附录:对于新旧思潮的舆论"转录《上海新报》,1919 年 4 月 27 日。
3 陈独秀致胡适信,转引自周天度:《蔡元培传》,第 156 页。
4 蔡元培:《致公言报并答林琴南君函》,《公言报》,1919 年 3 月 18 日。

很明显，新文化阵营并未将林纾当作真正的旧思潮旧文化代表。林纾作为一个文化符码，其代表的意义，在论战中从"桐城谬种"变成了卑劣无耻向当权者乞援的"旧党"。陈独秀在《旧党的罪恶》里提出："言论思想自由，是文明进化的第一重要条件。无论新旧何种思想，他自身本没有什么罪恶。但若利用政府权势，来压迫异己的新思潮，这乃是古今中外旧思想家的罪恶，这也就是他们历来失败的根源。至于够不上利用政府来压迫异己，只好造谣吓人，那更是卑劣无耻了！"[1]

比较《每周评论》与《新青年》，新文化团体的言论立场有了微妙的转移。他们不再动辄痛斥"十八妖魔""桐城谬种""选学妖孽"，反而承认旧党"自身本没有什么罪恶"，旧党的罪恶在于"对待反对派，决不拿出自己的知识本领来正正堂堂的争辩，总喜欢用'倚靠权势''暗地造谣'两种武器"。借助林纾代表意义的转化，对应着新文化团体的公众形象由"叛逆者"转变为"受难者"，从而将新文化的对立面由旧思潮旧文化，转变成了禁锢思想自由的当权者。这种姿态的转换，是新文化阵营由知识界向舆论界推进时的策略调整，也是对日渐残酷的政治环境做出的一种反弹，希望借助舆论支持来加强和巩固新文化的言论空间。

发表于《每周评论》13号上的《关于北京大学的谣言》，搜集了五家报纸对于"北大驱逐教员"谣言的批评，五家报纸中，

---

[1] 只眼：《随感录·旧党的罪恶》，《每周评论》11号，1919年3月2日。

上海有《时事新报》《民国日报》《中华新报》，北京有《国民公报》《晨报》，主要是国民党和研究系的报纸，算是新文化阵营的同盟军。诸报纸针对的，是《申报》《神州日报》的报道[1]，指责的对象都是"恶政治势力""今之当局者"。比较起来，京沪两地报纸姿态又略有不同，上海报纸似乎对"北大驱逐教员"的新闻信以为真，立场是反对压迫言论自由；北京两家报纸则站在新文化立场上，指责这一消息是"顽旧者流"造的流言。但是两地报纸都不曾将这条消息与林纾及《荆生》直接挂钩。

然而陈独秀在文后的按语中称："这班国故党中，现在我们知道的，只有《新申报》里《荆生》的著者林琴南，和《神州日报》的通信记者张厚载两人。"他接着点明两人和新文化的怨结所在：

> 林琴南怀恨《新青年》，就因为他们反对孔教和旧文学。其实林琴南所做的笔记和所译的小说，和真正旧文学家看起来，也就不旧不雅了。他所崇拜所希望的那位伟丈夫荆生，正是孔夫子不愿会见的阳货一流人物。这两件事，要请林先生拿出良心来仔细思量！

---

[1] 《申报》3月4日报道"北大教员陈独秀、胡适等四人被驱逐出校，闻与出版物有关"。6日又报道"文科学长陈独秀由其同派学生组织《新潮》杂志，更有《每周评论》之印刷物发行……其思想议论之所及，不仅反对旧派文学，即于社会所传留之思想，亦直接间接……而加以攻击……传教育部训令北大将陈、胡、钱三氏辞退。"《神州日报》详后。

> 张厚载因为旧戏问题，和《新青年》反对，这事尽可以从容辩论，不必借传播谣言来中伤异己。若说是无心传播，试问身为大学学生，对于本校的新闻，还要闭着眼睛说梦话，做那"无聊的通信"（这是张厚载对胡适君谢罪信里的话，见十日《北京大学日刊》），岂不失了新闻记者的资格吗？若说是有心传播，更要发生人格问题了！[1]

这就将"倚靠权势""暗地造谣"两条罪名坐实在林、张二人头上了。不过陈独秀此时还不能确定北大法科学生张厚载是否"有心传播"，但紧接着曝光的另一个事实，让新文化阵营的愤怒升级了：林纾与张厚载有"师生之谊"，林纾的《荆生》《妖梦》两文都是由张厚载转寄《新申报》发表的。这一回，连一向出语温婉的蔡元培也忍不住出言斥责：

> 在兄与林君有师生之谊，宜爱护林君；兄为本校学生，宜爱护母校。林君做此等小说，意在毁坏本校名誉，兄徇林君之意而发布之，于兄爱护母校之心，安乎，否乎？仆生平不喜作谩骂语、轻薄语，以为受者无伤，而施者实为失德。林君詈仆，仆将哀矜之不暇，而又何憾焉！惟兄反诸爱护本师之心，安乎，否乎？往者不可追，望此后注意。[2]

---

[1] 只眼：《关于北京大学的谣言》，《每周评论》13号，1919年3月16日。
[2] 蔡元培：《复张厚载函》，《北京大学日刊》，1919年3月21日。

事实并不仅是"此后注意"那么简单。3月31日,《北京大学日刊》登出一则"本校布告":"学生张厚载屡次通信于京沪各报,传播无根据之谣言,损坏本校名誉,依大学规程第六章第四十六条第一项,令其退学。此布。"[1]这则布告,宣告北大校方认定张厚载是此次所有关于北大谣言的源头,而林纾"向当权者乞援"的罪行也随之得到进一步的确认。3月30日的《每周评论》上,鲁迅撰写的《旧戏的威力》不仅重复了陈独秀对张厚载的指责,而且认定张厚载造谣是为报私怨,与"新旧思想的冲突"无关:

前次北京大学的谣言,可算是近来的一大事件了。我当初也以为是迷顽可怜的老辈所为,岂知事实竟大谬不然,全是因为骂了旧戏惹出来的。主动的人,只是荆生小说里的一个李四,听说还是什么剧评家哩。我想不到旧戏竟有这样的威力,是这样可怕。以前诸多报章做了评论,多以为是新旧思想的冲突,真教鬼蜮暗中笑人![2]

陈独秀则撰文称:"林纾本来想借重武力压倒新派的人,哪晓得他的伟丈夫不替他做主。他老羞成怒,听说他又去运动

---

[1] "本校布告",《北京大学日刊》,1919年3月31日。
[2] 庚言:《随感录·旧戏的威力》,《每周评论》15号,1919年3月30日。此文被新版《鲁迅全集》认定并收入,见《鲁迅全集》,第8卷107页。

他同乡的国会议员,在国会提出弹劾案,来弹劾教育总长和北京大学校长。"[1]通过类似的评论,新文化阵营将社会层面的"新旧论争"转化为政治层面的"压迫言论",无疑为新文化赢得了更多中立舆论的同情。林纾因为《每周评论》的指责,被攻击为"学术界之大敌,思想界之蟊贼","鬼鬼祟祟,狐假虎威","于自身人格上,贻世人莫大之羞",[2]从此被钉死在借助权力压制言论的耻辱柱上[3]。

林、张二人是否有意制造谣言,运动政界,欲置新文化与北京大学于死地?从现有资料很难得出这样的结论。尤其是张厚载,他当时在《公言报》上主持剧界评论栏目,与《新青年》同人多有关于中国旧剧的争论。谣言的"源头"是他在上海《神州日报》上的不定期专栏"半谷通信",其中经常有关于北京大学的报道。3月3日的专栏写道:

> 前次通信报告北京大学文科学长、教授将有更动消息。兹闻文科学长陈独秀已决计自行辞职,并闻已往天津,态度亦颇消极。大约文科学长一席在势必将易人,而陈独秀之即

---

[1] 只眼:《林纾的留声机器》,《每周评论》15号,1919年3月30日。这条消息的来源是《顺天时报》新闻"酝酿中之教育总长弹劾案",见《特别附录:对于新旧思潮之舆论》,《每周评论》17号,1919年4月13日。

[2] 均见《特别附录:对于新旧思潮之舆论》,《每周评论》17、19号,1919年4月13日、27日。

[3] 有研究论著迳称"林纾等人散布的北大驱逐陈独秀、钱玄同的谣言",见萧超然:《北京大学与五四运动》(北京:北京大学出版社,1995),第163页。

将辞职,已无疑义,不过时间迟早之问题。

此文刊出后,张厚载收到了文科教授胡适的质问函:"不知这种消息你从何处得来,我们竟不知有这一回事。此种全无根据的谣言,在外人尚可说,你是大学的学生,何以竟不调查一番?"张厚载不敢怠慢,立即回信答复。两封信被胡适送到《北京大学日刊》,于3月10日刊出,这就是陈独秀所谓张厚载的"谢罪信",实则张厚载并没有太多的谢罪之意。他先是举出这条消息的来源:"《神州》通信所说的话,是同学方面一般的传说,同班的陈达才君他也告诉我这话,而且法政专门学校里头也有许多人这么说。我们无聊的通信,自然又要借口于'有闻必录',把他写到报上去了。"张承认"我所最抱歉的,是我为什么不向先生处访问真相,然后再作通信。这实在是我的过失,要切实求先生原谅",但是他马上指出:"这些传说,绝非是我杜撰,也绝不是《神州报》一家的通信有这话。前天上海《老申报》的电报里头,而且说'陈独秀胡适已逐出大学'这种荒谬绝伦的新闻,那真不知道从何说起了。"言下之意,他自己的通信措辞远不算离谱。最后张厚载还提醒胡适:"而《时事新报》的匡僧君看了《申报》这个电报,又做了一篇《不平鸣》,不晓得先生曾看见没有?"似乎是表示自己的立场也是维护北大,且言之有据,并非乱造谣言。[1]

---

[1] 《胡适教授致本日刊函》,《北京大学日刊》,1919年3月10日。

似乎为了证明这一点，3月9日，《神州日报》上又刊出了一篇"半谷通信"：

> 北京大学文科学长陈独秀近有辞职之说，日前记者往访该校校长蔡孑民先生，询以此事。蔡校长对于陈学长辞职，并无否认之表示。且谓该校评议会议决，文科自下学期或暑假后与理科合并，设一教授会主任，统辖文理两科，教务学长一席即当裁去云云。则记者前函报告，信而有征矣。

张厚载撰写此文，应在他接到胡适质问函之前，文中还大肆歌颂"蔡校长对于校务经营擘画，不遗余力，洵吾国教育界之功人也"，足见他对北京大学实无恶意。此人大约是有些书呆，全不考虑他的"有闻必录"对危机中的北京大学有何影响，代寄林纾颇有些恶毒的小说《荆生》，他也轻描淡写地认为那只是"游戏笔墨"，还希望蔡元培"当亦不甚介意也"，对于林纾的《致蔡鹤卿太史书》，他在致蔡元培信中称"此实研究思潮变迁最有趣味之材料"。尤为可笑的是，老师林纾方在《公言报》上声明"弟近著蠡叟丛谈，近亦编白话新乐府，专以抨击人之有禽兽行者，与大学讲师无涉"[1]，张厚载却在致蔡元培信中坦白："近更有《妖梦》一篇，攻击陈胡两先生，并有牵涉先生之处。"[2] 观其行迹，

---

[1] 《林琴南再答蔡鹤卿书》，《公言报》，1919年3月24日。
[2] 《张厚载致蔡元培函》，《北京大学日刊》，1919年3月21日。

说张厚载痰迷心窍、不识时务则可，说他存心毁坏校誉、散布流言，总不太站得住脚。

而且张厚载通信中所谈，确实并非空穴来风。3月19日，蔡元培发表《致神州日报函》，称"陈学长并无辞职之事"，"文理合并不设学长，而设一教务长以统辖，曾由学生及教授主任会议定（陈学长亦在座），经评议会通过，定于暑假后实行"。[1]这已经部分证实了张厚载通信中的内容。3月26日，蔡元培召集"关系诸君"于医专汤尔和处开会，会议决定撤陈，只是以"提前实行文理科教务处组织"来保留双方的面子。然而京沪各报仍将此事冠以"北京大学文科学长陈独秀已辞职"的标题，张厚载的"流言"无形中已全部落实。尽管自3月16日《神州日报》刊出《更正》后，"半谷通信"再无半字涉及北大，张厚载本人也极力辩解，再三求情，校方仍毅然开除了仅有两三个月就将毕业的张厚载，惩罚因他的糊涂妄为，却也增大了外界对北京大学的压力，同时为新文化阵营对"旧党"的定罪加添一份证据。[2]

---

1 《北京大学日刊》，1919年3月19日。

2 张厚载后来在《歌舞春秋》"附录"中对此有一段记载："心有未甘，去找蔡校长，校长推之评议会；去找评议会负责人胡适，即又推之校长。本班全体同学替他请愿，不齿；甚至于教育总长傅沅叔替写信，也不行……特请他所担任通讯的《新申报》出为辩白，列举所作通讯篇幅，证明没有一个字足以构成'破坏校誉'之罪，结果仍不能免除处分。蔡校长给了他一纸成绩证明书，叫他去天津北洋大学转学，仍可在本学期毕业，他却心灰意懒，即此辍学了。"转引自王枫：《林纾：拼我残年，极力卫道》，陈平原、夏晓虹编：《触摸历史：五四人物与现代中国》，第314页。

林蔡论争之后，林纾和《公言报》并未停止对新文化的攻击。3月24日，《公言报》开始在第七版副刊上连载林纾的《劝世白话新乐府》，编者按语称："林琴南在平报中作白话讽喻新乐府百余篇，近五年已洗手不作矣，然世变日屹，悲不自胜，乃复为冯妇，请本报拓出一阑容之，不收润笔，然不能逐日皆出，遇有关于世道人心题目，即出一篇，此不得已之苦衷。琴南年垂七十，与世何争，既不为名，亦不为利，所争者名教耳，阅报诸君当能谅之，今世人既行白话，琴南亦以白话为之，趋风气也。"第一篇"劝孝"，即是针对北京大学"覆孔孟，铲伦常"的。[1]

在林纾和《公言报》看来，林纾实际上是北京大学内部新旧思潮斗争的牺牲品。3月24日《北京学界思潮变迁现状再志》，称"北京大学近日学说之庞杂，派别之分歧，已为不可讳之事实，本报前登学界思潮之变迁一则，采访传闻，绝非无

---

[1] 原文为："……归来归来面娘亲，娘亲方自磨杏仁，儿来儿来尝新，娇儿含泪将娘近，儿今退学娘休嗔。阿娘不解问原因，娇儿眼泪掉，引得娘亲笑：不言先哭汝非少。儿言往就教，那晓教师不教孝。彼言父母感情欲，尚何道理能中要。娘亲怒，翻成笑。汝有此心非不肖，再读孝经一卷终，不去学堂到罢了。"鲁迅日后提及此事："有人做了乐府，说是'劝孝'，大意是什么'儿子上学堂，母亲在家磨杏仁，预备回来给他喝，你还不孝么'之类，自以为'拼命卫道'。"以此证明旧家庭"抹煞了'爱'，一味说'恩'，又因此责望报偿，那便不但败坏了父子间的道德，而且也大反于做父母的实际的真情，播下乖剌的种子"。这种引述并不符合林纾此诗的本意。新旧阵营对彼此文字的歪曲利用，盖出自在公众舆论面前丑化对方的需要，遂使新旧论战，大半流于意气之争与"自说自话"。见鲁迅：《我们现在怎样做父亲》，《新青年》6卷6号，1919年11月1日。

据",只不过其中涉及《国故》月刊处,"稍有舛误,前日刘师培氏已有来函,自行声明矣",流露出对北大旧派急欲撇清自己的不满。3月28日发表林纾的《劝世白话新乐府·一见大吉》,更是将这种不满发泄得淋漓尽致:

> 一见大吉　教习迎头打教习。学生大笑斋夫骂,地揽天翻教习室。众走开,校长来,天大事情要和解。甲君面色如死灰,乙君挣口挣不开,算来此事真活该,学堂不应分两派。先是甲君谈说文,乙君逐日向他问,问了来时不认帐,甲君大骂真忘本,忘本贼,休作怪,此帐那能叫汝赖。乙君答言休张大,说文自有先生在。桂未谷,段懋堂,书中一一从头讲,⊥字像锅盖,丁字像图钉,汝即不言我也省。打了好几回,彼此不相见。乙君出城得兼差,说文本事居然显。倒霉林畏庐,将他文字尽力涂,倒了汝,便有我,乙君乙君为计左,汝改我文我不愁,汝可仔细汝对头,对头觅汝牙痒痒,不要望他门前走,一遇着汝就要奏。

这段文字似乎在向公众暗示:林纾在争论中的失利,尚关乎北京大学的许多内幕。五四运动之后,《公言报》连载丑诋蔡元培、陈独秀等新派领袖的《北京大学铸鼎录》,作者思孟,"据胡适说,此人是蔡先生辞退的原北大教员徐某"[1]。《公言报》

---

[1] 高平叔编:《蔡元培年谱长编》第2卷,第216页。

上的林蔡论争，看来还是北京大学内部权力斗争和妥协的投射。

林纾大概没有想到，他在林蔡论争中"极力卫道"的一番苦心，却遭到了如此广泛的指责。自始至终，林纾似乎都不明白自己作为文化符码转化的意义，不明白为何"报界纷纷骂老林说，他泥古不通今，谁知劝孝歌儿出能尽人间孝子心。咳，倒霉一个蠹叟，替孔子声明，却像犯了十恶大罪，又替伦常辩护，有似定下了不赦死刑"，只能将之归结报界为了"新材料"而故意制造的骂战："我想报界诸君未必不明白到此，只是不骂骂咧咧，报阑中却没有材料"，自己只好"定下老主意，拼着一副厚脸皮，两个聋耳朵，以半年工夫，听汝讨战，只挑上免战牌，汝总有没趣时候"。[1]这种自我解嘲的说法，反过来印证了林纾与张厚载成为新文化和舆论界反对压制言论的靶子，相对于他们的本心，更大程度上，是历史的误会和偶然。

舆论心态：政治抗争与文化立场

新旧思潮冲突发生之后，京沪舆论界以支持／反对新文化为界限，划分为两大阵营。反对新文化的报纸中，以安福系机关报《公言报》最具代表性；同情新文化的报刊中，上海的《时事新报》《民国日报》，北京的《晨报》《京报》《国民公报》

---

1 蠹叟：《劝孝白话道情》，《公言报》，1919年4月23日。

较多被人提及，[1]而当时在北京影响最大的《顺天时报》由于是日本外务省机关报，后来的论者基本上付之阙如[2]。

舆论界在新旧问题上表现出的对立，与报纸的文化取向有关，而政治立场也是不可忽略的重要因素。考察新文化在"五四"前的传播状况，必须关注"新旧论争"背后，各方舆论批评立场之后的心态。

《公言报》

《公言报》较早刊登关于北京大学的消息，是在1918年2月7日，题为《大学添设新闻科之动机》，内文为："英美各国大学设有新闻科者不少，闻报界某君已致书北京大学蔡校长，设仿英美之例添设新闻科以助将来报界之发达。"5月10日、14日，该报报道蔡元培、陈独秀应中华书局之邀，往天津参加"小学校教育会"，并发表演讲。6月4日，副刊版报道"大学校征集全国近世歌谣"的学术动态。10月27日，报道北京大学聘任章士钊、张耀曾等人为新教授。11月5日，刊载《北

---

[1] 国民党背景的《民国日报》《建设》和研究系主持的《晨报》《国民公报》《时事新报》对新文化的支持，论者甚伙，本书不做详细描述，可参阅彭鹏：《研究系与五四时期新文化运动》、刘永明：《国民党人与五四运动》（北京：中国社会科学出版社，1990）等书。

[2] 如中国社会科学院近代史所编的《五四运动文选》，选录了《特别附录：对于新旧思潮之舆论》中文章11篇，对从《顺天时报》上转载的4篇则一字未选。见中国社会科学院近代史所编：《五四运动文选》（北京：三联书店，1959），第231—252页。

京大学之研究所》,称"拟设六科为文学、政治、法律、哲学、经济、算学,担任教习者如王宠惠、章士钊、张耀曾、秦汾、陈独秀、马寅初诸氏,大半为在野知名之士"。11月8日,又登出《北京大学研究所之全豹》,详细载明研究所聘请的教授和所属专业,[1]编者按语并且赞扬研究所的成立"当此文艺消沉时代,得此或亦新学界之一线曙光也",此时《公言报》对北大和新文化似乎尚无明显的敌意。

然而,自从1918年5月留日学生阮湘、李达等人返京,与北大邓中夏等人发起反日爱国运动之后,《公言报》对学生界动向的关注变得频密起来。5月21日,北京大学、北京高等师范学校等校两千余名学生到总统府联合请愿,要求废除《中日共同防敌军事协定》。5月22日,《公言报》刊出《记北京学

[1]

文科	哲学	中国哲学	胡适
		心理学	陈大齐
		伦理学	章士钊、沈尹默
	国文	古文	黄侃
		文字学	钱玄同
		国语	钱玄同
	英文	文学	黄振声、辜汤生
理科		数学	秦汾
		物理	张大椿
		化学	俞同奎
法科		法律	黄右昌
		宪法	王宠惠
		政治	张耀曾
		经济	马寅初

生界争中日协定事》,称赞"全体学生约及两千人,其秩序整齐,毫无浮动气象,此则尤令人钦敬不置者也",文末强调蔡元培"辞意坚决"。翌日,又有《前日北京学生界风潮余闻》,文中称:"蔡君以各生聚众干预政治,业表示绝对求去之意。惟该校学生昨向蔡校长声明此后其各自加检点,必无意外举动,并闻学生返校当晚开一大会议决三事:(一)举定代表分谒教育当局,请挽留蔡校长;(二)请校长按照校规处罚学生或请全体记过;(三)如校长竟不可留,则全体学生自行解散以谢蔡君。"

7月,内务部发布命令,要求留日学生返回日本,并"查察取缔"留日学生组织的"学生爱国会"等组织。《公言报》配合政府的举措,发表评论指出:

> 留日学生反对协定之风潮甫就平定识者,颇以其干政废学为可惜,乃据东京通信谓留学生之一部分,近日又组织团体,名曰留日学生救国团,以干预祖国政治为宗旨,且为煽惑派报纸所鼓动,日以激烈文电寄达各处,北京现又发现一种油印之通电,反对地丁借款,近来政府并无以地丁押借外款之事,至其他小借款,不过暂时通融,与主权尤属无关,留学生此种无意识之举动,识者颇引为忧惜,深冀江监督有以劝阻之也。[1]

---

[1] 《留日学生之误会》,《公言报》,1918年7月7日。

《公言报》在学生与政府采取对立行动时，理所当然地表现出代表政府、反对学潮的言论姿态，进而开始攻击学潮背后的新文化理念。

1918年10月16日，《公言报》刊登《咄咄北京大学之无政府主义》，转载上海《时事新报》的报道，称京沪的无政府主义者成立了"实社"，其宗旨为"读书论道，务求真谛，溃决藩篱，昂首天外，以遗传之道德为迷信，依良心之主张为指归，省斯旨者，引为同志"。编者在文后评语中表达了对"异端"的不满：

> 无政府主义实无存在之根据，不过一种情感的论调而已，夫此种感情的论调，最益（易）入青年之脑，以思考力未完成、辨别力未圆熟之青年，使之遽闻邪说，鲜不绝尘而奔投入狂澜，莫可挽救，故退一步言之，此种主义在平常人尚可研究，而在教育机关则独不可提倡，教育当局其绝无所闻乎？吾诚不知教育当局何以善其后也。

1919年3月18日，《公言报》在刊登林纾《致蔡鹤卿太史书》的同时，发表《请看北京学界思潮变迁之近状》，鲜明地表达了该报对于新旧论争的立场："唯陈、胡等对于新文学之提倡，不第旧文学一笔抹杀，而且绝对的菲弃旧道德，毁斥伦常，诋排孔孟，并且有主张废国语而以法兰西文字为国语之议，其鲁莽灭裂，实亦太过。"24日《北京学界思潮变迁现状再志》更是将矛头直接指向"大学当局"：

大学为人文渊薮，其教育宗旨，例如东西各国，未有不以发扬国光为指归，故本报对于大学出版著作，其果能于文学界思想界，力求改良进步者，诚极端赞成，至若土苴经籍，唾弃伦常，是不啻自坏国家数千年之文明，拥太学之皋比者，岂宜有此丧心病狂之举动？若其有之，其人格本不成立，亦更无派别可言。关于此点，闻大学校长蔡元培尚不敢承认。

考虑到《公言报》的安福系机关报性质，我们不难理解蔡元培为何"不敢承认""自坏国家数千年之文明"。林纾选择《公言报》发表致蔡元培的信，也许是出于文化立场的意气相投，但《公言报》与安福系的关系，足以构成舆论界将林纾与北洋政府搁在一起批判的重要原因。

1919年4月1日的《公言报》，对于新旧论争有一篇总结性的评论，重申"本报对于新旧两派本来毫无成见，以为文学一道，贵乎用得其当，拘墟笃时，两皆无取"。编者强调该报虽然不赞同"将旧日文言一概抹杀，纯取鄙俚不经之口吻"，但同意在这个问题上"新旧两派各有是非"。该报最在意的，是"至中西道德根本不同，吾国数千年相承之学说，亦自有不可磨灭之理由，尝谓中国今日种种逊于西洋，而人群赖以维系，不至沦胥于败者，未始非食旧道德之利，故本报对于蔑弃伦理之谬说，尤深恶而痛绝之也"。文末特别说明"至林先生致蔡氏书及新乐府诸篇，不过代为披露，并非本报之主张，读者要当分别认明耳"[1]。这篇总结表明了《公言报》自身所持的文化保守主义立场,不只是为了维护政府威权,还包含了对西方价值观的反感。同时,我们也应该注意到《公言报》与林纾虽然文化立场比较一致,在政治态度上却有着很大的裂隙。[2]

为了增加言论的说服力,《公言报》在讨论中西伦理观冲突时,除了痛斥青年学生"媚外之气质",[3] 照例搬出了"文明国家"日本的榜样。[4] 林纾在3月26日的《劝世白话新乐府》中赞扬了一位"尊崇孔教"的日本人"江司令",借机嘲骂"败坏国本"的新进青年:"嗟夫圣道大如天,可怜不歉我国之青年。我国青年骂孔子,胡说八道登报纸。闻他言语应汗颜,自己扪心安不安,纵不为孔子,也须为国家,孔子是我自家人,如何尊敬不如他。"4月28日,《公言报》用大字刊出"请看外人之评论我国新思想"的标题,下分为"青年攻击孔孟之结果""必蹈俄国过激派之覆辙""教育当局宜有觉悟"三条副题,文中称:

---

[1] 《关于北京学界思潮之辩论》,《公言报》,1919年4月1日。

[2] 对于五四运动,《公言报》斥为"学生大捣乱",林纾却在反对学生游行的同时,指出"学生为国复仇,即出位而言,心犹可谅"。转引自王枫:《林纾:拼我残年,极力卫道》,陈平原、夏晓虹编:《触摸历史:五四人物与现代中国》,第304页。

[3] "国家縻此巨款,送其子弟入学,其所期岂在是耶?尤惜一般青年俊秀学生习染媚外之气质,足为之深惜也。""呜呼清华又将成为教会学校矣",《公言报》,1919年4月12日。

[4] 自晚清以来,同样存在东西文化碰撞问题、但在国力上远远领先的日本一直是中国知识分子讨论问题时的参照系,参见论文第三章。

二十一日大阪每日新闻社论云……试观晚近北京文科大学长陈独秀与理科大学长秦汾（二人皆日本留学生出身）极力鼓吹新思想，集合青年，攻击孔孟，不遗余力，则于青年知识阶级不满意于孔孟之教彰彰矣。吾知此等思想恣意唱道，结果所至，必至旧思想根基已去，新思想基础未立，彷徨失措，人人趋于迷途而已。凡新旧思想革新之时，此等现象固为各国人民之通病，不独中国人民为然，但中国人民尤易蹈此恶习耳……所以切望中国当轴严行取缔，勿令染此恶习，否则为祸之烈，当更甚于俄国也。

文章强调陈独秀和秦汾"皆日本留学生出身"，而加之以日本报纸之批评，明显带有"以子之矛陷子之盾"的用意，与《晨报》以"君主国之日本"尚且保护言论自由，来批判中国政府对舆论的压制，思路如出一辙。[1]然而，偏偏是日本外务省在中国的机关报《顺天时报》，在新旧论争中表示了对新文化的好感与支持。

《顺天时报》

早在袁世凯去世之际，《顺天时报》即在"社评"将袁世凯的失败定义为"新旧思潮激战之牺牲品"，并指出"惟时无

---

[1] 渊泉：《警告守旧党》，《特别附录：对于新旧思潮之舆论》，《每周评论》17号，1919年4月13日。

古今，地无中外，每有旧新之争，其最后之胜利必归于后者，此乃历史进化之公例"（参见本书第三章）。这是第一次在中文的大众报纸上对新思潮的公开鼓吹。

1916年10月4日，《顺天时报》以《蔡鹤卿回国就大学校长之确闻》为题，首次向公众宣布这一消息，并称"一般人咸以蔡氏学德并茂，且于教育经验甚深，以之充任大学校长，实为人地相宜云"。12月20日，《顺天时报》又报道了"蔡孑民定于下星期来京"的消息。

12月31日，蔡元培接任北大校长后五日，《顺天时报》刊登题为《蔡校长整顿北京大学》的新闻，称"蔡元培氏业已接任大学校长，刻正办理交代事宜。闻其拟就整顿之事项：（一）限制专任教员兼任他科他校钟点；（二）辞退不称职教员另聘专门家担任；（三）严禁学生在外兼差以免旷废功课；（四）所有校中规程一律严厉实行云云"。1917年1月1日，又发表《蔡校长整顿北京大学再志》，对北京大学的整顿措施罗列颇详。1月11日，刊登《蔡孑民莅校之演说》，称在两天前的就职演说中，蔡元培向学生提出三件事："（一）谓学生须求真正的学问；（二）师生不可有机械心；（三）同学不可有利用心。"[1]

---

[1] 报道内容与后来发表于《东方杂志》14卷4号（1917年4月）上的《就任北京大学校长之演说》不尽相同。《就任北京大学校长之演说》中提到的"更以三事为诸君告"为"一曰抱定宗旨"，"二曰砥砺德行"，"三曰敬爱师友"。见高平叔编：《蔡元培全集》第3卷，第5—7页。

1917年4月10日,《顺天时报》登载《北京大学近闻》,称"国立北京大学自蔡子民先生整顿以来,形式上精神上大有可观"[1]。5月6日,又刊出《北京大学计划吸收全国专门人才》的消息,内称"现校中主持一切者为各学长,文科学长为陈独秀,中西学问均优,办有某英文杂志,其生平著述颇富"。对于蔡元培出长北大以及此后的一系列改革,《顺天时报》的报道一直持正面关注的态度。

新旧论争期间,《顺天时报》关注此事的主要是三版的"读者俱乐部",《每周评论》选录的《新旧思潮》《新思想不宜遏抑》均出自该栏目。这是一个标明"本报不附文责"的栏目,利用发表各地读者来稿,在《公言报》和《每周评论》之外,开辟了一个小小的新旧战场。"读者俱乐部"关于新旧论战的文章大致有:

4月2日《呜呼国粹将亡》(痴影);

4月11日《长沙章实致林琴南先生书》(批评林纾"欲借政治势力而钳制人口");

4月12、13、15日《什么叫作国粹将亡呢?》(浏阳罗汉);

4月17日《病人语》(冬烘氏来稿);

4月22日《国粹将亡之续明》(雒南元耳儿投稿);

---

[1] 笔者怀疑五四史家多喜引用的报刊评语"国立北京大学自蔡子民整顿以来,形式上精神上大有可为"(《时报》1917年4月13日),实则源自此处。当时上海各报在京设通讯员绝少,北京消息多采用转载改写方式。引语见陈万雄:《五四新文化的源流》,第28页。

4月24日《读冬烘先生病人语书后》(冬烘先生门下生投稿);

4月25、26日《劝患病的冬烘先生》(浏阳罗汉);

5月3、4日《真是抱愧》(罗汉)(驳"国粹将亡之续明");

5月9日《复罗君书》(元耳儿);

5月14日《对于新旧思潮之感言》(中和);

5月15日《答罗汉君之"什么叫作国粹将亡"书》(痴影);

5月22日《辨国粹之将亡同文字化》(天民投稿);

5月25日《孔道与民制国之比较(并晓全国文学大家,希望主张新旧并用)》(王经权)。

来稿中较为引人注目的是署名"冬烘氏"的《病人语》[1],表扬蔡元培"纵使教员学徒出《新潮》《新青年》诸杂志,丑詈旧学,诋毁伦常"是"孔孟旧学大功臣",因其"深知中国今日学术士习病根所自来,且势岌岌可危,岐黄束手,不得已出自倒行逆施、以毒攻毒之法,冀挽既倒之狂澜……此岂林琴南辈迂儒所能料及哉"。回应者中,署名为"冬烘先生门下士"的来稿称东方文明的衰败应该追溯到"清朝时自称为经生学士者如刘廷琛、林琴南等辈",斥责"国家士夫"在亡国之际,"竟不知国家为何物,如此尚欲对国人学子讲六经孔孟耶"。

---

[1] 此文为北大教员辜鸿铭化名所投。见高平叔编:《蔡元培年谱长编》第2卷,第193页。

"浏阳罗汉"显然是新文化阵营中人,他反驳《病人语》,首先还是辨明"蔡元培纵使教员学徒"的说法:

> 不知北京大学出版的《新潮》及上海群益书局出版的《新青年》,本是他们几个同志,自动组织研究学术的印刷品,要知道出版自由是人人应有的权利,蔡先生是一大学校长,自然不能如专制魔王般去妄加干涉,说他是"纵",已属解不去,再说是"使",岂不更冤了么?就是作《新潮》《新青年》的,又谁甘任这号机械名儿?

《每周评论》的《特别附录:对于新旧思潮的舆论》中收入四篇《顺天时报》的文字。其中《酝酿中之教育总长弹劾案》一文的按语可以代表该报编者的观点:"按思想自由本为立宪国之大原则,纵使新旧不能相容,不妨以笔舌相争,以待识者之公判,今乃欲借政治的势力,以压服反对之学派,实属骇人听闻之事也。"《社会醒觉之曙光》则指出"关于思想问题,常分为旧型保存论者与破坏论者两派,而保存论者往往借政府之权力或社会的威力,以图压抑破坏论者。然权力的压抑往往失败,或足召社会之紊乱",希望"有权者及为政者最宜注意",并称赞新思潮是"社会内省的苦闷之声,其或将见社会的向上之曙光欤"。

五四运动发生之后,《顺天时报》在要闻版大肆批评学生运动是"骚乱"和"暴行","读者俱乐部"也刊登了一批与要闻版姿态一致的评论。如5月14日刊有《呜呼警章》(曹焕猷)一则，指责北京警察欺压平民，对于"衣裳楚楚相貌堂堂者，纵有杀人放火之现行犯，巡警亦木立若无睹，或有诘其故者，则曰未奉上官命令，不敢擅行禁阻"，明显是对学生火烧赵家楼的讽刺；5月18日又有《忠告学生》(长沙王企严)，认为五四运动"徒取怨于邻邦，不图所以立国"。

但同时刊出的，也有不少支持新文化的文章。如5月14日《对于新旧思潮之感言》(中和)，仍然宣告"思想变迁应时与人事而转移，言论自由乃文明各国之公例，原非武力所可压人之意志也"，称赞北京大学"自蔡先生职长兹校，对于新旧文学，俱收并蓄，古今文学之精神斐然可观，非喜新厌旧，亦非泥古不化者比也"。

《顺天时报》刊发对新思潮表同情的文字，可能与该报一贯持有的趋新姿态有关，但鉴于它的日本背景，更容易让人联想到它与安福系及《公言报》的矛盾。五四运动发生后，《顺天时报》一面反对学生运动，同时也对安福系冷嘲热讽[1]。

---

1 如以下这则时评，同时挖苦两方面："石道胡同某某两小班，有十几个时髦妓女，大概系感受学生们的爱国热忱，也组织一个提倡国货联合会，昨在某班开成立会，就是南妓比北妓多三四名，所提的议案，即是对于东西洋的逛客，一概不准留髡，对于本国的咧，无论是兔子龟头伶工走卒，来者不拒，而且减收半价，以广招徕……末了有一二个放胆的，在会场背后痛骂那狐狸等舞弊违法，并言此议案强迫通过，花国金融，定然受大影响。只顾你这一伙贱骨头'安'享幸'福'，过片面的'太平'日子。""议案通过"，《顺天时报》，1919年6月22日。

《国民》与其他中立报刊

1919年4月13日、27日出版的两期《每周评论》上刊登了《特别附录：对于新旧思潮之舆论》，汇集了北京、上海、浙江、四川四个省市14家大报发表的有关新旧论争的27篇文章，共约2.6万字。这些文章虽然多持同情新文化与北京大学的立场，但也承认新旧思潮尽有可讨论的余地，"吾曹未便以片言武断"，"纵双方互相攻击，亦为思想进步所必由之途径"。《国民公报》刊登的《辟北京大学新旧思潮之说》甚至根本不承认有"新""旧"思潮之分，认为这场论争都是张厚载喜欢旧戏、林纾"头脑不清楚"所致。各报一致声讨的，是"政府干涉言论之举"。对北京大学（包括新文化）的声援以及对林张二人代表的"当权者"的批判构成了中立舆论一面倒的主调。

虽然在林蔡论争中，林纾和《公言报》成为大多数报纸反感的对象，但这种反感更多出自对政府钳制言论的强烈不满——自清末民初，"言论自由"就是一个让舆论界非常敏感的话题，面对"政府"与"言论"对抗的形势，舆论界一边倒地支持后者，并不代表这些报刊完全赞同《新青年》《新潮》的激进立场，也不表示他们对新思潮的内容无条件地支持。

讨论当时北京舆论界的主流共识，学生救国会主办的刊物《国民》是一个很好的例子。黄日葵《在中国近代思想史演进中的北大》一文中称国民杂志社"以陈独秀为首"。这只能说是一种"追认"。[1]《国民》初创的时候,与陈独秀并没有联系,甚至国民杂志社已经成立一周年了,陈独秀还是"久闻贵志发达,惜未细读"[2]。国民杂志社在北大请的顾问是李大钊和杨昌济,和主持新闻研究会的徐宝璜关系也不错,校外来往比较密切的是邵飘萍、戈公振、蓝公武、林长民等人,因此这个刊物的文化立场带有比较浓厚的研究系色彩,社员中多有"新旧学说并行,东西文化并重的调和论者"[3]。

《国民》所开列的四大宗旨是:(一)增进国民人格;(二)灌输国民常识;(三)研究学术;(四)提倡国货。这都是当时无论新旧各派知识分子都可以接受的见解,不会引起任何反感和指责,显示《国民》是要争取最大多数的知识者。[4]《国民》内容上主要的特色是提倡"国家主义",并声明这不是极端国家主义、侵略国家主义,而是"自卫的国家主义""合理的国家主义""世界的国家主义"。其具体内容包括对国民进行爱国教育,开发富源,振兴实业,提倡国货,训练陆海军等。《国民》的作者认为,只有改变中国国民的思想素质,唤起他们爱国的自觉心,才能让他们担负富国强兵的责任,"救今日之中国者,

---

[1] 《北京大学二十五周年纪念刊》,1923年12月17日。

[2] "本社成立周年纪念大会纪事",《国民》2卷1期,1919年11月1日。

[3] 许德珩:《回忆国民杂志社》,《五四时期的社团》(二),第37页。

[4] 国民杂志社认为,"救国运动是全体同学应该参加的,救国高于一切,从最守旧的人,直到最激进的分子都应一致奋起救国"。许德珩:《为了民主与科学》,第46页。

今日之国民也；训练今日之国民克胜救国之任者，国民思想之改革也"[1]。这样，《国民》就将"增进国民人格"即所谓"国民性改造"的问题提到了首位。

北京舆论界对《国民》的认同之处，在于他们对"灌输常识"的看重。如《京报》的邵飘萍就引《国民》为同调："贵社创刊杂志所注意之四大端，正合鄙怀，至深钦仰"；卧佛进一步点出"贵杂志四大宗旨，自以灌输常识一条为最重要"；[2]夏敬观则称赞《国民》"思想新颖而不过激"，"主张平凡而实切确"，"既足药国民浮嚣之气，复足导国民于新潮"。[3]《国民》的基本思想姿态是：既反对保守国粹不思改良，也反对崇尚西方激进变革。这种新旧调和、不疾不徐的主张，是当时舆论界通常采用的策略，《国民》正是在这一点上，符合了北京舆论界的主流思潮。

虽然《国民》政治上与《公言报》直接对立，人事上与北京大学有着密切联系，但在文化立场上保留着不同于《新青年》的论调。《国民公报》主编蓝公武曾号召《国民》的读者破除"锢蔽思想之偶像"，不仅包括传统的，也包括新生的"思想偶像"：

一反观吾国之思想界，则学术之不进如故，思想之闭塞如故，甚或宪法供党争之具，科学为考试之用……然吾侪苟

---

[1] 许德珩：《国民思想与世界潮流》，《国民》1卷2号，1919年2月1日。
[2] "通讯"，《国民》1卷1号，1919年1月1日。
[3] "通讯"，《国民》1卷4号，1919年4月1日。

细察中国今日之现象，则知其阻塞不进之原因，亦惟国人无破除偶像之自觉力耳。彼数千年礼教之偶像固足为吾文化进步之梗，即新自西方输入之学说，转瞬亦化而为锢蔽思想之桎梏。[1]

这就明显对《新青年》《新潮》等杂志不遗余力地输入和礼赞西方思潮持保留态度。更进一步的表达是"不可为古人奴隶，不可为西人奴隶"，应当在"国粹"和"欧化"之外寻求"第三条道路"："终当择中西学术之性质相同者，而一一熔铸化合之，无取乎复立国粹欧化之名。"[2]甚至有人将新旧两派的斗争提升到"误国"的高度："中国所以不能自强的原因，本来不止一端，但是举其最重要，最显然易见的，莫过于新旧二派的气味思想不能融洽。"[3]

在五四运动之前，新文化运动借助北京大学的文化资源，《新青年》《新潮》《每周评论》等报刊的发行，以及与林纾等人的论争，引起了社会的广泛关注，但距离同人理想中的普及民众、深入人心，还有着很大的距离。北京大学校内可能已是新潮澎湃，广大内地却还是"死水一样的世界"[4]。鲁迅曾指出新文化的困境是"主张用白话者，近来似亦日多，但敌亦群起，

---

1 蓝公武：《破除锢蔽思想之偶像》，《国民》1卷1号，1919年1月1日。
2 璎宁：《国民之自觉与自勉》，《国民》1卷3号，1919年3月1日。
3 常乃惪：《建设论》，《国民》1卷3号，1919年3月1日。
4 参见蒋梦麟《西潮·新潮》（长沙：岳麓书社，2000）中对当时社会的描述。

四面八方攻击者众而应援者则甚少"[1]。1920年，罗家伦在总结"五四"前的新文化运动时称："'五四'以前，我们受了多少压迫，经了多少苦战，仅得保持不败，已经觉得是很危险的"，倒是道出了其时新文化阵营的真实境遇。[2]

---

[1] 鲁迅致许寿裳信（1919年1月16日），《鲁迅全集》第11卷，第357页。
[2] 罗家伦：《一年来我们学生运动的成功失败和将来应取的方针》，《新潮》2卷4号，1920年6月。

结语

本书写作的最初动因，是试图探究这样一个问题：为什么新文化运动会在北京"登场"，而不是更加"现代化"的上海？

从城市的现代化程度、舆论的发达、受众的素质、政治环境的宽松等方面考量，十里洋场的上海都远优于久为帝都的北京。民国肇立，大批南方的新式知识分子进入首都北京，但多数人并不怎么喜欢这座古老的城市，尤其在他们经历了民初的政治动荡之后。蔡元培在五四运动后离京回杭，曾拟向公众痛陈不肯任北大校长的原因，之一便是："我绝对不能再到北京的学校任校长：北京是个臭虫窠。无论何等高尚的人物……一到北京，便都染了点臭虫的气味。"[1] 章士钊和陈独秀1915年自日本归国，拟议中的《甲寅杂志》复刊和《青年杂志》创办，都选址于上海。陈独秀甚至打算拒绝蔡元培的邀请，专心留在上海办杂志。即使陈独秀出任北大文科学长后，《新青年》编辑部移往北京，编辑同人齐集北大，《新青年》的印刷、发行、销售，仍以上海为基地，以致后世史家讨论"五四时期的报刊"时，多有将《新青年》算入上海报刊的。[2]

鲁迅曾有言："北京是明清的帝都，上海乃各国之租界，帝都多官，租界多商，所以文人之在京者近官，没海者近商。"[3] 就城市性格而言，清末民初的北京与上海，大抵如此。从不

---

[1] 蔡元培手稿，高平叔编：《蔡元培年谱长编》第2卷，第216页。

[2] 参阅曾虚白主编：《中国新闻史》；张玉法：《新文化运动时期的新闻与言论，1915—1923》。

[3] 鲁迅：《"京派"与"海派"》，《鲁迅全集》第5卷，第439页。

同的立场出发，这两座城市构成不同层面上的"中心/边缘"：以经济本位视之，上海领全国风气之先，以政治本位视之，则北京是当然的中心，上海反成边缘。晚清以降，中央政府对上海的控制始终无法强化，[1] 知识分子在京议政干政，一旦失败，通常是往上海"一逃了之"[2]。知识分子的南下和北上，大可以视为近现代史上政治与文化的风向标。

清末民初的中国社会价值体系，基本尚是政治与文化一体化的结构。今人论及现代性、市民社会、公共领域，喜欢以西化程度较高的上海为例，但在传统中国的价值体系中，北京仍占据当仁不让的中心地位。考察清末中央政府对舆论的控制，我们会发现，在绅权社会分崩离析、中央已无力控制地方的情形下，中央政府基本已将中下层社会意识形态的建构权力，让渡给民间的启蒙运动，它要维护的只是上层文化的话语权。无论是南方的《中国白话报》《安徽俗话报》，还是北方的《京话日报》《大公报》白话附张，启蒙白话报在推行过程中，可能会遭到下层官僚或地方士绅的抵制，却几乎没有知识分子因为下层社会启蒙而受到来自政府高层的压制，只有当启蒙者的舆

---

[1] 如袁世凯洪宪复辟，北京市民皆须"手提中华帝国皇帝万岁之红灯鱼贯而至，天安门前北向九叩首三呼皇帝万岁毕"，各报自称"臣记者"之声不绝；而上海各报虽被迫用洪宪年号，却用最小号字体，商家来往账簿照常使用民国年号。

[2] 如戊戌变法失败后康有为逃亡浦江，张勋复辟时李大钊出走沪上，五四运动后陈独秀南迁上海，还有 1927 年前后大批新式知识分子南移，相似的一幕不断上演。

论主张通过上层社会的文化形式（文言文）和传播渠道（在官吏士绅之间）危及上层社会的价值规范时，才会酿成大的"报案"。上海的《苏报》案即是一例。北京的彭翼仲和杭辛斋被捕、入狱、流放，也不是因为《京话日报》发动群众的爱国运动，而是"开官智"的《中华报》触怒了当权者。而在类似的状况下，北京报人遭受的迫害远比上海同行要残酷得多，反映了中央政府权力从中心向边缘的梯级弱化。

清末民初的历次启蒙运动，都有一个共同的圈状结构：内圈是知识精英的思想交流与自我启蒙，外圈分为两层，一层指向通俗文化，一层指向上层文化。知识精英的内部交流与地缘环境关系不大，梁启超、章太炎和章士钊在日本办刊，同样可以对知识界产生巨大影响；与之相反，外圈的启蒙成效则很大程度上依赖对地域的选择。

从理论上说，依傍上海发达的舆论环境，启蒙内容可以快捷而广泛地进入中下层社会，结果恰恰相反，清末下层社会启蒙最成功的例子出现在北京。南方的启蒙者虽然声称旨在启蒙广大民众，实际运作中却基本将下层社会悬置，主要关注的是"中等社会"，即学生群体和工商阶层，这恰恰是尚未进入上层社会而正为之努力的"准上层社会"，是革命依靠的主要力量。两种启蒙路向的主要差异即在于此。

新文化运动无论是内在理路，还是人员构成，都与清末南方的启蒙运动一脉相承。胡适批评晚清启蒙运动区分"他们"和"我们"，但新文化运动所做的改变，并非将眼光转向下层启蒙,而是将"推广白话文"作为策略,以西方理念选择、改造后的通俗文化来冲击、替代上层文化,其实质仍是对于上层文化话语权的争夺。我们不应将胡适的影响力局限于提倡白话文学,他的思想对上层文化领域造成了极为激烈广泛的震动。

于是新文化运动在北京的"登场"成为必然。比较京沪两地的舆论环境,上海的开放度高,包容性强,但上海的主流报纸如《申报》《新闻报》《时报》,主要为工商业界服务,对思想文化的推进兴趣不大,而且文化立场总体趋于保守;北京政治压力大,舆论自由度小,但主要的政党报纸都集中于此,机关报刊之间的矛盾反而提供了文化多元的可能性。新文化同人在上海办刊发言,只能实现新式知识分子的内部交流和交互影响,并取得"以边缘对抗中心"的象征意义,却无法与传统上层文化直接对话,也很难赢得公众的关注,制造全国性的影响。只有在上层文化的中心北京,新文化的登场才有可能得到足够的重视和回应。事实上,对传统上层文化抱有坚定信念者如严复,自始至终不给新文化挑战的机会,反而是小说译著等身,并尝试将《水浒》《红楼》纳入上层文化体系的林纾[1],才会急急跳将出来。而林纾影射、挖苦新文化的小说《荆生》《妖梦》发表于上海《新申报》,正面攻击新文化的《致蔡鹤卿太史书》

---

[1] 林纾称:"(《水浒》《红楼》)作者均博极群书之人。总之,非读破万卷,不能为古文,亦并不能为白话。"林纾:《致蔡鹤卿太史书》,《公言报》,1919年3月18日。

却刊载于北京《公言报》，正说明时人对京沪两地舆论的功能区分。

不少研究者将新文化运动发生于北京，归因于蔡元培对北京大学的改造为新文化提供了温良的土壤。这种判断有其道理，却失于片面。北京的舆论环境，本就是上层社会政治与文化一体化的产物。北京大学作为晚清以来的全国最高学府，一举一动备受政府和媒体关注，既在上层文化体系中占有一席之地，也是北京舆论环境的重要构成部分。蔡元培对《新青年》同人的延聘，为他们打开了一扇通往上层文化之门。很难想象，如果没有北京大学文科学长、教授等身份的支持，旧派阵营会否对新文化运动施以如此猛烈的攻击，新文化运动又会否赢得全国众多媒体的同情。陈独秀与《新青年》的北上，也许是一种偶然，但新文化的登场与传播，由上海而北京，完全符合其致力改变上层文化的指向。

《新青年》移京之后，新文化阵营的气质也悄悄地发生着变化。李大钊等人的加入，使新文化阵营与北京的公众舆论、社会运动开始发生密切的联系，《新青年》同人中，有政党背景的成员不在少数，而且部分成员对政治的厌倦和排斥，并不能阻挡新文化运动最终卷入政治纷争。《每周评论》的创办，表明新文化阵营已不满足于无人喝彩的"思想独语"，转而希望寻找一条比《新青年》更为迅捷、直接的管道，实现与舆论、社会的对话。北大学生主办的《新潮》《国民》，在思想激进和政治参与两方面都比"先生一代"走得更远。在这种态势下，无论蔡元培如何努力保持北京大学的"飞地"性质，避免学术与政治的冲突，都只是徒劳无功，反而自己也被林纾的攻讦拖下了水。林蔡论争之后，新旧两派的对抗，已然从思想层面走向政治层面，即使没有5月4日的突发事件，新文化运动的政治化也已是必然的趋势。

新文化运动的"登场"，实际上是从思想、文化层面向政治、舆论层面的转换，从而成长为与传统上层文化抗衡的文化势力。在这一过程中，北京舆论环境的作用至关重要，其中报纸对于新文化运动传播的作用尤为关键。曾虚白指出："在新文化运动中，杂志虽然打了头阵，抢了头功，但是如果没有报纸支持，收效还是有限。因为报纸天天出版，读者多，只要登高一呼，声势自然很大。"[1] 帮助新文化运动传播的，不仅仅是被历史叙述指为"进步"的报刊，"反动"的媒体如《公言报》《顺天时报》，直接攻击新思潮也好，提供版面放任论争也罢，都大大提升了新文化运动的公众关注度。

胡适在五四运动后，颇为得意地表示："这一年（1919）之中，至少出了四百种白话报。"另一个让他津津乐道的成果，是教育部下令"国民学校一二年的国文，一律改用国语"。[2] 这两方面的成就，都是对上层文化的改变。对于通俗文化，新文

---

[1] 曾虚白主编：《中国新闻史》，第325页。
[2] 胡适：《五十年来中国之文学》，《申报》五十周年纪念刊《最近之五十年》，1923年2月。

化运动的影响极为有限，1920年代，北京、上海的中下层民众，仍然津津有味地听旧戏、鼓书、弹词，阅读文言小说《玉梨魂》《孽冤镜》。新文化"登场"，并经五四运动"传播"之后，中国社会仍然延续着新旧杂陈的局面。正如有论者指出的：

> 胡适等在有意识的一面虽然想的是大众，在无意识的一面却充满精英的关怀。文学革命实际上是一场精英气十足的上层革命，故其效应也正在精英分子和想上升到精英的人中间。这些新文化运动领导人在向着"与一般人生出交涉"这个取向发展的同时，已伏下与"一般人"疏离的趋向这个事实已隐然可见了。[1]

新文化运动的理念中可以包括"与一般人生出交涉"，但是它的舆论理想和推广策略，都指向与上层文化的对话和交锋。清末启蒙运动没有完成的改造通俗文化的任务，新文化运动同样无法完成。

总之，新文化的登场方式，是新文化运动的内在理路与北京的舆论环境双向选择和互动的结果。两者的合力，决定了"新文化"以怎样的面目呈现在北京乃至全国的舆论和公众眼前，在某种意义上，也决定了新文化运动以何种方式进入历史。

---

[1] 罗志田：《再造文明之梦：胡适传》（成都：四川人民出版社，1995），第172页。

余论　第三个『五四』

「新文化」怎样流播？

一

关于"五四"的讨论,首先碰上的问题往往是:你说的是哪一个"五四"?是指 1919 年 5 月 4 日学潮引发的一系列的政治、社会运动,还是以 1915 年《新青年》创办(或 1917 年移京造成"一校一刊")为起点的"新文化运动"?

这些讨论在本书第一章中已有介绍,而周策纵最终给"五四运动"下了这样的定义:

> 五四运动是一个复杂现象,它包括"新思潮"、文学革命、学生运动、工商界的罢市罢工、抵制日货运动,以及新式知识分子所提倡的各种政治和社会变革。这一系列的活动都是由下列两个因素激发出来的:一方面是"二十一条"和山东决议案所激起的爱国热情;另一方面是知识分子提倡学习西方文化,并希望能依据科学和民主观点来对中国传统重新估价,以建设一个新中国。它不是一次单纯不变、组织严密的运动,而是由许多不同观点主导的活动汇合而成,虽然其间并非没有主流。[1]

对这种看法接受是最广泛的,如彭明的《五四运动史》认为:"五四运动是一个爱国运动,又是一个文化运动。"[2] 事实上,

---

[1] 周策纵著、陈永明等译:《五四运动史》,第 5 页。
[2] 彭明:《五四运动史》,第 656 页。

余论 第三个"五四":"新文化"怎样流播?

当毛泽东1940年在《新民主主义论》中指出"五四运动是反帝国主义的运动,又是反封建的运动",就已将新文化运动定义为"五四运动"的一个组成部分。而毛泽东对"新文化运动"意义的阐释,也定下了大陆学术界关于这一命题的研究基调:"五四运动所进行的文化革命则是彻底地反对封建文化的运动,自有中国历史以来,还没有过这样伟大而彻底的文化革命。当时以反对旧道德提倡新道德、反对旧文学提倡新文学为文化革命的两大旗帜,立下了伟大的功劳。"[1]

历史选择"五四"而非前后的某一场学潮或社会运动,作为一种里程碑式的标志,美加之焉,恶归之焉,都是各种合力的结果。国际政治、列强势力、党派态度,都不能说不重要,但核心的驱动力,不只来自推行"新文化"已经数载却仍然处于"不特没有来赞同,并且也还没有人来反对"[2]的尴尬境地的《新青年》同人。萌发于五月四日的游行风潮,以及紧接其后的学生－市民运动,无疑是实现"五四"与"新文化"勾连与效果叠加的最重要一环。

在脉络清晰的新文化发展史,与因意义凸显而被大书特书的学生运动之外,整个"舆论场"的作用没有得到足够的重视。

从社会史的角度看,支持广义五四新文化运动的中坚力量是城市中的新兴知识分子和工商业阶层,5月4日当天的爱国

---

[1] 毛泽东:《新民主主义论》,《毛泽东选集》第2卷,第699页。
[2] 鲁迅:《〈呐喊〉自序》,《鲁迅全集》第1卷,第419页。

运动可以如此迅速在全国各大城市引起大规模的学生罢课、工人罢工、商人罢市便证明了这一点。白话文的产生和推广，是适应近代产业发达、人口集中的发展趋势的。然而，在讨论"五四"的舆论场时，聚光灯照射下的，主要一是新文化阵营的核心媒体如《新青年》《新潮》《每周评论》，一是当时的"大报"（也可以称为"高级报纸"），如《晨报》《益世报》《大公报》。这里面或许还包括了反方阵营的《顺天时报》《公言报》，从《每周评论》辑录的报纸言论可见一斑。然而，市民社会的声音是怎么样的？他们从学生发起的街头运动中，除了接受"爱国""救亡"的宏大概念，还有哪些与市民生活相关的信息？这些不太被关注的图景，直接影响了后五四时代"新文化"在中国社会的流播与累积。

二

之所以前五四时期的新文化运动，与北京的市民社会相当隔膜，重要原因还在于"民元"的改变。在后来新文学史的叙述中，由晚清直接对接"五四"，"民元"的意义变得含混而次要。[1] 这一方面是由于民国的创立，确乎主要是政治层面的巨大变化，于新文化运动视为根基的语言、文学与伦理层面均少

---

[1] 宋声泉：《民初作为方法：文学革命新论》（天津：南开大学出版社，2015），第一章《消逝的界标："民元"在文学史叙事中的百年浮沉》，第34—65页。

有建树；另一方面，中华民国创自南方，而时势使然，定都北京，也形成了新文化运动独特的生存环境。

民元之后，大批来自南方的新式知识分子涌入首都。而北京本来就缺乏影响及于社会上层的知识者群体与舆论机构，因此在短短几年内，南方知识分子遍布京华，从大学校园到报纸杂志，从出版到教育，几乎全是南方人的天下。而本地知识分子，以及他们背后的市民社会，则几乎处在被忽略被遮蔽的状态。

这方面的最好的例证，莫过于清末北京启蒙运动的领袖之一梁济，入民元后完全没有办法与南方知识分子沟通。梁济则两次求见梁启超，均被婉拒。他对新文化的批评，也很难传到新文化阵营的耳中（《新青年》不惜生造一个王敬轩，也没有与梁济这样的"前朝小吏"对话的兴趣）。直到1918年梁济自杀，又因为他儿子梁漱溟任教北大，在传媒界也崭露头角，梁济之死才震动一时。

梁济在遗书中将陈独秀目为"极端主新"，放在将对他的自沉"大骂者"之首，对此陈独秀略带委屈地表示"把鄙人放在大骂之列，不知道梁先生的眼中，主张革新的人，是一种什么浅薄小儿！实在是遗憾千万？"[1]胡适则认为梁济的自杀不在于精神先衰，"乃在知识思想不能调剂补助他的精神，二十

---

[1] 陈独秀：《对于梁巨川先生自杀之感想》，《新青年》第6卷第1号，1919年1月15日。

年前的知识思想决不够培养他那二十年后'老当益壮'的旧精神，所以有一种内部的冲突。"[1]

《新青年》讨论梁济之死，并没有像梁济猜想的那样对其人格做任何的贬损，反而颇加赞誉，但也没有正面回应梁济遗书的挑战。盖因新文化阵营当时的主要战斗方向，是在于上层文化领域，梁济与《京话日报》虽然在北京下层社会影响甚大，却不是他们注目的焦点。

新文化阵营与旧思潮的斗争，在五四运动之前，主要在上层文化领域发生，而且除了林纾跳出来，几乎是处于"独语"的状态，与公众舆论关系不大。一个重要的例证便是"一班刊物竟成三"，作为《新青年》"助手"的《新潮》主办者傅斯年、罗家伦，跟与研究系及《晨报》关系密切的《国民》杂志许德珩等人"合不来"，以至于"傅斯年不赞成我们反日，就不参加学生会。《新潮》提倡写白话文，我们《国民》就偏用文言体裁发表文章"。[2]

因此，偏向政治性质的五四运动的重大影响之一，便是将原本重视思想文化建设，不直接干预政治的新文化阵营，拖入了与政治与社会的联结之中。即使胡适坚持认为五四运动是"一场不幸的政治干扰"，但他也不能不在回顾历史时承认"这一年（1919）之中，至少出了四百种白话报"，"一年以后，日

---

[1] 《通信·梁巨川先生的自杀》，《新青年》第6卷第4号，1919年4月15日。
[2] 许德珩：《为了民主与科学》，第40页。

报也渐渐的改了样子了。从前日报的附张往往记载戏子妓女的新闻，现在多改登白话的论文译著小说新诗了……时势所趋，就使那些政客军人办的报也不能不寻几个学生来包办一个白话的附张了"。[1]

不过，胡适出于"新文化本位"，坚持认为"民国八年的学生运动与新文学运动是两件事"，学生运动对新文化运动的贡献只在于"使白话的传播遍于全国"，因此他用"是否采用白话"的标准来衡量舆论的进步程度。这种"以白话做进步标准"的问题在于：政治立场与文化态度并不会完全一致，采用白话不等于认同新文化，支持学生运动亦不见得连带支持新文化与白话文，尤其在代表市民社会的"小报"那里，情况更是复杂。这才使得爱国学生运动与新文化运动之外的"第三个五四"得以显影。

三

五四时期北京的"小报"，今已存世无多。近代重要的《京话日报》，这段时间正好停刊。现以笔者寓目的《群强报》《民福报》《民治日报》对五四运动与新文化的态度，对"第三个五四"的多重面相与暧昧立场略加分析。

---

[1] 胡适：《五十年来中国之文学》，《申报》五十周年纪念刊《最近之五十年》，1923年2月。

《群强报》是北京最具代表性的"小报"。它以刊登戏院剧目、社会新闻著称，读者大部分是"跟班、门房、车夫"这类贩夫走卒。这张报纸的新闻数量很少，主要是从大报上转载摘抄。值得注意的是，《群强报》保持每天刊登一篇白话的"演说"，大多是读者来稿，可以视为对清末《京话日报》下层社会启蒙传统的延续。

《群强报》对五四运动之前的新文化，完全是河水不犯井水的态度（与新文化阵营对下层社会的漠视恰成对比）。对于"五四事件"，《群强报》白话报道的标题，既非《晨报》《民国日报》表示赞同的"北京学生爱国运动"，也非《顺天时报》《公言报》公然反对的"学生大骚动""大捣乱"，而是近于市民立场的"学生闹事"。内容则基本是《晨报》报道的白话译文。

5月8日，《群强报》打破常规，在"演说"栏发表了著名报人刘少少用文言撰写的《呜呼大学生》。刘少少的文章对学生运动持同情立场："然则此一群可怜之学生团，其目的果使在乎？吾为揣度之，殆一则为山东问题所激刺，一则为朝鲜近状所痛警，一言以蔽之曰：唯以不忍亡国为共同之目的而已。呜呼，此一群可怜之学生不忍亡国，吾国家岂遽忍亡此一群可怜之学生乎？呜呼，吾人无力，是可悲矣！"

刘少少此文在他处未见，无法判定是约稿、投稿或转载，可以大致肯定的是，面对如此重大的政治事件，《群强报》的编者和读者都没有能力用"京话"对之进行整体性的描述和评判,不得不借助名记者的手笔和文言文的表达,作者立场也从市民身份变为知识分子口吻。

然而,到了5月16日的白话"演说"《请问抵制日货当从何物入手》,《群强报》又回归了市民的立场,对"抵制日货"的可行性提出怀疑:

> 家家日用必需,就说东洋货已在四五成,西洋货未必准有二成,以报馆说,用的纸张、油墨、机器、铅字,请问是中国自造的吗?学界中用的教育品物,请问是由那一国来的最多?甚至现在夏令戴的草帽,内外帽圈,帽顶帽里,好像也不是本国的,其次至微的一宗火柴,丹凤的已然充斥北京,比如说,硬不用这宗火柴,该当用那一样的更好呢?若教我买火茸子火口火镰,那岂不是个笑话吗?以此一物类准,不知有何物可以能抵,何物可以能制,这才说的到抵制二字。[1]

《群强报》是纯粹的市民立场,它对爱国学生运动抱有谨慎的同情,但并没有《京话日报》大力呼吁市民爱国的热忱。《群强报》代表市民对于"抵制日货"的怀疑,正代表了许多北京市民对学生运动的隔岸观火。而《群强报》一贯使用的"白话",也并未随着五四运动的推进,与新文化阵营提倡的"白话"合流,仍然保持晚清以"京话"沟通下层社会的轨迹。

---

[1] 杨曼青:《请问抵制日货当从何物入手》,《益世报》,1919年5月16日。

《民福报》在五四运动前的新旧论争中，明显是支持新文化的。5月1日，该报一版登载大幅广告"请看新思想新文学的每周评论！"同日七版副刊增设了"新思潮"专栏，介绍西方学术与学界动向。5月2日有宪公撰写的社论《为山东问题痛告国人》，5月3日又有"时评"《国民自决》，可以见出该报的反政府立场。

然而，"五四事件"之后，《民福报》的态度转向中立。5月5日的时评题目为《何以善其后》，对五四事件的妥善解决表示怀疑，5月6日该报刊登《舆论界之意向》一文，称"昨日京中新闻记载其事，虽无大出入，而选词立意如晨钟、国民公（属外交协会派）多重情感而略法理，公言、英文京报则徒说法律而不详其他，其如法美外报与日文报更各是其是，言论极不一致"，对此编者表示"不敢为之下决绝之判断也"。[1] 随着爱国运动的发展，《民福报》渐渐站在学生群体的对立面，先是提出"阴谋派之煽惑未已　愿国人有以悟其奸"，[2] 继而于5月12、13日连续刊出《学生风潮……政治黑幕》，直指学生运动是由政客指使，"含有政治意味之党略"。5月25日，《民福报》的"时评"更抨击学生运动为"近京内外学界，因抵制日货，致击伤外人，拆毁商店者，时有所闻，极其力量之所能

---

1 据陶希圣回忆，五四事件后，北京大学法学院某教授的表态亦是"法无可恕，情有可原"，与《民福报》等中立报纸的立场相似。陶希圣：《潮流与点滴》，第44页。

2 《学生风潮之索隐》，《民福报》，1919年5月9日。

及，作孤注之一掷，不复念及酿成国际交涉者，此庚子义和团所优为"[1]。《民福报》偏于政党报纸，对学生运动的态度，可能受政治背景与政党利益的影响，然而比照此前该报对新文化的支持，恰可以证明"支持新文化者，未必支持学生运动"，反之亦然。

支持新文化最有力的媒体之一，当数《民治日报》。该报在五四运动前，曾有报道指出"今日新旧之争点，最大者为孔教与文学问题"。在新旧论争中，《民治日报》显然站在新文化一边，不但多次刊登《每周评论》《新青年》《国民杂志》的广告，而且自5月1日起副刊连载舍我（成舍我）的白话小说《上海》。

"五四事件"发生后，《民治日报》虽然没有直接发表对学生运动的意见，却于5月6日发表了李大钊的《大亚细亚主义与新亚细亚主义》，算是间接做出了回应。5月8日至15日，《民治日报》中断了《上海》的连载，转而刊登胡适的《终身大事》。其后，该报又多次转载《每周评论》《国民杂志》的言论。

不过，《民治日报》是一份比较"低等"的报纸，刊载的新闻也和《群强报》一样，大多出于转载。对于五四运动，《民治日报》虽可以看出有明显的同情，但始终缺乏鲜明支持的立场——这一点，与当时北京的政治环境也有莫大关系。

---

[1] 烛照：《爱国非虚矫可以塞责》，《民福报》，1919年5月25日。

但在支持新文化方面,《民治日报》却毫不含糊。5月30日,该报刊出一则"启事",征求"完全白话"的社会新闻:

> 本报为扩充篇幅、改良内容起见,现特辟北京社会一栏,专蒐北京各种社会新闻,一面代各种社会陈情,一面为各种社会写照,凡关于北京教育实业劳动慈善宗教军医伶妓,以及其他各种社会新闻投稿,本社一律欢迎。但体裁须完全白话。

结合前后的语境,这里的"白话",当然不是《群强报》或《顺天时报》沿用自清末的"京话",而是新文化阵营特别强调的"白话"。这是笔者视野所及,北京舆论界唯一一次将"新文化"向下层社会散播的努力,但并未构成潮流。

限于视野与篇幅,本文没有对"广义的'五四'"(1917—1925)这一时段中的北京媒体与公众反应做更多的考察。但从有限的材料可以看出,"新文化"的流播与确立,至少对于下层社会而言,作为政治运动的"五四事件"并未产生想象中的助力。即使站在学生运动对立面的日本外务省机关报《顺天时报》,又何尝不在"五四事件"前后,一以贯之地支持新文化,表现出了某种"先进国"的启蒙立场?就舆论界整体而言,大部分媒体的确如胡适所言,将"学生运动"与"新文化"分别对待,并行不悖。

然而,新文化阵营中的多数同人,确实也投入了作为政治运动与社会运动的"五四"。从陈独秀出面散发《致北京市民宣言》,到《新潮》《国民》两个杂志的编者由不合作到携手参与,[1]已经很难内在地将"学生运动"与"新文化"截然两分。尽管后来有《新青年》京沪同人的分裂,有傅斯年罗家伦一年后的悔不当初,但关于"五四运动"与"新文化运动"这两个已经被以"运动"命名的概念的叙述,已经越来越密不可分地缝合到了一起。从传播的角度看,基本不是"救亡压倒了启蒙",而是"救亡与启蒙合二为一",再加上1920年北洋政府教育部对小学国文教材使用白话的规定,才让"新文化"获得了道德与制度的双重合法性,以一种非文化的方式,开始了获得文化领导权的进程。

言及于此,本文未竟之言尚有很多。而要点在于"新文化运动"是如何半自愿半被迫地介入/回归政治,又是如何在政治危机与社会运动的扶助下逐渐成为文化主流的?"第三个五四"是如何在显性的史述背后若隐若现,最终归于湮灭的?在汗牛充栋的"五四"研究之中,这一方面的讨论仍然不尽如人意,有俟于来者。

---

[1] 参见拙文《一班刊物竟成三:五四时期北大学生刊物比较》,《中国现代文学研究丛刊》2002年第1期。

主要参考书目

基本文献

《中国白话报》，1903—1904

《宁波白话报》，1903—1904

《启蒙画报》，1903—1904

《警钟日报》，1904—1905

《京话日报》，1904—1906

《中华报》，1904—1906

《大公报》，1904—1907

《亚细亚日报》，1912—1915

《顺天时报》，1916—1919

《公言报》，1918—1919

《晨钟报》（《晨报》），1916—1919

《申报》，1912—1919

《神州日报》《益世报》《群强报》《民福报》《北京日报》《民治日报》，1919

《庸言》，1912—1913

《独立周报》，1912—1913

《中华杂志》，1914

《甲寅》杂志，1914—1915

《新青年》，1915—1919

《宪法公言》，1916

《言治》季刊，1917—1918

《北京大学日刊》，1917—1919

《每周评论》，1918—1919

《新潮》《国民》，1919

北京大学图书馆编：《李大钊史事综录》（北京：北京大学出版社，1989）

蔡元培：《蔡元培全集》（高平叔编，北京：中华书局，1984）

曹汝霖：《曹汝霖一生之回忆》（台北：传记文学出版社，1980）

陈平原、郑勇编：《追忆蔡元培》（北京：中国广播电视出版社，1997）

陈崧编：《五四前后东西文化问题论战文选》（增订本）（北京：中国社会科学出版社，1985）

冯友兰：《三松堂自序》（北京：人民出版社，1998）

冯自由：《革命逸史》初集（北京：中华书局，1981）

服部宇之吉编，张宗平、吕永和译：《清末北京志资料》（北京：北京燕山出版社，1994）

戈公振：《中国报学史》（北京：中国新闻出版社，1985）

顾颉刚编著：《妙峰山》（广州：国立中山大学语言历史学研究所，1928）

胡适：《胡适口述自传》（唐德刚译注，上海：华东师范大学出版社，1993）

胡适：《胡适来往书信选》（中国社会科学院近代史所中华民国史研究室编，北京：中华书局，1979）

胡适：《胡适日记全编》（曹伯言编，合肥：安徽教育出版社，2001）

胡适：《胡适文集》（欧阳哲生编，北京：北京大学出版社，1998）

黄远庸：《远生遗著》（上海：商务印书馆，1920）

蒋梦麟：《西潮·新潮》（长沙：岳麓书社，2000）

姜纬堂等编：《维新志士爱国报人彭翼仲》（大连：大连出版社，1996）

李大钊：《李大钊全集》（石家庄：河北教育出版社，1999）

李希泌等编：《中国古代藏书与近代图书馆史料（春秋至五四前后）》（北京：中华书局，1982）

梁启超：《饮冰室合集》（北京：中华书局，1989）

梁漱溟：《忆往谈旧录》（北京：中国文史出版社，1987）

梁漱溟：《梁漱溟全集》（济南：山东人民出版社，1989）

鲁迅：《鲁迅全集》（北京：人民文学出版社，1981）

骆惠敏编，刘桂梁等译：《清末民初政情内幕：〈泰晤士报〉驻京记者、袁世凯政治顾问乔·厄·莫理循书信集》（上海：知识出版社，1986）

罗家伦：《逝者如斯集》（台北：传记文学出版社，1967）

马鸿谟编：《民呼、民吁、民立报选辑（一）》（郑州：河南人民出版社，1982）

毛泽东：《毛泽东选集》（北京：人民出版社，1966）

钱基博：《现代中国文学史》（长沙：岳麓书社，1986）

钱玄同：《钱玄同五四时期言论集》（沈永宝编，上海：东方出版中心，1998）

上海通社编：《上海研究资料续集》（上海：上海书店，1936）

邵飘萍：《邵飘萍选集》（方汉奇主编，北京：中国人民大学出版社，1987）

孙中山：《孙中山全集》（北京：中华书局，1981）

陶希圣：《潮流与点滴》（台北：传记文学出版社，1964）

汪原放：《回忆亚东图书馆》（上海：学林出版社，1983）

许德珩：《为了民主与科学》（北京：中国青年出版社，1987）

严复：《严复集》（北京：中华书局，1986）

杨光辉等编：《中国近代报刊发展概况》（北京：新华出版社，1986）

章伯锋主编：《北洋军阀》（武汉：武汉出版社，1990）

张枬、王忍之编：《辛亥革命前十年间时论选集》（北京：生活·读书·新知三联书店，1960）

张国焘：《我的回忆》（北京：现代史料编刊社，1980）

张恨水：《记者外传》（太原：北岳文艺出版社，1993）

张季鸾：《季鸾文存》（天津：大公报馆，1946）

张静庐：《中国的新闻纸》（上海：光华书局，1928）

张静庐辑注：《中国现代出版史料·甲编》（北京：中华书局，1954）

张静庐辑注：《中国出版史料·补编》（北京：中华书局，1957）

郑孝胥：《郑孝胥日记》（中国国家博物馆御，劳祖德整理，北京：中华书局，1993）

郑振铎编：《中国新文学大系·文学论争集》（上海：良友公司，1935）

中国人民大学新闻系编：《中国近代报刊史参考资料》（北京：中国人民大学新闻系，1982）

中国社会科学院近代史所编：《五四爱国运动》（北京：中国社会科学出版社，1979）

中国社会科学院近代史所编：《五四运动回忆录》（北京：中国社会科学出版社，1979）

中国社会科学院近代史所编：《五四运动文选》（北京：生活·读书·新知三联书店，1979）

中国政协全国委员会文史资料研究会编：《五四运动亲历记》（北京：中国文史出版社，1999）

中国政协全国委员会文史资料研究会编：《辛亥革命回忆录》（北京：中华书局，1961）

周作人：《知堂回想录》（香港：三育图书文具公司，1980）

研究著作

安德森著、吴叡人译：《想象的共同体》（上海：上海人民出版社，2003）

布迪厄著、刘晖译:《艺术的法则:文学场的生成和结构》(北京:中央编译出版社,2001)

曹伯言等编著:《胡适年谱》(合肥:安徽教育出版社,1989)

曹述敬:《钱玄同年谱》(济南:齐鲁书社,1986)

陈伯海主编:《上海文化通史》(上海:上海文艺出版社,2001)

陈方竞:《多重对话:中国新文学的发生》(北京:人民文学出版社,2003)

陈平原、山口守编:《大众传媒与现代文学》(北京:新世界出版社,2003)

陈平原、夏晓虹主编:《触摸历史:五四人物与现代中国》(广州:广州出版社,1999)

陈万雄:《五四新文化的源流》(北京:生活·读书·新知三联书店,1997)

陈万雄:《新文化运动前的陈独秀》(香港:中文大学出版社,1982)

丁守和主编:《辛亥革命时期期刊介绍·第五集》(北京:人民出版社,1987)

丁文江、赵丰田编:《梁启超年谱长编》(上海:上海人民出版社,1983)

方汉奇:《中国近代报刊史》(太原:山西人民出版社,1981)

方汉奇主编:《中国新闻事业编年史》(上)(福州:福建人民出版社,1998)

方汉奇主编：《中国新闻事业通史》（第2卷）（北京：中国人民大学出版社，1996）

费正清主编、杨品泉等译：《剑桥中华民国史》（北京：中国社会科学出版社，1994）

傅乐成编：《傅孟真先生年谱》（台北：传记文学出版社，1979）

高平叔编：《蔡元培年谱长编》（北京：人民教育出版社，1999）

格里德著、鲁奇译：《胡适与中国的文艺复兴》（南京：江苏人民出版社，1989）

哈贝马斯著、曹卫东等译：《公共领域的结构转型》（上海：学林出版社，1999）

侯宜杰：《二十世纪初中国政治改革风潮：清末立宪运动史》（北京：人民出版社，1993）

胡太春：《中国近代新闻思想史》（太原：山西人民出版社，1987）

华中师范大学近代史所编：《辛亥革命与20世纪中国》（武汉：湖北人民出版社，2001）

黄福庆：《近代日本在华文化及社会事业之研究》（台北："中研院"近代史研究所，1982）

黄河编著：《北京报刊史话》（北京：文化艺术出版社，1992）

黄宗智主编：《中国研究的范式问题讨论》（北京：社会科学文献出版社，2003）

霍布斯鲍姆著、李金梅译：《民族与民族主义》（上海：上海人民出版社，2000）

李龙牧：《五四时期思想史论》（上海：复旦大学出版社，1990）

李欧梵：《现代性的追求》（北京：生活·读书·新知三联书店，2000）

李普曼著、阎克文译：《公众舆论》（上海：上海人民出版社，2002）

李宪瑜：《〈新青年〉杂志研究》，北京大学博士论文（未刊）

李孝悌：《清末的下层社会启蒙运动：1901—1911》（石家庄：河北教育出版社，2001）

李泽厚：《中国现代思想史论》（北京：人民出版社，1987）

梁家禄等：《中国新闻业史》（南宁：广西人民出版社，1984）

林毓生等著：《五四：多元的反思》（香港：三联书店，1989）

林毓生：《中国传统的创造性转化》（北京：生活·读书·新知三联书店，1988）

刘桂生、张步洲编：《台港及海外五四研究论著撷要》（北京：教育科学出版社，1989）

刘建明主编：《宣传舆论学大辞典》（北京：经济日报出版社，1992）

刘永明：《国民党人与五四运动》（北京：中国社会科学出

版社，1990）

罗元铮主编：《中华民国实录》（长春：吉林人民出版社，1998）

罗志田：《权势转移：近代中国的思想、社会与学术》（武汉：湖北人民出版社，1999）

罗志田：《再造文明之梦：胡适传》（成都：四川人民出版社，1995）

马光仁主编：《上海新闻史1850—1949》（上海：复旦大学出版社，1996）

马运增等：《中国摄影史（1840—1937）》（北京：中国摄影出版社，1987）

麦克卢汉著、何道宽译：《理解媒介》（北京：商务印书馆，2000）

内川芳美、新井直之编，张国良译：《日本新闻事业史》（北京：新华出版社，1986）

吕芳上：《从学生运动到运动学生》（台北："中研院"近代史研究所，1994）

彭明：《五四运动史》（修订本）（北京：人民出版社，1998）

彭明：《五四运动在北京》（北京：北京出版社，1979）

彭鹏：《研究系与五四时期新文化运动》（广州：中山大学出版社，2003）

任建树：《陈独秀传：从秀才到总书记》（上）（上海：上海人民出版社，1989）

亓冰峰：《清末革命与君宪的论争》（台北："中研院"近代史研究所，1966）

桑兵：《清末新知识界的社团与活动》（北京：生活·读书·新知三联书店，1995）

施坚雅主编、叶光庭等译：《中华帝国晚期的城市》（北京：中华书局，2000）

舒衡哲著、李国英等译：《中国的启蒙运动：知识分子与五四遗产》（太原：山西人民出版社，1989）

斯拉姆等著：《报刊的四种理论》（北京：新华出版社，1980）

唐宝林、林茂生：《陈独秀年谱》（上海：上海人民出版社，1988）

唐德刚：《胡适杂忆》（上海：华东师范大学出版社，1999）

汪荣祖编：《五四研究论文集》（台北：联经出版公司，1979）

王雄：《新闻舆论研究》（北京：新华出版社，2002）

王跃等编：《五四：文化的阐释与评价——西方学者论五四》（太原：山西人民出版社，1989）

夏晓虹：《晚清社会与文化》（武汉：湖北教育出版社，2001）

萧超然：《北京大学与五四运动》（北京：北京大学出版社，1995）

萧超然等编：《北京大学校史》（1898—1949）（上海：上

海教育出版社，1981）

萧延中等编：《启蒙的价值与局限：台港学者论五四》（太原：山西人民出版社，1989）

徐培汀、裘正义：《中国新闻传播学说史》（重庆：重庆出版社，1994）

徐载平、徐瑞芳：《清末四十年申报资料》（北京：新华出版社，1988）

杨琥：《民初进步报刊与五四新思潮》，北京大学博士论文（未刊）

乐正：《近代上海人社会心态》（上海：上海人民出版社，1991）

曾虚白主编：《中国新闻史》（台北：三民书局，1977）

张惠芝：《"五四"前夕的中国学生运动》（太原：山西教育出版社，1996）

张静如等编：《李大钊生平史料编年》（上海：上海人民出版社，1984）

张朋园：《知识分子与近代中国的现代化》（南昌：百花洲文艺出版社，2002）

张允侯等编：《五四时期的社团》（北京：三联书店，1979）

张玉法：《民国初年的政党》（长沙：岳麓书社，2004）

张玉法主编：《中国现代史论集》（一至六辑）（台北：联经出版公司，1981）

中国社会科学院现代史研究室编：《"一大"前后》（北京：

人民出版社，1980）

中国社会科学院新闻研究所编：《七国传播事业》（重庆：重庆出版社，1988）

周策纵著、陈永明等译：《五四运动史》（成都：四川人民出版社，2019）

周天度：《蔡元培传》（北京：人民出版社，1984）

周阳山编：《五四与中国》（台北：时报文化出版公司，1979）

朱成甲：《李大钊早期思想与近代中国》（石家庄：河北人民出版社，1989）

朱传誉：《中国民意与新闻自由发展史》（台北：正中书局，1974）

邹小站：《章士钊社会政治思想研究（1903—1927年）》（长沙：湖南教育出版社，2001）

佐藤卓己著、诸葛蔚东译：《现代传媒史》（北京：北京大学出版社，2004）

后　记

1990年代末的一天，我遇到了胡续冬。他说："这样的才学，要是毕业后去哪个图书网站当个CEO……"彼时卓越网站刚被亚马逊收购，相熟的编辑们挣到了第一桶金。

胡续冬后来留了校，也兼任过北大新青年网站的CEO。我则一直在做媒体研究，直到前几天填表，"研究方向"仍有"媒体与文化研究"一栏。

这本书从它还是海青色封面的博士论文起，已经20年了。都说20年还有没有人读，是决定一本书命运的关键，而且是作者不能把控的。管他的，出版了再说。

要说变化，最大的变化是加入了舆论版图的视角。五道庙成为清末北京舆论版图的中心，跟有清一代北京的政治、经济、社会都密不可分。同样，沙滩的崛起，背后也有皇权的消失、现代大学教育勃兴、文人聚居区域迁移等种种因素的存在。因此五道庙与沙滩，作为舆论权力转移的两个符号，有着明显的象征意味。

这一层面，写的时候从未如此高屋建瓴。但我导师陈平原教授在《北京研究的可能性》一文中说得到位：

> 引入都市文化视角，谈及舆论环境或教育制度的建设时，有更为深入的理解与阐释。以往谈论五四新文化运动，往往忽略了"庚子事变"后北京舆论环境的巨大变化。正是

这一前所未有的变化，使"新文化"得以在古老的帝都顺利登场。此话题牵涉诸多领域，必须有较为开阔的学术视野，方能整合近代中国思想史、新闻史、文化史、文学史等学术资源。这正是杨早《清末民初北京的舆论环境与新文化的登场》（2005年）的撰写意图，也是其超越前人相关著述之处。此文入口处是民初北京报刊，着眼点则是知识分子的启蒙与"自启蒙"，其中包括文化氛围的营造、集团意识的形成、政治抗争的手段，以及舆论空间的拓展等。表面上是"小题目"，深入进去，也能做出如此"大文章"。作者在史料钩稽方面下了很大功夫，具体论述时大都言之成理。尤其值得肯定的是，作者对五四新文化的溯源，以及对民初北京舆论环境的勾勒，颇多新意；而其将城市史、报刊史与思想史相勾连的思路，也大有发展前景。

这是新选这两个符号作为全书中心的原因。另外，在编辑的努力下，书中的资料、引文也进行了更完善的修订。

说来也巧，2005年上半年忙论文，忙毕业，下半年则忙入职，同时开启了"话题之路"。这事儿施爱东在他的大作《蛋先生的学术生存》设了专章，算是定论（主要是说我爱召集大家吃饭）。"话题"编了十年，是一次有些影响的媒体实践。"话题"结束之后，我又编了十年的自媒体，组织了阅读邻居读书会，尽我作为阅读推广人的社会责任。

这20年来，我目睹了纸媒的死亡，现在轮到曾经不可一世的电媒。好在我本来是研究媒体史的，一鸡死一鸡鸣也见得多。纵观一个世纪多一点，舆论的演变不外乎三点：

（1）技术创新引领时代舆论的潮流，但公众习惯新媒体大概需要三十年。印刷快捷的油墨技术出现已久，但要从心理上接受这一变化，接受昨日事今日晓，需要时间；

（2）舆论的普及与识字率相关，但混乱在所难免；而且混乱程度与普及率正相关，舆论总要乱一阵子；

（3）舆论的更替很大程度上形塑人们对世界的想象。此即人们常说的"信息茧房"，信息越多，一个人知道得越少，叠加起来，社会越容易形成某种极端情绪。

这可能是你还会翻开这本讨论一个世纪前的媒体的论著的原因。让我们一起看看，20世纪初的清末民初，舆论怎样搅动社会，怎样刺痛人们的神经。

以古视今，并无不同。

杨 早

2024 年 12 月 20 日

星期五

| 后浪微信 | hinabook
| 筹划出版 | 银杏树下
| 出版统筹 | 吴兴元
| 策划编辑 | 林立扬
| 责任编辑 | 牛炜征 | 特约编辑 | 林立扬
| 装帧制造 | 墨白空间 | mobai@hinabook.com
| 封面设计 | 王柿原
| 后浪微博 | @后浪图书
| 读者服务 | reader@hinabook.com 188-1142-1266
| 投稿服务 | onebook@hinabook.com 133-6631-2326
| 直销服务 | buy@hinabook.com 133-6657-3072

后浪出版咨询(北京)有限责任公司
POST WAVE PUBLISHING CONSULTING (BEIJING) CO.,LTD